“十二五”职业教育国家规划教材
经全国职业教育教材审定委员会审定

演讲与口才

主编　李美英

中国财政经济出版社

图书在版编目（CIP）数据

演讲与口才/李美英主编．—北京：中国财政经济出版社，2015.7（2023.9重印）
“十二五”职业教育国家规划教材　经全国职业教育教材审定委员会审定
ISBN 978－7－5095－5241－4

Ⅰ．①演…　Ⅱ．①李…　Ⅲ．①演讲－高等职业教育－教材②口才学－高等职业教育－教材　Ⅳ．①H019

中国版本图书馆CIP数据核字（2014）第066163号

责任编辑：郭慧珍　　　　责任校对：张　凡
封面设计：华乐功　　　　版式设计：兰　波

中国财政经济出版社 出版
URL：http：//www.cfeph.cn
E－mail：jiaoyu@cfeph.cn

社址：北京市海淀区阜成路甲28号　邮政编码：100142
营销中心电话：010－88191537　北京财经书店电话：64033436　84041336
北京中兴印刷有限公司印刷　各地新华书店经销
787×1092毫米　16开　13.5印张　300 000字
2015年7月第1版　2023年9月北京第10次印刷
定价：24.00元
ISBN 978－7－5095－5241－4/H·0080
（图书出现印装问题，本社负责调换）
本社质量投诉电话：010－88190744
打击盗版举报热线：010－88191661　QQ：2242791300

前言

随着人类社会的发展和人类文明的进步，演讲与口才作为一种能力，在社会竞争中发挥着越来越大的作用。近年来，不少人才学家主张把口语交际能力、当众演讲能力作为选拔人才的一个重要依据，把它当作是开拓性人才必备的能力之一，而良好口才的形成又必须依赖于口头表达的训练和实践，《演讲与口才》现在已成为职业院校的一门重要专业基础课。虽然目前市场上也有同类的一些教材，但大多为基础教育的公共课教材，未能体现“以就业为导向，以能力为本位”的现代职业教育的特点。多年从事演讲学教学与研究的老师们，根据职业教育教学规律，不断探索，施之于教学实践，收到良好的效果，在此基础上，编写出这本新的《演讲与口才》。

本书共设九章，第一、二、三章为口才施展的基础知识部分，第四、五、六章为实用口才的训练部分，第七、八、九章为演讲口才的训练部分，最后在附录中我们选登了一些优秀的实用演讲词。内容安排由浅入深，表现出程序化、科学化的特点。在选材上特别侧重实际训练，注重实用性和可操作性。考虑到职业教育的特点，书中还增添了其他教材中并不多见的新颖实用的内容，如行业口才与说服口才。在设计实训题时注重将学生的自主学习、合作学习和个性化教学有机地结合，涵盖了学生的学习评价、社会生活、社会实践相关内容，做到以解决实际问题为纽带实现理论、实践、技能以及情感态度的有机结合。本书选用大量的案例，增加了例文的比例，供读者借鉴，融知识性、趣味性、实用性为一体。

本书为“十二五”职业教育国家规划教材，可作为大中专学校、职业技术院校教材，亦可作为岗前培训和广大读者的自学用书。

本书由李美英副教授主编。参加本书的编写人员及分工如下：高级讲师尚青（第一、二、三章），讲师郭雪峰（第四、五、六章），李美英（第七、八、九章及附录）。

本书在编写过程中，参阅了不少同行的研究成果及一些相关的论著和论文，引用了一些例文，在此表示衷心的感谢。

由于时间仓促，编者水平有限，书中难免有疏漏之处，恳请广大读者不吝赐教，以便于我们进一步修改完善。

编　者

2015 年 4 月

第一章　口才施展的基础

【知识目标】

1. 了解口语及其特点
2. 了解口才内涵和练好口才的基础
3. 掌握提高口语表达能力的基本途径

【能力目标】

1. 掌握吐字归音的要领
2. 掌握听话技巧及其训练
3. 掌握应变技巧及其训练

在人与人的交往中，有声语言的交际无处不在、无人不用，其所展现的就是人们的口才。口才，说到底就是口语表达的才能，或者是口语表达的艺术和技巧。在认识口才之前，我们有必要简要介绍一下口语的特点及其基本形式。

第一节　口语概述

一、口语的概念

口语就是口头上使用的语言，口语表达是以话语、音调、声频为媒介传递信息，说者与听者处于同一场合，直接面对面，以言来语去的方式进行交流的活动。在这种方式中，说者与听者可以角色互换，实现双方的思想感情的直接沟通。说话的目的是为了让人听，并且有时在听了之后还要针对听到的内容再进一步去说，所以口语交际活动是包括说和听在内的整个言语行为和过程。

二、口语的特点

口语与书面语虽然在传递信息、交流感情的功能方面基本一致，但口语是与书面语相对而言的。口语有着区别于书面语的显著特点。

（一）语言形式的独特性

从语法修辞的角度讲，口语中多短句、自然句、修饰成分少，常使句子成分易位，使用省略句或重复啰嗦现象时常出现。每个表达者都有自己独特的口头禅。

从词汇的角度讲，口语更接近日常生活，在表达时多用俗语、谚语、歇后语等，很少出现生僻词、专业术语，所以更通俗，更便于理解。如闻一多先生在《最后一次讲演》的开头说："这几天，大家晓得，在昆明出现了历史上最卑劣最无耻的事情！"他用"大家晓得"，而不是"众所周知"。

【教学互动】

请同学们举例说说在日常生活中妙用俗语、谚语、歇后语的效果。

（二）具体表达的语境性

口语表达有特定的语言环境和确定的对象。在交流过程中，彼此之间有很多意思是可以意会的，如只说个别词就能代替了全句，使用特殊的语调就能达到表达的效果。双方除有声语言外，在特定的场合，还可借助体态来增加和补充要表达的内容，有时一个面部表情或沉默不语，都能使对方了解自己的思想和感情。

（三）交际内容的随机性

口语是以语音为载体进行传播的，它稍纵即逝。据心理学实验，一般人听连续的语流，精确地留在记忆里的时间大约不超过七八秒钟，此后就为新的言语信息所取代。这就使说话内容来不及推敲，说出去的话，就像泼出去的水一样无法收回。而且即使有了准备，也常常由于对象、情境的变化而不得不改变讲话内容。特别是在日常生活的谈话里，会出现突然的中断和话题的转移等情况，这样，对说者就要求尽快地把思维转换成言语，对听者则要求相当敏捷地把对方说的话转换成认知。

（四）交流过程的生动性

口语是以声传意，说者说的每一句话，在表达意义的同时，也把语调的高低，语速的快慢、语音的轻重、音量的大小、语气的缓急等直接展现在听众面前，使说话内容更加丰满，情感表达更加真切；再加之交流过程还可以借助姿态、手势、眼神、表情等表达出书面语所不能表达出的特殊感情，给人留下生动形象的印象。正如作家萧伯纳所说："书写的艺术，哪怕是在文法上修饰得多么好，在表达语调上却是无能为力的。例如'是'字，可以有五十种说法，'是不是'也许有五百种说法，可是书写只有一种。"

（五）实际应用的广泛性

口语与书面语相比，是人类社会使用最广泛、最有效的交际工具。随着现代科技的发展，电话、录音机、电脑、数码技术不断推陈出新，口语的应用范围日益扩大。

例如，国外有人统计：人平均每天有1小时在说话。一天有24个小时，除8个小时睡觉外，还有16个小时的活动时间。也就是说，人每天至少有1/16的时间靠"纯说话"来表情达意、传递信息。这样，人一生中用于说话的时间累计可达两年半左右。如果把这些话记录下来，便成为1000部（每部400页）巨著。凡生理健全的人，80%的交际活动和90%的学习活动都是借助于说和听来完成的。

三、口语的基本形成

口语的表达形式很多，基本上可分为常用口语和艺术口语两大类。常用口语包括论辩、辩护、诡辩、演说、交谈、报告、讲话、发言、宣传、座谈、复述、朗读、播音、讲解、问答、对话，等等。艺术口语大致包括朗诵、相声、说书和讲故事，等等。

第二节
口才施展的基础

一、口才的内涵

口才就是口语表达的才能。它是人们智慧、能力和素养的一种综合反映。口才在本质上是一种艺术性的现实活动；是表达者出于某种社会使命，运用连贯、标准的有声语言，并辅之以态势语传递信息、交流思想、表达感情的活动；是一种以声音、态势为工具，以标准口语为产品，以传情达意为目的的特殊精神劳动。

或许有的人认为哗众取宠、夸夸其谈、强词夺理就是口才，这是对口才的片面认识。中国古人崇尚君子之道有三种："太上立德，其次立言，其次立功"，其中将"德"与"言"并列，可以看出"言"对于一个君子的重要性。口才在本质上是人类特有的一种富有创造性的精神文化现象，是人类精神生活的必须品，是社会进步的一个标志。只有道德高尚的人说出的话才有号召力，才有永恒的价值。所以，口才重在"才"，而不是"口"。

有的人认为会说话就是有口才。这是对口才的肤浅认识。一个人从一岁左右咿呀学语到两岁左右掌握自己的母语，我们不能说他们不会说话。一个人说起话来出口成“脏”，粗言秽语，不讲究方式方法、不看场合乱讲话，我们不能说他们不会说话。会说话人人都能做到，但要做到有口才，并非人人都可以轻而易举地做到，它必须经过后天的训练才能逐渐达到。会说话的人未必称得上有口才，而有口才的人则必定会说话。

二、练好口才的基础

（一）良好的思想道德是口才的灵魂

许多国外的未来学家都曾预言：21 世纪世界上最激烈的竞争是高素质人才的竞争。而高素质人才首先要具备的素质是良好的思想道德。有口才的人无疑是人才，要想成为这样的人才，必须具有良好的思想道德。一个具有良好思想道德的人，他展现出的精神气质和人格品位必定是高雅的，他的言论也必然会对听众产生积极正面的影响。

例如，美国心理学家凯尔斯等人做过一个实验，让同一个人就青少年犯罪问题做三次内容相同的演讲，但三次演讲的场合不同，对其身份的介绍也不同，第一次介绍他是法官，第二次介绍他是热衷于此问题的非专业人员，第三次则介绍他是个名声不太好的人。实验结果是：“法官”的演说使听众都很信服，而“名声不太好的人”的演说根本无人相信，这充分说明了思想道德的不断完善是口才日臻完美的关键。

（二）综合的才能展现是口才的重心

口才是人的综合性的才能。一个卓有口才的人，往往同时具备有良好的记忆力、自觉的观察力、敏捷的思维力、丰富的想象力、灵活的应变力以及准确的表达力等。

例如，著名主持人杨澜可谓家喻户晓，她展现在广大观众面前的良好个人综合素质为很多人欣赏。当杨澜还是一名大学生时，在进入中央电视台之前的节目主持人招聘会上，主持人突然发问：“你敢不敢穿‘三点式’?”

杨澜坦然地回答：“这与社会环境很有关系，如果在外国的裸体浴场，‘三点式’不见得就显得开放。而在中国，穿‘三点式’不符合人们共同的审美标准。”

“敢不敢穿‘三点式’?”对于当时的杨澜来说是个非常具有挑战性的问题。身为妙龄的中国女大学生，无论回答“敢”或“不敢”，都不是最佳的答案。杨澜以其丰富的知识和敏捷的思维，迅速选择出了答案之外的合理解答，委婉而庄重，令人叫绝。

（三）广博的学问见识是口才的根本

要使自己说话言约意丰，深刻精彩，需要具备各方面的知识，良好的口才源于扎实而全面的知识，文化修养是不可缺少的。我们不能想象一个胸无点墨、腹中无物，见识短浅的人，只凭一张巧嘴就能说服听众。这里所说的学识、不仅仅指识字多少，它还包括文学知识、哲学知识、政治经济知识、社会历史知识，以及自然科学知识。

口才从根本上讲就是一个人学识的组合和应用。只有积之愈厚，才能发之愈佳。

（四）深厚的情感体验是口才的燃点

人们在讲述自己亲身体验的事情时，往往有话可说，也能展开深入的分析，而且讲得生动透彻。

例如，在美国曾发生过这样的一件事情：一位初到华盛顿的人在谈论华盛顿风光时，因没有感性认识，说话像挤牙膏，听者也觉索然无味。两周后此人的汽车被窃，报案之后，警察竟表示对这种多如牛毛的事无能为力。他回想起一周前，自己的汽车因在路边多停15分钟而被警察狠狠地罚了一顿。对比之下，警察对善良的群众如凶神恶煞，而对那些鼠窃狗盗以及黑社会势力却无能为力，激起了他强烈的愤怒。这次他与之前判若两人，说起来口若悬河，滔滔不绝，一腔的愤怒喷泻而出，听者报以热烈的掌声。

朱光潜说："被情感支配的人最能使人相信他们的情感是真实的，因为人们都具有同样的天然倾向，惟有最真实的生气或忧愁的人，才能激起人们的愤怒和忧郁。"由此可知，口才活动如果能在情感上赢得听众的共鸣，那么即使其他方面稍有瑕疵，也会收到意想不到的效果。

第三节
提高口语表达能力的基本途径

一、做一个好听众

一位学者指出："人们之间相互对谈的缺失、弊端，不一定来自谈话本身的技巧，而是由于彼此急于表达自己，缺少耐心去倾听对方的诉说。"

人类社会的交往活动是听话和说话双向的活动。培养良好的听"话"习惯，不是一般意义的听力训练，而是指听者借助听觉器官接收语言信息，然后经过思维活动对信息加以认知、理解的全过程活动。从心理学的角度看，这一活动过程是一个复杂的心理活动过程；从日常的生活经验看，"听"的本身就具有一定的交际和说服作用，专注地听别人谈话就表达出一种对讲话者尊重的态度，使对方获得好感，进而产生信赖感。听话早已成为社会生活中主要的交流信息的方式。有关资料也表明：在人们日常的言语活动中，"听"占45%，"说"占30%，"读"占16%，"写"占9%。由此可见，培养良好的听话习惯是非常重要，只有听清楚并理解了说话人的观点和立场，才能准确地给予应答。听话的具体技巧如下：

（一）抓要点的技巧

说话人常常把话语的意思隐含在一段话里。在一般情况下，前面的话往往是引子，是提示；当中一段话，有时是要点，有时是解说；后面一段话，也许是结论，也许是对主要意思的强调或引申。我们在听讲话时，可以从说话人话语的层次来捕捉要点。再有，说话人在强调某些重点语句时，常采用故意放慢语速、突然停顿、提高声调或降低声调，以及手势等加以提示，这样我们可以从说话人的语气、手势变化来捕捉要点。

（二）诱导的技巧

说话是说者与听者双方的事。因此，听者有责任也有必要帮助对方更坦率、更清楚地表达自己的意思。听话人要学会运用应答、三言两语的评论，或者必要的提示来诱导说话人。特别是对于那些讷讷于言、说话能力差的人，如能及时地诱导他，边听边做些简短的提问，帮助他理清说话的思路，使他摆脱窘境，那么，讲话者的心理就会大大改善，就更有勇气把话讲好。

（三）推断的技巧

听话过程中的推断技巧包括两方面：一是推断信息价值，即边听、边筛选出对自己有价值的材料，抛弃那些自己不感兴趣的、与自己关联不大的材料，以减轻听话记忆的负担。二是推断话语真意，即透过话语表面的含义了解其内在的含义，从一些表面上微不足道的谈话细节、语气、手势中，发现对方的立场、目的和意图等。从对方谈话中常重复的词、爱使用的词、爱谈论的话题等，推断出他的所思所想。这种听话推断的技能必须以客观事实为依据，与主观臆测有根本区别。

（四）评价的技巧

在听话时，不仅要正确理解其内容、观点，而且还要透过他的话语去评价其人的话语价值和品格。评价的重点包括：①所讲内容是否真实可信？有无错误或疏漏之处？②他是否提出了有价值的见解？③听众对他的反映如何？④讲话人说话的技巧如何？⑤对讲话人的总体印象如何？

作为一个主动的、积极的听众，应当学会全面评价说话人。在听说过程中，要积极思考：如果我是那位说话人，怎样讲才更好、更全面？我要补充哪些实例？重申哪些见解？怎样注意与听众保持感情交流等等。

【课上练习1－1】 听话能力的综合训练

练习1. 听说训练

［练习目标］ 培养同学们把听到的话语迅速而准确的“心记”或“手记”下来的能力。

［练习方法］ ①听说故事。②接力听说比赛。③听后立即回答。

练习2. 听话联想训练

［练习目标］ 培养同学们边听、边对话语的话题、语义等进行联想的能力。

［练习方法］ ①听说歇后语。②联想话语。③联想话语的关联。

练习 3. 听话概括力训练

[**练习目标**] 培养同学们在听话过程中迅速、准确、全面地归纳话语要点的能力。

[**练习方法**] 听一则材料，做好边听、边概括要点的准备。听后回答相关问题。

练习 4. 听话理解力训练

[**练习目标**] 培养同学们对听到的话语，快速、准确地理解其内在含义的能力。

[**练习方法**] 听一篇文章，听后对文章内容和某些细节进行表述。

练习 5. 听解“话中话”训练

[**练习目标**] 培养同学们透过话语表面的意思探寻话语深层含义的能力。

[**练习方法**] 听一段对话，理解讲话人的言外之意。

练习 6. 听话辨别力的训练

[**练习目标**] 培养同学们在听话过程中根据说话的环境，说话的语调、说话的逻辑、说话人的表情来判断内容的真假、虚实的能力。

[**练习方法**] 听一段有关侦探破案的故事，判断话语中的真假。

练习 7. 听话灵敏力训练

[**练习目标**] 培养同学们边听、边思考，作出恰当的言语应对的能力。

[**练习方法**] 选取一则脑筋急转变的问答练习。

二、具备健康的心理素质

心理素质是指表现在人身上的那些经常的、稳定的、本质的个性心理特征，包括人的气质、性格、兴趣等。每个个体的心理素质都是不尽相同的，但是可以肯定的说，在日常生活中经常表现出热情开朗、活泼大方、积极向上、精力旺盛等性格和气质特征的人，更容易在口才活动中展现出众的才华。因此，培养健康良好的心理素质是提高口语表达能力的基本途径之一。

（一）自尊、自信是健康心理素质的根本

自信是意志和力量的体现，是人们对自我认识感到满意的心理倾向。自尊是在自信的基础上产生的一种自我态度，它能满足肯定自我形象与维护自我威信的心理需求。自尊、自信是提高口语表达能力必备的最根本的心理素质。它们集中反映一个人的风度气质。

例如，因小儿麻痹症而下肢瘫痪的美国总统罗斯福，在 39 岁参加纽约州州长竞选时，他始终充满自信、自尊，他精神抖擞，选民们丝毫没有因为他的残疾而对他轻视，反而对他产生了极大的好感，最后罗斯福赢得了胜利，成为纽约州州长，之后又成功竞选上总统，最终成为美国历史上任期最长的总统。

罗斯福总统的成功绝对不会是因为其长得像施瓦辛格一样帅，而是通过他充满自信、积极向上的演讲，向听众传达出一种自尊和威望，这种由内而外的精神气质征服了美国人，甚至全世界爱好和平的人。

（二）在口才活动中最常见的心理障碍

1. 怯场

一般来说，出于自我保护的本能，每个人初次与陌生人讲话或在公众场合讲话都会出现轻微的慌张与怯场，这属于正常的生理现象。即使一些著名的演说家，在演说初期，也有怯场和失败的经历。

例如，萧伯纳年轻时很胆小，去客人家敲门，常常徘徊20分钟或更多时间。

英国首相丘吉尔在回顾自己初学公开讲话的感受时说，心窝里像塞了一块9英寸的冰砖，使他本来就有点发音不清的嘴竟不能说出半个字……

凤凰卫视著名主持人窦文涛在北京电视台《2000年文化青年论坛》节目中自我披露："在初中时我还特腼腆，不敢说话。参加朗诵比赛先背稿子，在老爸老妈面前倒背如流，可一上台，吓得直哆嗦，面对台下无数双'仇恨'的眼睛，就傻了。那次吓得尿裤子了，在全校师生面前，用手把脸一捂跑下台，然后就不敢去上学了。"

怯场的发生因人而异，一些人表现为登台之前感觉最紧张，一些人是在演讲过程中表现最紧张，一些人表现为一上台就紧张起来，而一些人在前几天或几周就开始难受了，也有一些人的紧张感是突如其来的。

某种程度的登台恐惧感对成功不仅无害，反而有用。许多职业演说者都承认，要进入演讲最佳状态恰恰需要有些紧张感。但对初练口才者来讲，重要的是不能因胆怯的发生而导致社交恐惧，再由社交恐惧而感到自卑，采取自我封闭，最终形成难以扭转的心理定势。

2. 自卑

自卑的心理倾向与自信是相对而言的，表现为轻视自己，感觉自己处处不如人，它的本质是自我意识的弱化。自卑的人往往过分看重自己的弱点，看不到自己的优势，这是一种消极的心理状态。

在口才活动中，有自卑心理的人虽有强烈的交际欲望，但却不能做到大方、平等地与人交往，总是担心受到别人的冷落与嘲笑，常常会出现情不自禁的脸红、心跳加快、语无伦次，手足无措等现象。这种情况如果经过多次强化，便会使人离群、孤立、苦闷、失去信心，有时甚至会导致嫉妒、沮丧、暴怒、自欺欺人等不良的情绪反应。自卑是一种不健康的心理倾向，它严重影响着一个人对自我的正确认识，正确评价，对口语表达能力的提高构成极大的阻碍。

3. 自傲

自傲是一种以自我为中心的过于自信的心理倾向。表现自傲心理的人，只把注意力集中在自我身上，经常过高地估计自己的能力，形成脱离实际的幻想或造成不切合实际的行动发生。

在口才活动中有自傲心理的人表现为自以为技压群雄、滔滔不绝、高谈阔论、不顾对象等情绪反应，一味地表现自我。

【课上练习 1－2】

克服心理障碍的训练

练习 1. 战胜自我的训练

［**练习目标**］培养同学们战胜自我的能力。

［**练习方法**］

1. 做深呼吸。胸腔要尽力舒展，频率由快到慢。用胸腹联合呼吸，不要仰脸、抬肩。

2. 喝一口水，慢慢咽下，缓解紧张感。

3. 排除干扰，将思想集中在所讲的内容上，把要点像过电影一样在脑海中过一遍。

4. 排除消极的心理暗示，如我的声音不好听，听众肯定会烦我。采用积极的心理暗示，如我今天一定能成功，我有些有趣的和有价值的事要说，人们会非常想听。

5. 找一个比较舒适的地方坐下，想象引起自己最初高度紧张的刺激因素，直到紧张感慢慢消失。

练习 2. 战胜环境和听众的训练

［**练习目标**］培养同学们战胜环境和听众的能力。

［**练习方法**］

1. 在镜子面前进行模拟情境练习。用双眼看着镜中自己的双眼，分别用探询、坚定、感谢等语气表达自己。模拟出口语交际活动中彼此目光接触的情景。

2. 提前进入举办口才活动的场地，熟悉环境。在可能的情况下，可以通过事先交谈的方式掌握听者的人数、文化程度、职业特点、兴趣爱好等。

3. 在面对听众时，可以将他们想象成任何有助于你缓解紧张感的事物，如石块、木头等。

4. 讲话开始时不急于开口，先扫视一下全场，待静场后开讲。讲话中听者有怪声、嬉笑声等再度引起紧张时，不要试图通过提高声音控制局面，而要将声音放低、放缓甚至停止，等场上再度安静后再继续自己的讲演。

三、培养良好的思维能力

思维是人脑的特有功能。思维同口才有着极为密切的关系。思想感情的直接表达形式是说话，而想说什么，怎么说，以及遇到一个特定交际环境能否恰到好处地得体地说，都受到思维的制约和影响。没有思维的活动，就无所谓感情的交流与信息的传播。

每个人的思维都是一个极其丰富的宝藏，但如果不经过教育、训练，不管它有多么美妙也无法显现。而语言的表达过程就是把思维的结果表述出来的过程。因此，要想使口才活动取得良好的效果，就不能只在言语的技巧上下功夫，还必须认真地进行思维训练。

【课上练习1-3】 思维能力的训练

练习1. 思维转换成言语的训练

［**练习目标**］人的一个具体思维内容，在没有找到恰当话语表达时，是交织在一起的模糊团，没有次序，分不出条理。要把思维变成话语，首先应在大脑中寻找恰当的词语组织语言，然后使用已经积累的知识不断进行调整、排序。

［**练习方法**］将自己最熟悉的五位同学的特点用三五句说明性的话语介绍给同学们听。

练习2. 思维条理性的训练

［**练习目标**］培养同学们在思维时有条有理，层次分明，线索清晰，重点突出的能力。

［**练习方法**］听一段内容较紊乱的录音材料，然后按照自己设计的思路，将材料整理出合理的顺序。

练习3. 思维广阔性的训练

［**练习目标**］培养同学的对已往积累的知识经验运用和迁移的能力。

［**练习方法**］①“添枝加叶”。给出一则简短而完整的材料，采用尽可能多的表达方式对材料进行添枝加叶，但不能更改原材料的中心思想。②“读写”。给出不完整的一段话或一个故事，将其补充完整。

练习4. 思维敏捷性的训练

［**练习目标**］培养同学们由思维向言语的快速转化、准确反应、清楚表达的能力。

［**练习方法**］成语速接训练是一个常见有效的训练方法。

四、培养善于应变与诙谐幽默的应对技巧

（一）应变与幽默是口语表达者必备的素质

应变，即应付事态的变化。在口才活动中，虽谈不上“瞬息万变”，但突然面临一些意想不到的局面或情况还是时有发生。在这种情况下就要善于迅速作出反应。快速而严密地选择和组织相应的语言，作出适当的调整或变换，以摆脱困窘，变被动为主动。

诙谐幽默是思想、才学和灵感的结晶。它针对人性中的弱点或不尽如人意的世态，以宽厚温和的态度，夸张或双关等方式，俏皮而含蓄的语言，进行讥讽、揶揄，使人们在会心的微笑中得到警觉。诙谐幽默的语言往往是在口才活动的瞬间闪现出耀眼的火花。美国一位心理学家说过：“幽默是一种最有趣，最有感染力，最具有普通意义的传递艺术。”

例如，中国现代著名作家郁达夫，有一次请朋友到饭馆吃饭。吃完饭付账时，郁达夫从鞋底下抽出钞票交给堂倌。朋友很诧异，问道：“你怎么把钱藏在鞋子里？”郁达夫笑

笑，指着手里的钞票说："这东西过去一直压迫我，现在我也要压迫它。"

机巧的应变和诙谐幽默都是一个人思维敏捷性的具体体现，二者都必须建立在良好的心理素质基础之上。我们不能想象对自己毫无自信、有怯场心理的人在面对口才活动中的突发事件时能镇定自若，也无法想象这样的人能妙语连珠，幽默风趣。

机巧的应变和诙谐幽默都是一种即时的、即兴的反应，是一种对环境有极强适应性的能力。这种能力的获得无疑可以将口语表达者引领到口才艺术的巅峰。

（二）常见的应变技巧

1. 将错就错，错里寻真

在口语表达过程中，口误的出现是常有的事。一些口误有时会涉及到重大的历史问题或科学发现，必须要及时加以弥补。此时可以不必更正已说错的话，而是利用恰当的语气或表达方式来改变句子意义。

例如，一次一位大学老师在演讲时将"中国人民的生活一年比一年好"误说为"一年比一年差。"在举座震惊之际，这位老师不动声色从容地接了一句："难道真是这样的吗?"这一句的弥补使这位老师的语言更有魅力。

2. 移花接木、李代桃僵

在口语表达中，有时会碰到一些不便或不必回答的问题，但又不得不作出回答，此时可以故意曲解对方的意思，作出巧妙的回答。

例如，一次在记者招待会上，一位外国记者向周恩来总理提问："请问，中国人民银行有多少资金?"这是一个涉及国家机密的不便回答的问题。周总理说："中国人民银行货币资金有18元8角8分。"在众人不解的眼光注视下，周总理接着说："中国人民银行发行的货币面额有10元、5元、2元、1元、5角、2角、1角、5分、2分、1分，共10种主辅人民币，合计为18元8角8分。中国人民银行是中国人民当家做主的金融机构，有全国人民作后盾，信用卓著，实力雄厚，它所发行的货币是世界上最有信誉的一种货币，在国际上更有盛誉。"在周总理的回答中巧妙地用"总面额"代替了"总金额"。给中外记者留下了睿智的印象。

3. 因地制宜，应对意外

在人际交往中，每个人除了用语言在表达着自己的思想感情外，还有一些来自对方话语中的信息会突如其来地让你认识了解到更多的内容，比如说个人的宗教信仰、生活习惯、地域风俗等，如果能够恰当地利用，会收到意想不到的效果。

例如，20世纪60年代初，陈毅作为我国外交部长访问亚洲某佛教国家。在一次公众集会上，一位长老代表万名僧众向陈毅赠佛像一尊。周围陪同的官员都知道中国共产党是不信仰宗教的，人们都注视着陈毅，只见陈毅高高兴兴接过佛像大声说："靠佛祖的保佑，从此我再也不怕帝国主义了!"在当时亚非拉各国兴起反帝反殖民运动高潮时说这样的话，不仅表达了对这个亚洲国家信仰的尊重，同时又与自己的坚定信仰联系起来，赢得了掌声与欢笑。

4. 针锋相对，以谬治谬

在口语交际中，有些人蓄意挑衅或侮辱，以刁难对方，此时可以采用以其人之道还治其人之身的办法进行应对。

例如，有位懒汉在朋友家里借宿。早晨，朋友替他叠被。懒汉说："反正晚上要睡，现在何必去叠！"饭后，朋友忙着刷碗。懒汉说："反正下顿要吃，现在何必去刷！"晚上，朋友劝他洗脚，懒汉说："反正还是要脏，现在何必要洗！"第二天，吃饭的时候，朋友只顾自己，不理懒汉，懒汉问："我的饭吃？"朋友说："反正吃了要饿，你何必要吃！"睡的时候，朋友同样只管自己，不理懒汉，懒汉问："我睡哪儿？朋友说："反正迟早要醒，你何必要睡？"懒汉发了急，叫道："不吃不睡，不是要我死吗？"朋友答道："是啊，反正总是要死的，你又何必活着！"懒汉被驳得哑口无言。

（三）常见的幽默技巧

1. 巧用修辞法

晚年的爱因斯坦对向他请教的青年学生们解释相对论时说："当你和一个美丽的姑娘坐上两小时，你会感到好象坐了一分钟，但要是在炽热的火炉边，哪怕只坐上一分钟，你却感到好象是坐了两个小时，这就是相对论。"在这段话中，爱因斯坦把"甲像乙"的形式换成了"乙像甲"形式，使表述显得风趣幽默。

2. 巧释词语法

三位母亲，自豪地说起她们各自的孩子。第一位说："我之所以相信我家小明能成为一名工程师，是因为不管我买给他什么玩具，他都把它们拆得七零八散。"第二位说："我为我儿子感到骄傲。他将来一定会成为一名出色的律师，因为他现在总爱和别人吵架。"第三位说："我儿子将来一定会成为一名医生，这是毫无疑问的。因为他现在体弱多病。俗语说：'久病成良医'。"三位母亲分别对自己孩子的多动、顽皮和体弱作出了别出心裁的解释。

3. 利用语义模糊法

有一天，有人问瑞士教育家裴斯泰洛齐一个伤脑筋的问题："能不能在襁褓中就看出，小孩长大以后会成为一个什么样的人？

裴斯泰洛齐回答得很干脆："这很简单。如果襁褓中是个小姑娘，长大一定是妇女；如果是一个小男孩，将来就是个男人。"

这段对话中问题的意思是小孩子长大是否成才，而此问题是不可"预言"的，因为利用了模糊不清的语义，造成了风趣调笑的意味。

应变的技巧与幽默的技巧决不仅限于上述几种，此处只是抛砖引玉，更多的技巧是来自于广博的知识，丰富的经验，敏捷的思维与良好的心态。

五、重视态势语的得当使用

人们在社会交际中使用口语以外的所有交际方式都可以称之为态势语。如姿态和手势、表情和眼神、时间与空间的距离等等。重视态势语的得当使用也是提高口语表达能力的重要途径之一。

（一）态势语的作用

1. 辅助强化作用

在说话过程中，态势语能够紧密配合有声语言传递信息。通过动态的直观的形象，态势语与有声语言协调统一，作用于人的视觉和听觉，拓宽了信息传输的渠道，辅助强化了有声语言的表达。

2. 沟通交流作用

在人与人的交往中，我们往往会看到一个眼神、一个微笑就能使对方心领神会，完全没有语言的介入就达到了交流思想、传递信息的目的。态势语常常在交际过程中临时独立的充当交际的手段。我们不仅可以利用它来表情达意，也可以通过观察交际对象的态势语达到理解其表达内容的目的。

3. 有效把握交际过程的作用

交际者的自我形象在交际活动中是至关重要的，它常伴随有个性化的态势话，体现着交际者内在的气质、风度和人格。正确得体的态势语运用可以增强说话者的自信，使之轻松自如地驾驭交际过程，提高威信，赢得更多的听众。

（二）态势语运用的要求

1. 自然

态势语没有固定的统一的模式。它的展现与每个说话者的个性、气质密不可分，因此不能让听众感觉到说话者是为做动作而做动作，矫揉造作，而要落落大方，端庄自然。

2. 得体

在特定的语言环境中要仔细观察并及时调整自己的态势语的运用，既不能太花哨，也不能太单调，同时还得考虑讲话者的身份和年龄，作出符合自己个性的态势语，提高自己的讲话质量。

3. 适度

态势语运用的幅度、力度、频率等与表达的内容有很大的相关性。日常口语交际的幅度、力度可以小些、弱些，讲话频率可以放缓，而在演讲、论辩中可适当加大、加强、加快些。但切忌不可过分夸张，以至于喧宾夺主。

4. 和谐

这是对态势语运用的较高要求。它不仅包括与有声语言内容、语调、响度、节奏等的协调一致，同时还要与说话者、听话者的心态、情感的吻合，与特定语言环境相适应，与交际目的的统一。

（三）得体态势语的要求

在实际的口语表达过程中，没有无态势的口语表达者，却有不会运用态势语的口语表达者。良好的态势语技巧是后天培养起来的。根据人们的视觉观察习惯，运用态势语首先是从整体宏观着眼，注重形象的总体轮廓，如站姿、坐姿、行姿等，然后才将视线逐步集中在局部微观的态势，包括手势、表情、眼神等。

1. 站姿要求

站姿可分为两种：一种是随意式。两脚自然放松不可交叉，平行站立，两脚相距与肩同宽或略小于肩宽，也可以身体正面微侧，重心稍稍偏斜在一只脚上；二是表演式。两脚呈“丁”字形站立，一前一后。无论哪种站姿，都要保持挺胸收腹、肩平、腰直、立稳、身体重心放在脚底中央稍偏外侧的位置，双手自然下垂。在特定的场合上身可略微前倾，给人一种亲切感。切不可上身后仰，身体左右摇晃，两腿抖动。

2. 坐姿要求

通过对坐姿的观察，我们可以掌握交际对象的心理状态，或倨傲不恭，或虚怀若谷，或放纵失礼，或拘谨自卑。如果打算给人们留下端正、高雅、值得信赖的好印象，就必须做到双脚平放地面，双腿不可交叠；保持双 L 字形（从侧面看）——脚和小腿形成一个 L，大腿及躯干形成另一个 L，脊椎骨下端用力抵靠椅背，以避免腹部松垮。

3. 行姿要求

在交际活动中，相对于站姿和坐姿，行姿似乎显得并不突出。但进门、出门、上台、下台都会有一个“亮相”的问题，虽然这段时间很短，不过十几秒钟或几秒钟，但却是非常关键，决不可像日常生活中的行走——自由、散漫；更不能双手插入衣袋，显得轻浮随便；也不能颔胸、驼背、漫不经心。在社交场合的行走应是挺胸抬头，双眼正视前方，精神饱满，神态端正，从容稳重，步伐有节奏，不可跑跳。

在后面的章节中将对态势语的训练作具体的介绍。

六、塑造美好的声音

讲话是一种声音的艺术，美好的声音有无穷的魅力，可以使人产生妙不可言的感觉；恶劣的声音可以拒人于千里之外，甚至使人产生烦燥之感。

声音是可以被塑造的，当你掌握了科学发声的方法并不断练习时，便拥有了一副朝气蓬勃的嗓音。

（一）科学的发声方法

气流在向上的通道中变为声音，它从声带获得音调，从共鸣器（喉腔、咽腔、口腔、鼻腔、胸膛）得到音质并放大许多倍，经过唇部的所有动作在瞬间完成发音。这就是一个完整的发声过程。这个过程可以简化为：呼吸→声音→共鸣→发音。科学地把握这一发音过程就能使自己的声音清晰、响亮、圆润、有魅力。但在日常生活中，人们并不都能做到这一点，有的人未老声先衰，尽管知识丰富，却有口难开；有的人一开口讲话就口干舌燥、声音嘶哑。这些都是不懂得科学用气发声方法造成的。因此掌握一些发声技能对提高口语表达能力是非常必要的。用气发声、共鸣控制和吐字归音是发声的基本技能。

1. 用气发声

声音的亮度、力度、清晰度以及音色的甜润、优美、持久等都主要取决于气息的控制和呼吸的方法。呼吸是发声的动力。

【课上练习1-4】　　用气发声的训练

练习1. 吸气训练方法

［**练习目标**］培养同学们的肺活量。

［**练习方法**］

1. 站立式：全身放松，做深呼吸，一、二吸气，三、四呼气，五、六吸气，七、八呼气……如此循环往复，体会两肋扩展，横膈下降和小腹内收的感觉。

2. 坐式：坐在椅子上，上身略向前倾，小腹稍作收缩，体会两肋展开的过程。

3. 闻花香：在意念上，面前有一盆香花，这时深吸一口气，将气吸到肺底，气要吸得深入、自然、柔和。

4. 抬重物：意念上准备抬起重物，先要深吸一口气，然后憋足一股劲。气息自然下沉，腹肌收缩，腰带周围有胀满的感觉。

5. 半打哈欠：不张大嘴地打哈欠。体会进气最后一刻的感觉。腰带周围也有明显的胀满的感觉。

练习2. 呼气训练方法

［**练习目标**］培养同学们对气息的控制能力。

［**练习方法**］

1. 模拟练习：模仿吹桌面上的灰尘或模仿撮起双唇吹响空瓶，气息要均匀而缓慢地流出，呼气时间逐渐延长，达到25~30秒钟为合格。

2. 数数字练习：一口气从1数到30。声音要规整、圆润、不感到挤压、力竭。

3. 数葫芦练习：边呼气边说“一口气数不了10个葫芦，1个葫芦，2个葫芦，3个葫芦，4个……”一口气能数到25个葫芦为合格。

4. 喊人练习：想象喊80~100米以外的熟人：“小—强—”“小—赵—”由远渐近、由近渐远地喊名字，由实声较多到逐渐加大回声，并且带着感情色彩喊，使情、气、声自然融为一体。

5. 齿缝放气：慢慢吸好气后，蓄气、保持气息片刻，嘴微张开，上下开一点小缝，发出“丝……”声，要细要匀，坚持用一口气。或用耳语声音数数，看谁延续时间长。气快用完时，要自然放松，不要紧张，这样便可使气息的控制力量大大增强。

练习3. 呼吸综合训练方法

［**练习目标**］培养同学们用一口气发声时气息平稳、绵长的能力。

［**练习方法**］

1. 快吸慢呼练习：急吸一口气，停止，然后缓慢呼出。吸气时两肋突然张开。重复此项练习，要逐渐延长呼气时间。

2. 补气练习：快速吸气。呼气5~6秒钟后补气：收小肚，口鼻进气，两肋张开。反复十几次。

呼气时从容发声（“V”为吸气记号）。

V 一二三四 V 五六七八

V 二二三四 V 五六七八

V 三二三四五六七八

V 四二三四五六七八

3. 长句练习：选择句子稍长的内容进行练习。读之前，吸气量大；读的过程中，要控制好气息，避免出现气不够用的状态。

2. 共鸣控制

声带本身发出的声音是很微弱的，必须要借助共鸣，才能加大音量，变化音色。

每个人的声音都可分为中、低、高三种。中音共鸣区在口腔，它是指硬、软腭以下，胸腔以上各共鸣腔体。低音共鸣区主要是指胸腔共鸣腔体。高音共鸣区主要是鼻腔共鸣，它是指硬、软腭以上的共鸣腔体。一般口语表达应采取以“口腔为主，三腔共鸣”的方式为最佳。运用这种方式发出的声音，既丰满圆润、洪亮浑厚，又朴实自然，清晰真切。

【课上练习 1-5】 **共鸣控制训练**

练习 1. 口腔共鸣训练

［**练习目标**］培养同学们用口腔共鸣式发声的能力。

［**练习方法**］

1. 牙关练习：做牙关开合的咀嚼练习。放松下巴。用手扶住放松而微收的下巴，缓缓抬头以打开口腔，再缓缓低头以闭上口腔。从容地发出韵母 ai、ei、ao、ou。

注意在打开后槽牙时，不要张大嘴；上下槽牙是 C 型。读韵母时体会声束沿上腭中线前滑，挂在前腭的感觉。

2. 竖起后咽壁练习：调节颈部姿势，使后咽壁竖起来，发单韵母 i、u、e、o，体会上下贯通的共鸣感觉。

注意颈部的角度要适中，不直不僵，不松不软，才能把声音从喉咙中“吊”出来，使声音“站得住”。

3. 声束冲击练习：发较短促的 ba、bi、bu、pa、pi、pu、ma、mi、mu，或学发汽笛的长鸣“di—”，体会声束集中冲击硬腭前部的感觉和声音的力度。

练习 2. 胸腔共鸣训练

［**练习目标**］培养同学们用胸腔共鸣式发声的能力。

［**练习方法**］

1. 音高练习：选一句话，在本人音域范围内，①先用低调说，一级一级地升高，然后再一级一级的下降。②一句高，一句低，高低交替。③一句话内由低到高，再由高到低，体会胸腔共鸣的加强。

2. 低读韵母练习：放松胸部，用低音读韵母，产生声音从胸腔透出的感觉，浑厚省力：

①ɑ—ɑ—ɑ—；②iɑo—iɑo—iɑo—；③ɑng—ɑng—ɑng—。

3. 加强胸部响点的练习：用较低的声音弹发音节 hɑ，感觉声音像从胸部发出，体会胸部的响点。由低到高，一声一声的弹发，体会胸部响点的上移。然后由高到低地弹发，体会胸部响点的下移。

练习 3. 头腔共鸣训练

［**练习目标**］培养同学们用头腔共鸣式发声的能力。

［**练习方法**］

1. 提腭练习：半打哈欠。做半打哈欠状，打开牙关，提起上腭，再缓缓闭拢。先提起软腭，发单元音 ɑ、o、e，再垂下软腭发鼻化元音，体会发音时软腭升降的不同状况。

2. 口音鼻音交替练习：交替发口音 ɑ 和鼻音 mɑ：ɑ—mɑ—ɑ—mɑ—。发口音时软腭上挺，堵住鼻腔通路，体会口腔共鸣；发鼻音时软腭下垂，打开鼻腔通路，体会头腔共鸣。反复练习，体会软腭上挺或下垂的不同感觉。

练习 4.“三腔”共鸣综合训练

［**练习目标**］培养同学们使用“三腔”共鸣发声的能力。

［**练习方法**］

1. 拔音练习：由最低音拔向最高音发 ɑ、i、u，体会共鸣状态的变化。

2. 绕音练习：①上绕音，由低至高螺旋形向上发 ɑ、i、u；②下绕音，由高至低螺旋形向下发 ɑ、i、u。体会共鸣状态的变化。

3. 夸张四声练习：选择韵母音素较多的成语或词语，运用共鸣技能作夸张四声训练。如：山—明—水—秀—，融—会—贯—通—。

4. 大声呼唤练习：假设一个目标在 80 ~ 100 米处，呼唤①老—王——，等———等——；②小明——，快—回—来——。呼吸时注意控制气息，并注意体会延长音节时“三腔”共鸣的体会。

3. 吐字归音

吐字归音是我国传统说唱艺术理论中在咬字方法上运用的一个术语，根据汉语音节的特点，把一个字分为字头、字腹和字尾三部分，分别提出要求，加以训练。

吐字是对字头发音的要求，字头包括声母和韵头，发好字头是发音的第一部，要把声母和韵头的音发准，发音到位，底气要足，做到叼住弹出，准确有力。

归音是对字腹尤其是对字尾的发音要求，字腹即韵母中主要元音，它是音节中最主要的部分，是最响亮的一个音素，发好字腹是发音的第二步。韵母的音不仅要发准，注意声调，声音还要拖长一些，要求拉开立起，发音响亮。字尾即韵尾，字尾注意自然归音，口腔由开到闭，肌肉由紧到松，声音由强到弱。收音前要吐出整个字的字音、字调，收得急促一点，这样听起来就准确、响亮，送得远而且很有韵味。

吐字归音总的要求是：咬住字头，发响字腹，收全字尾。

【课上练习 1-6】

吐字归音练习

练习 1. 口部操练习

［**练习目标**］通过训练，增强同学们唇、舌的力度。

［**练习方法**］

1. 双唇练习：①撮唇练习。双唇前撮，再展开，反复进行。②增强唇力练习，噘起嘴，向上、下、左、右动；噘起嘴，转唇 360°。③双唇打响练习。嘴唇微闭，阻住气流，然后突然放开，爆发出 b 或 p 音。

2. 舌的练习：①舌面练习。舌尖抵住下齿背。舌中纵线部位用力。用上门齿刮舌面，将嘴撑开。②舌尖练习。力量集中在舌尖，与上齿龈用力接触，然后突然打开，爆发出 d、t 音。③舌根练习。舌根用力抵住软腭，阻住气流，然后突然打开，爆发出 g、k 音。④舌的力度练习。先闭上双唇，用舌尖顶住左右内颊，交替进行，再紧闭双唇，舌在唇齿之间左右环绕，交替进行，最后舌左右立起，交替进行。⑤弹舌练习。用舌尖连续轻弹上齿，使舌部放松、灵活。

练习 2. 绕口令练习

［**练习目标**］通过训练，增强同学们吐字归音的能力。

［**练习方法**］选择几条绕口令进行练习。先慢速吟诵，要求把每一个音节的韵腹适当拉开拉长，体会吐字归音的要求。然后再逐步加速。

发音训练要遵循一条根本原则：声音和意义之间，意义永远占主导地位。必须坚持以情运气，以气托声，以声传情的原则，充分发挥感情在发声过程中的作用。

（二）声随意转，以声传意的技巧

1. 驾驭语气

语气指一句话怎么说，其中不但有遣词造句的问题，而且还有怎么样表达得准确、鲜明、生动的问题。

语气的使用要因时、因人、因地作出调整。时间、地点的不同，往往对说话人的语气有不同的要求，一般来说，场面越大，越要注意语气庄重、严肃，不宜使用感情色彩过浓的语气；公共场所使用的警示语，应使用婉转的语气而不是命令式的口气；一问一答的场合，在回答对方问题时应使用陈述语气而不能使用反问的口气。做到语气因人而异是最重要的，语气能够影响听话者的情绪和精神状态。对待长辈、老师应当用尊敬的语气；对待同事、同学应当用谦和平易的语气；对待善意的陌生人应尽量使用热情的语气。

2. 控制语调

语调，通俗的解释为说话的腔调。从语言学的角度讲，语调是整句话和整句话中某个语言片断在语言上的抑扬顿挫，包括全句或句中某一片断的声音的高低变化，说话的快慢

（即音的长短和停顿）以及轻重等。在口语表达时，语调往往比语义（内容）更为重要。

有一次，意大利著名悲剧演员罗西去国外旅行，应邀参加一个欢迎宴会。席间，许多客人要求他表演一段悲剧，盛情难却的罗西站起来，用意大利语念了一段“台词”。尽管客人们听不懂他的“台词”内容，但他动情的声调和表情，凄凉悲怆，不由使听者潸然泪下，而同行的那位意大利人忍不住跑到厅外大笑不止。原来罗西念的根本不是什么台词，而是宴席桌上的菜单。这个故事说明了语调的感染力。

抑扬、顿挫、轻重、缓急是语调的四大要素。

（1）语调的抑扬是随感情变化而变化的，不能机械地将其分类，只能粗略归纳为四种。

高升调。先低后高，整个句子的后半句明显升高，句末音节高亢，一般表示兴奋、惊喜、探寻疑难，热情鼓动、号召和语意未完的感情。如：

奋斗吧，成功的路就在你的脚下！

怎么？这么晚了，还没回家呀！

降抑调。先高后低，声音逐渐降低，句末音节短而低，在口语表达中降抑调使用最为常见。一般表示冷静、自信、坚定和话语结束的意味。如：

你认准的路就要走到底。

他垂头丧气地坐在沙发上，两片愁云爬上脸颊。

平直调。平直舒缓没有明显的起伏变化。多用于庄重、平静地表述语义，也用来表示哀伤、冷淡和厌恶的情绪。如：

那飘扬的红旗是用烈士的鲜血染红的。

这是你自找苦吃，用不着埋怨别人。

曲折调，也叫弯曲调。这种语调由高转低，再升高；或由低转高，再降低。这种语调能表达出复杂的情绪或隐晦的感情，一般用于语义双关，言外之意，幽默讽刺，有意夸张等处。如：

你来得可真早啊，大家都像你这样准时，那就好啦！

混？不错，这个字很传神，很有时代特征。

（2）语句的顿挫是指讲话过程中的停顿，即句子中、句与句间、层次间及段落间语句上的停歇。停顿在口语表达中起着标点符号的作用。合理的停顿会使语义明了，谈吐自然。停顿位置不当，会使一句话支离破碎，影响对内容的理解。

停顿一般分语法停顿、逻辑停顿和感情停顿三种。

语法停顿是显示句子的各种语法关系的停顿。书面上的标点符号是语法停顿上的重要依据。一般是句号、问号、感叹号后停顿稍长，分号、冒号、破折号后停顿稍短，逗号后停顿再短些，顿号后停顿更短。

逻辑停顿是为了突出强调某一事物或显示某种语义的停顿。这种停顿是由上下文的内容决定的，往往与逻辑重音相伴出现。它可以在语法停顿的基础上变动停顿时间，也可以在没有语法停顿的地方作适当的停顿。如：

北京∧是一座∧古老而美丽的城市。

感情停顿是根据感情和心理的需要所作的停顿，感情停顿常用于感情强烈的地方，如激动、回忆、悲痛、疑虑等，这种停顿声断而神不断，也就是声断意连。感情停顿的间隙，会让人充分感受到比有声语言更丰富的意味和更深刻的力量，比说出来的语言更有感染力。

一般讲，句子越长，内容越丰富，停顿就越多；句子越短，内容越浅显，停顿就越少。感情沉重停顿多，感情欢快、急切停顿少。

（3）在日常生活中，语言的表现力和说话人的感情色彩，常常是靠重读来表现的。一般说来，重要的词语或需要强调的内容说得重些，句子中的辅助成分或平淡的内容说得轻些。说话轻重适宜，能使声音色彩丰富，语义分明。

汉语中的重音有词重音和句子重音两类。

词的重音是比较固定的，有规律的。就轻重程度可分重、中、轻三个等级。

两字词有“重轻”格式、“中重”格式。如：孩子、漂亮、玻璃等属于“重轻”格式。才华、幽默、人民等属于“中重”格式。三字词只有“中轻重”格式，如：千里马、打篮球、人民币等。四字词的基本格式是“中轻中重”，如：语言训练、刻苦钻研、永不停息等。词重音是由于人们的习惯而约定俗成的一般规律。

句子重音一般分为语法重音或逻辑重音。

语法重音是指根据语法结构而读作重音的现象，往往不带有特别强调的色彩。常常是短句的谓语，疑问代词充当的主词、宾语、定语、状语、补语等。

如：月亮圆了。

你是怎么来的？

逻辑重音是指为了强调某种特殊语义或抒发某种特殊的情感而重读的现象，常用来表示夸张、强调、比喻、呼应、肯定或否定等。

如：春天在哪里？春天在小朋友的眼睛里。

是的，就是他。

重音的种类从不同角度还可有不同的分类，初学者不必在理论上绕圈子。只要能根据不同的语义、思想来运用重音，表达情感就足够了。

重音的具体表现是很复杂的，除了靠重音重读的方法外，还可以采用拖长音节，一字一顿，夸大调值，重音轻读等方法来表现。

（4）口语表达内容的总基调是用语速和节奏来体现的，不同的语速和节奏体现不同的思想感情、细节及变化。快和慢是相对的，相辅相成的，运动变化的，而不是从头到尾一成不变的。语速的快慢是口语表达节奏的一部分。一般说来语言的节奏类型可分为以下六种：

舒缓型。是一种稳重、舒展的表达方式。声音适中，高低变化不明显，语流从容，连多停少。说明性、解释性的叙述或学术探讨活动等宜用这种节奏。

轻快型。是一种听来语不着力、活泼欢快的表达方式。声音响亮，连多停少，扬多抑少。日常性的对话或一般性的辩论都可以使用这种节奏。

高亢型。这种节奏给人一种威武雄壮之感，声音偏高，起伏较大，语气昂扬，语调激昂，扬多抑少，语流通畅爽朗，节奏紧凑，重音多轻音少，连多停少。适用于鼓动性强的演说、宣读重要的决定、叙述重大的事件等。

低沉型。这种节奏使人感到低缓，沉闷，声音偏暗，语流缓慢，语气压抑，语调扬少抑多，停顿多而长，句尾沉重呈下降式。多用于悲剧事件的叙述或某些怀念、慰问性的言词等。

凝重型。这种节奏听来一字千斤，句句着力，发人深省，蕴藉深重，声音适中，语流平缓有力，语调沉稳凝重。重多轻少，抑多扬少，停多连少。适用于论证事件、驳斥谬论以及某些语重心长的劝说等。

紧张型。这种节奏往往显示迫切紧急的心情，声音不一定很高，但语流速度快，语词密度大，语气急促紧张，语调连多停少，重多轻少。多用于重要情况的汇报、必须要立即加以澄清的事实申辩等。

以上六种节奏在口语表达中往往是互相渗透，有主有辅，只有适当把握，才能更显语言魅力。

本章小结

※ 口语是口头上使用的语言，口才是口语表达的才能。

口语有着区别于书面语的显著特点：语言形式的独特性、具体表达的语境性、交际内容的随意性、交流过程的生动性、交际应用的广泛性。

※ 练好口才的基础：良好的思想道德、综合的才能展现、广博的学问见识、深厚的情感体验。

※ 提高口语表达能力的基本途径：做一个好听众；具备健康的心理素质；培养良好的思维能力；培养善于应变与诙谐幽默的应对技巧；重视态势语的训练；塑造美好的声音。

思考与实训

一、填空题

1. 口语是__________的语言，口才是__________的才能。
2. 口语有着区别于书面语的__________、__________、__________、__________、__________的显著特点。
3. 口语的表达形式很多，基本上可分为__________和__________两大类。
4. 练好口才的基础__________、__________、__________、__________。
5. 提高口语表达能力的基本途径：____________________。
6. __________、__________、__________、__________是语调的四大要素。

二、判断题

1. 吐字是对字腹发音的要求。　　　　（　　）

2. 口才从根本上讲就是一个人的学识组合和应用。 ( )

3. 要想使口才活动取得良好的效果，只能在言语的技巧上下功夫，勿需进行思维训练。 ( )

4. 良好的思想道德是口才的灵魂。 ( )

5. 口语表达是以话语、音调、声频为媒介传递信息。 ( )

6. 口语表达内容的总基调是用语法和节奏来体现的。 ( )

三、简答题

1. 什么是口语？口语表达的特点是什么？
2. 口语的基本形式有哪些？
3. 什么是口才？施展口才应具备哪些素养？
4. 提高口语表达能力应从哪几方面入手？
5. 简述口语表达中听的重要性。
6. 练好口才的基础是什么？
7. 控制气息的最佳方法是什么？怎样控制？

四、实训练习

（一）【吐字归音训练】

1. 实训目标：体会吐字归音的要领，力求说话咬字清晰有力。

2. 实训内容：读下列绕口令，速度可由慢到快：

尤大嫂去买肉，冉大妈去买油。尤大嫂买肉不买油，冉大妈买油不买肉，俩人集上碰了头，尤大嫂请冉大妈到家里炖肉，冉大妈请尤大嫂去她家喝蜂蜜白糖加香油。

3. 实训方法：

（1）学生6人一组，选语音较好者1人为组长，组员根据组长安排依次训练。

（2）反复训练，互相纠错。

（3）评比出进步最快的同学。

（二）【听话组合力训练】

1. 实训目标：培养同学们对不同话语内容边听、边进行归类和组合的能力。

2. 实训内容：搞一次调查活动，然后介绍调查的详细内容。要求听者边听、边进行归纳，再汇总。

3. 实训方法：

（1）将全班学生每5~6人一组分组，并选出小组负责人。教师说明训练内容及成果要求。

（2）小组根据训练内容作出详细的调查方案，要包括前言、调查目的、意义、调查内容和具体项目、研究对象、调查方法、调查工作的时间进度安排、经费预算、调查结果的表达形式等。

（3）小组长带领小组成员根据调查方案、调查内容编写调查问卷。

（4）小组长带领小组成员开展调查工作。

（5）小组长组织小组成员汇报各自调查的详细内容，听者边听、边进行归纳，再汇总。

4. 成果要求：

（1）每个小组撰写出调查方案、调查问卷。

（2）每人写出调查体会。

（3）每位学生在小组内进行调查体会汇报，组内成员依下表中要求进行打分。

（4）每名同学的成绩由小组评分与教师评分综合组成。

5. 成果评价：

听话组合力实训成果评分表

评估指标	评估标准	小组评分	老师评分	实际得分
知识掌握情况（30分）	听者能借助听觉器官接受语言信息；然后经过思维活动对信息加以认知、理解；最后进行归纳汇总。 （每小点10分，分三个等级，5分以下；6～7分；8～10分）			
能力体现情况（30分）	能自学相关知识；说者语言表述清晰；听者理解透彻、归纳汇总全面。 （每小点10分，分三个等级，5分以下；6～7分；8～10分）			
成果（展示）完成情况（40分）	分析报告撰写规范，论述清晰，全部内容陈述语言规范、表述清楚；两项成果展示美观、大方。 （每小点20分，分三个等级，10分以下；12～14分；16～20分）			
总成绩 ∑100	（小组评分，老师评分各占50%）			
老师评语	签名：　　年　月　日			
学生意见	签名：　　年　月　日			

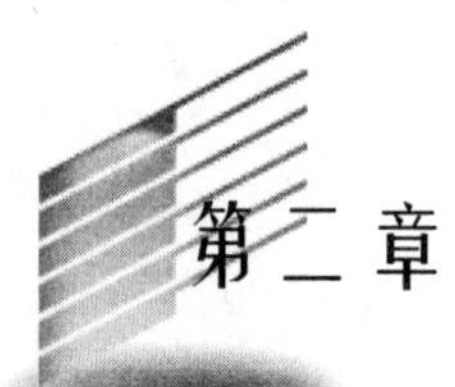

第二章 普通话及其训练

【知识目标】

1. 掌握推广普通话的重要性及其具体措施
2. 了解在接受普通话测试时应注意的问题

【能力目标】

1. 掌握普通话声、韵、调及其训练
2. 掌握语流音变的规律

第一节 推广普通话的重要性及其具体措施

语音准确就是要讲普通话，普通话是以北京语音为标准音，以北方方言为基础方言，以典范的现代白话文著作为语法规范。它是现代汉语的标准语，是我们中华民族大家庭的共同语言。它不仅具有科学的规范性，而且具有地域的广泛性。

一、推广普通话的重要性

学会讲一口标准的普通话，是练好口才的最基本条件。我国是一个方言十分复杂的国家，南北方言差异很大，甚至有的乡村仅一山一水之隔，就有言语不通的现象。社会主义商品经济的大潮把广大城乡人民从原来封闭的小圈子里推向了社会大舞台，人们在丰富多彩的社会活动中使用本民族的共同语——普通话已成为全社会的迫切要求。

此外，在高度信息化的社会中大量人工智能用于各种机器上，它要求人们使用标准的普通话，否则这些先进的工具将不会给我们提供方便。

改革开放以来，随着对外交流的日益频繁，世界各国都掀起了学习汉语的高潮，做为一名中国公民，一个中国学生，我们就更有必要把普通话学好，以便更好地发挥其在我国现代化建设中的作用。

二、推广普通话的具体措施

为了加快普通话的普及进程，不断提高全社会的普通话水平，国家语委、原国家教委和原广电部于 1994 年联合发出了《关于开展普通话水平测试工作的决定》（以下简称《决定》），明确指出：普通话是以汉语授课的各级各类学校的教学语言；是以汉语传送的各级广播电台、电视台的规范语言，是汉语电影、电视剧、话剧必须使用的规范语言；是全国党政机关、团体、企事业单位干部在公务活动中必须使用的工作语言；是不同方言区及国内不同民族之间的通用语言。掌握并使用一定普通话是社会各行各业人员，特别是教师、播音员、节目主持人、演员等专业人员必备的职业素质。因此，有必要在一定范围内对某些岗位的人员进行普通话水平测试，并逐步实行普通话等级证书制度。

为执行该《决定》，还颁布了《普通话水平测试等级标准（试行）》，提出了分级要求的具体设想，即把普通话水平分为三级六等，给各行业规定了不同等级标准，以便于执行。

第二节
普通话基础训练

一、声母

声母是音节开头的辅音，是气流在口腔或咽头受阻碍而形成的音。

普通话有 21 个辅音声母。它的分类和发音要领见下表。

普通话声母表

<table>
<tr><td colspan="2" rowspan="3">发音方法
声　母
发音部位</td><td colspan="2">塞音</td><td colspan="2">塞擦音</td><td colspan="2">擦音</td><td>鼻音</td><td>边音</td></tr>
<tr><td colspan="2">清</td><td colspan="2">清</td><td rowspan="2">清</td><td rowspan="2">浊</td><td rowspan="2">浊</td><td rowspan="2">浊</td></tr>
<tr><td>不送气</td><td>送气</td><td>不送气</td><td>送气</td></tr>
<tr><td>双唇音</td><td>上唇　下唇</td><td>b</td><td>p</td><td></td><td></td><td></td><td></td><td>m</td><td></td></tr>
<tr><td>齿唇音</td><td>上齿　下唇</td><td></td><td></td><td></td><td></td><td>f</td><td></td><td></td><td></td></tr>
</table>

续表

声母 发音方法 / 发音部位		塞音		塞擦音		擦音		鼻音	边音
		清		清		清	浊	浊	浊
		不送气	送气	不送气	送气				
舌尖中音	舌尖　上齿龈	d	t					n	l
舌根音	舌根　软腭	g	k			h			
舌面音	舌面前　硬腭			j	q	x			
舌尖前音	舌尖　上齿背			z	c	s			
舌尖后音	舌尖　前硬腭			zh	ch	sh	r		

在普通话里绝大多数音节是以辅音声母开头的，也有一部分音节的开头没有辅音声母（韵母自成音节），这些音节的声母叫做“零声母”。普通话零声母音节有四组：“i”或以“i”起头的，如意（yì）、音（yīn）；“u”或以“u”起头的；如挖（wā）、弯（wān）；“ü”或以“ü”起头的，如冤（yuān）、鱼（yú）；i、u、ü 以外的元音起头的，如安（ān）、恩（ēn）、欧（ōu）。

【课上练习 2 -1】　　声母训练

［**练习目标**］准确发音

［**练习方法**］

1. 声母歌（采桑）

ch　r　q　m　z
春　日　起　每　早，
c　s　j　t　n
采　桑　惊　啼　鸟，
f　g　p　b　x
风　过　扑　鼻　香，
h　k　l　zh　d　sh
花　开　落，知　多　少。

2. 同声母词语训练

（1）双唇音练习：

b—辨别　奔波　碧波　半边　白布　褒贬　标本　病变

p—批评　琵琶　偏旁　匹配　澎湃　偏僻　瓢泼　乒乓

（2）唇齿音练习：

f—非凡　方法　芬芳　发愤　丰富　发放　蜂房　防范

（3）舌尖中音练习：

d—调动　达到　大地　道德　等待　地点　抖动　电灯

t—谈天 探讨 团体 吞吐 天堂 天体 淘汰 厅堂
n—恼怒 牛奶 能耐 男女 袅娜 泥泞 南宁 农奴
l—罗列 劳力 理论 流利 轮流 来历 料理 冷落
(4) 舌尖后音练习:
zh—站长 主张 庄重 茁壮 专职 种植 战争 政治
ch—出产 长城 拆除 戳穿 春潮 踌躇 穿插 船厂
sh—少数 神圣 事实 山水 受伤 手术 闪烁 生疏
r—忍让 软弱 容忍 荏苒 仍然 荣辱 惹人 闰日
(5) 舌尖前音练习:
z—自尊 罪责 总则 自作 祖宗 栽赃 藏族 造作
c—层次 从此 粗糙 猜测 草丛 仓促 苍翠 摧残
s—思索 琐碎 色素 诉讼 松散 撕碎 洒扫 四散
(6) 舌面音练习:
j—经济 积极 交际 究竟 急件 紧急 基金 借鉴
q—亲切 确切 齐全 乞求 弃权 崎岖 恰巧 秋千
x—虚心 相信 学习 休息 细小 现象 下旬 详细
(7) 舌根音练习:
g—骨干 桂冠 改革 巩固 观光 高贵 瓜葛 故宫
k—刻苦 坎坷 可靠 开垦 夸口 慷慨 宽阔 苛刻
h—黄河 欢呼 绘画 和好 悔恨 浩瀚 绘画 浑厚
3. 对比训练
(1) 平—翘练习:
师长—司长 诗人—私人 主力—阻力 木柴—木材 早稻—找到
乱草—乱吵
(2) 舌尖音—舌面音练习:
针线—金线 长度—强度 诗词—稀奇 机器—支持
(3) n—l 练习:
旅客—女客 老子—脑子 新粮—新娘 留恋—留念 水牛—水流 隆重—浓重
(4) f—h 练习:
公费—工会 仿佛—恍惚 废话—会话 发现—花钱 舅父—救护 复员—互援
4. 绕口令
(1) 四和十:
四是四,十是十;十四是十四,四十是四十。
谁要把十四说成四十,就打谁十四;
谁要把四十说成十四,就打谁四十。
若要分得清,就来试一试。
(2) 砖堆:
红砖堆、青砖堆,砖堆旁边蝴蝶追。

蝴蝶绕着砖堆飞，飞来飞去蝴蝶钻砖堆。

(3) 酸枣子：

三哥三嫂子，借我三斗三升酸枣子。

明年摘了新枣子，把这三升三斗酸枣子，加倍还给三哥三嫂子。

(4) 画凤凰：

粉红墙上画凤凰，凤凰画在粉红墙。

红凤凰、绿凤凰，粉红凤凰黄凤凰。

(5) 面铺：

有座铺面面朝南，门口挂个蓝布棉门帘。

摘了蓝布棉门帘，看了看，面铺面朝南；

挂上蓝布棉门帘，看了看，铺面还是面朝南。

二、韵母

韵母是普通话音节中必不可少的成分。普通话一个音节中可以没有声母（零声母音节），如 ā yí 阿姨，但不能没有韵母及声调。

韵母是汉语音节中声母后面的部分。韵母主要由元音构成，有的韵母由单个元音充当，有的由两个或三个元音复合而成，还有的韵母由元音加上鼻辅音 n 和 ng 构成。

普通话有 39 个韵母。它的分类如下：

（一）依韵母开头元音的口形划分

根据韵母开头元音的口形可把韵母分为四类，简称“四呼”。

(1) 开口呼：不是 i、u、ü 或不以 i、u、ü 开头的韵母。

(2) 齐齿呼：是 i 或以 i 开头的韵母。

(3) 合口呼：是 u 或以 u 开头的韵母。

(4) 撮口呼：是 ü 或以 ü 开头的韵母。

学习“四呼”不仅可以帮助我们理解、掌握普通话声韵拼合规律和语音系统，而且有利于我们深入认识普通话和方言在语音系统上的差异。

（二）依韵母构成的成分划分

根据韵母构成成分的不同，可把韵母分为三类。

1. 单韵母

单韵母是由一个元音音素构成的韵母。普通话有 10 个元音，都可充当单韵母。

(1) 舌面元音。元音在发音时，起主要作用的位置在舌面叫舌面元音。

ɑ 央低不圆唇元音，o 后中圆唇元音，e 后、半高不圆唇元音。

ê 前、半低不圆唇元音，i 前、高不圆唇元音，u 后、高圆唇元音。

ü 前、高圆唇元音。

(2) 舌尖元音。元音在发音时，起主要作用的位置在舌尖的叫舌尖元音。普通话有两个舌尖元音：

i（前）[ɿ] 舌尖前不圆唇元音。在普通话里，它是出现在声母 z　c　s 的后面。如“自私”、“四次”。

i（后）[ʅ] 舌尖后不圆唇元音。在普通话里，它只出现在声母 zh　ch　sh　r 的后面，如“支持”、“日食”。

舌尖元音不和 z　c　s 或 zh　ch　sh　r 外的其他声母相拼，也不能自成零声母音节。

（3）卷舌元音。普通话里有一个卷舌元音，发音时，舌尖卷起对着硬腭。

er　卷舌、央、中不圆唇元音。er 不同声母相拼，只能自成零声母音节，如“儿、耳”等。符号 r 不代表音素，只表示卷舌动作，所以 er 是由两个字母标写的单韵母。

2. 复韵母

复韵母是由两个或三个元音复合构成的韵母。普通话有 13 个复韵母，又分为三类：

（1）前响复韵母：ai　ei　ao　ou。

（2）后响复韵母：ia　ie　ua　uo　üe。

（3）中响复韵母：iao　iou　uai　uei。

3. 鼻韵母

鼻韵母是由元音和鼻辅音韵尾构成的韵母。普通话有 16 个鼻韵母，可分为两类：

（1）前鼻韵母：由元音和舌尖鼻辅音 n 构成。共有 8 个：

an　en　in　ün　ian　uan　üan　uen。

（2）后鼻韵母：由元音和舌根鼻辅音 ng 构成。共有 8 个：

ang　eng　ong　iang　ing　iong　uang　ueng。

【课上练习 2-2】　　**韵母训练**

[练习目标] 准确发音

[练习方法]

1. 韵母歌（捕鱼）

en	üan	iang	ong	ie	ang	ua	i	ou	ing
人	远	江	空	夜，	浪	滑	一	舟	轻。
er	iong	ê	io	iao	u	e	ai	a	eng
儿	泳	欸	唷	调，	橹	和	嗳	啊	声。
uang	hao	o	in	üe	an	uan	uei	ian	ün
网	罩	波	心	月，	竿	穿	水	面	云。
ü	ia	iou	ueng	ei	uai	uo	-i	-i	uen
鱼	虾	留	瓮	内，	快	活	四	时	春。

2. 同韵母词语训练

（1）单韵母练习：a—发达　打靶　喇叭　哪怕

o—婆婆　磨破　薄膜　磨墨

e—客车　合格　色泽　特色

i—集体　利益　笔记　习题

u—瀑布　图书　服务　初步
ü—区域　女婿　雨具　旅居
i（前）—此次　自私　恣肆　四次
i（后）—支持　实质　史诗　指示
er—然而　偶尔　儿歌　耳机

（2）复韵母练习：ai—白菜　海带　灾害　爱戴
ei—肥美　蓓蕾　配备　娓娓
ao—草帽　高潮　号召　跑道
ou—欧洲　收购　守候　漏斗
ia—加价　假牙　压价　恰恰
ie—结业　贴切　歇业　姐姐
ua—挂画　要滑　花袜　娃娃
uo—骆驼　国货　硕果　火锅
üe—约略　决绝　雪月　雀跃
iao—小鸟　苗条　笑料　巧妙
iou—优秀　有旧　牛油　优柔
uai—摔坏　怀揣　外快　乖乖
uei—魁伟　水位　畏罪　回味

（3）鼻韵母练习：an—安然　灿烂　谈判　淡蓝
en—根本　振奋　本分　门诊
in—拼音　民心　亲近　殷勤
ün—均匀　军训　逡巡　芸芸
ian—简练　鲜艳　眼帘　偏见
uan—贯穿　专断　转换　婉转
üan—源泉　轩辕　渊源　全权
un—昆仑　温顺　论文　分寸
ang—钢厂　上当　苍茫　长廊
eng—丰盛　更正　风筝　萌生
ong—公众　从容　轰动　总统
ing—宁静　命令　姓名　倾听
iang—想象　亮相　向阳　洋姜
iong—汹涌　穷凶　炯炯　熊熊
uang—状况　狂妄　装潢　网状
ueng—渔翁　蓊郁　瓮城　老翁

3. 对比训练

en—eng　本能　真正　神圣　人称
eng—en　胜任　承认　成分　登门
in—ing　心灵　银杏　民警　新兴

ing—in 灵敏 领巾 倾心 迎新
an—ang 反抗 肝脏 南方 繁忙
ang—an 傍晚 唐山 方案 当然
ai—ei 栽培 白梅 败类 百倍
ei—ai 佩带 内海 黑麦 胚胎

审视—省市 申明—声明
陈旧—成就 木棚—木盆
信服—幸福 亲生—轻声
红星—红心 人名—人民
安然—昂然 烂漫—浪漫
葬送—赞颂 搪瓷—弹词
分派—分配 卖力—魅力
眉头—埋头 未来—外来

4. 绕口令

(1) 城隍庙里有两个判官，一个判官姓潘，一个判官姓关。潘判官不管关判官，关判官不管潘判官。

(2) 陈是陈，程是程，姓陈不能说成姓程，姓程也不能说成姓陈。禾旁是程，耳朵是陈。程陈不分，就会认错人。

(3) 人寻铃声去找铃，铃声紧跟人不停，到底是人寻铃，还是铃寻人？

5. 韵母辨音诗

(1)"er"韵诗：怎肯轻言愤世，说甚看破红尘，无病呻吟其何益，空负好时辰。
问人生真谛何在？奋进是根本！
少冷漠，要热忱，坚韧忠贞。
趁青春年华，吐芬芳，挑重任、显身手，报国门。

(2)"eng"韵诗：澎湖岛上登峰，山道赠崚，怪石狰狞。
望长空，烹煮黄昏霞如火，水汽蒸腾雾迷蒙。
转眼众星捧月，长庚独明，更有乘风大鹏，万里征程。
猛志天生成，却不是身在蓬莱，神入梦中！

(3)"in"韵诗：近河滨，景色新，绿草茵茵水粼粼，禽鸟唱林荫。
政策好，顺民心，人人尽力共驱贫，辛勤换来遍地金，天灾难相侵。
诗心禁不住，一曲今昔吟。

(4)"ing"韵诗：志士镇守在边庭。统猛丁，将精英，依形恃险筑长屏，亭燧座座警号鸣，惨淡经营。
屏侵凌、震顽冥，敌胆破望影心惊，其锋谁撄？
八方平定四境宁，赢得史册彪炳，千古令名。

三、声调

声调是指一个音节发音时能区别意义的音高的高低升降的变化形式。

普通话共有四个声调，分别是阴平、阳平、上声、去声。

（一）阴平

阴平——高平调，调值为［55］。发音时，声带绷到最紧，始终没有明显变化，保持高音（“最紧”是相对的）。

例如，春、天、花、开

（二）阳平

阳平——高升调，调值为［35］。发音时，声带从不松不紧开始，逐渐绷紧，到最紧为止，声音由不低不高升到最高。

例如：人、民、和、平

（三）上声

上声——降升调，调值为［214］。发音时，声带从略微有些紧张开始，立刻松弛下来，稍稍延长，然后迅速绷紧，但没有绷到最紧。发音过程中，声音主要表现在低音段1—2度之间，成为上声的基本特征。上声的音长在普通话四个声调中是最长的。

例如：永、远、友、好

（四）去声

去声——全降调，调值为［51］。发音时，声带从紧开始，到完全松弛为止。声音由高到低。去声的音长在普通话四个声调中是最短的。

例如：创、造、世、界

【课上练习2-3】 **声调训练**

［**练习目标**］准确发音

［**练习方法**］

1. 声调歌

阴平调，起音高高一路平；
阳平调，由中到高往上升；
上声调，先降后升曲折起；
去声调，高起猛降到底层。

2. 声调训练

（1）单音节四声顺序练习：mɑ—妈　麻　马　骂

fu—夫 福 斧 富

yu—淤 于 雨 玉

shu—书 熟 鼠 竖

(2) 双音节连调练习：阴+阴 今天 沙滩 分钟 突出

阳+阳 国籍 儿童 学习 从容

去+去 报告 现代 庆祝 建设

阴+阳 积极 发言 加强 生活

阴+上 书法 经典 思想 中午

阴+右 听众 专业 真正 欢乐

阳+阴 狂欢 长江 黄山 阳光

阳+上 没有 民主 宏伟 言语

阳+右 于是 决定 实际 情愿

去+阴 汽车 大约 定居 乐观

去+阳 适合 数学 乐园 帝王

去+上 父母 作品 汉语 贷款

(3) 四音节同调相连练习：阴平 居安思危 珍惜光阴 息息相关

阳平 闻名全球 提前完成 和平繁荣

去声 变化莫测 意气用事 创造记录

(4) 四声顺序音节练习(读成单字词、不可连续)：风调雨顺 高朋满座 英雄好汉

(5) 四声逆序音节练习：背井离乡 妙手回春 四海为家

(6) 四声交错音节练习：虚怀若谷 轻描淡写 班门弄斧

3. 绕口令练习

施氏食狮史：石室诗士施氏，嗜狮，誓食十狮。氏时时适市视狮。十时，适十狮适市。是时，适施氏适市。氏视十狮，恃矢势，使十狮逝世。氏拾是十狮尸，适石室。石室湿，氏使侍拭石室。石室拭，氏始试食十狮尸。食时，始识是十狮尸实十石狮尸。试释是事。

第三节
普通话的语流音变

一、什么是语流音变

人们在说话或朗读的过程中，由于相连音节的相互影响或表情达意的需要，有些音节的发音会发生程度不同的变化，这种现象叫语流音变。

语流音变是普通话中的自然现象，汉语中声调和语调的平升曲降，词语的轻重搭配，组词造句的较大灵活性，语流中音节的各种交替，以及人们对语音的约定俗成等，

就造成了语音中一些因素的变化。因此学好普通话，仅读准声母、韵母、声调是不够的，还必须注意普通话的音变现象。如，在口语表达时不能将“先生”说成 xiān shēng，把“知识”说成 zhī shí，如果不能很好掌握语流音变，就会使语音生硬、别扭，甚至矫揉造作。

普通话的语流音变主要包括变调、转声、儿化、语气词“啊”的变化。

二、掌握语流音变的规律

语流音变是有一定规律的，了解这些规律，并在口语表达中经常实践应用，就会培养起良好的语感，对普通话水平的提高极有帮助。

（一）变调

在语流中，由于相连音节的相互影响，使某个音节原来的调值发生了变化，这种变化叫做变调。普通话中的四个声调，在受到邻近音节声调的影响时，或多或少都有些变化。其中阴平、阳平、去声的变化并不显著，变化最显著的是上声以及一些具体词语，如“一、不”等。

【课上练习 2-4】 语流音变训练

［**练习目标**］通过训练使同学们能掌握语流中声调变化规律，正确发音。

［**练习方法**］

1. 上声的变调

(1) 上声在非上声（阴平、阳平、去声）前面变成半上，即由214变为211。如：

在阴平前：喜欢　老师　北京　始终

在阳平前：羽毛　口才　草原　古文

在去声前：感谢　等待　努力　解放

(2) 上声在上声前面，前一个上声变成阳平，调值变为35。如：

美好　品种　可以　理想

(3) 三个上声字连在一起，按语音停顿情况来变，停顿在第三个上声字后，前两个上声字变为阳平。如：

展览馆　洗脸水　管理组　选举法

如果停顿在第一个上声字后，第一个上声字变“半上”，第三个上声字声调不变，第二个上声字变为阳平。如：

好领导　老保守　纸雨伞　厂党委

如果有三个以上的上声字连在一起，也按语音停顿情况来变，停顿前的上声读“半上”，最后一个上声读原调，其他上声变为阳平。如：

我很了解你

永远友好

2.“一”的变调训练

(1)“一”在单念或在词句末时念原调（阴平）。如：不管三七二十一　全国第一

(2)“一”在阴平、阳平、上声前面时变为去声。如：

在阴平前：一般　一天　一生　一边

在阳平前：一头　一直　一团　一条

在上声前：一早　一手　一起　一体

(3)“一”在去声前面变为阳平。如：一道　一半　一切　一致

(4)“一”在词语中间读轻声。如：听一听　看一看

(5) 成语练习：一心一意　一粥一饭　一颦一笑
一五一十　一丝一意　一朝一夕
一见如故　一事无成　一念之差
一言为定　一表人才　一网打尽

(6) 儿歌练习：一个大，一个小，一件衣服一顶帽。
一边多，一边少，一打铅笔一把刀。
一个大，一个小，一只西瓜一颗枣。
一边多，一边少，一盒饼干一块糕。
一个大，一个小，一头肥猪一只猫。
一边多，一边少，一群大雁一只鸟。
一边唱，一边跳，大小多少记得牢。

3.“不”的变调训练

(1)“不”单念或在句末念原调（去声）。如“不，我不。”

(2)“不”在阴平、阳平、上声前面也念去声。如：

在阴平前：不安　不惜　不公　不属

在阳平前：不成　不凡　不及　不妨

在上声前：不齿　不只　不许　不法

(3)“不”在去声前面变为阳平。如：不外　不幸　不适　不但

(4)“不”在相同的两个词语中间读轻声。如：冷不冷　快不快　好不好　着急不着急

(5) 成语练习：不伦不类　不干不净　不闻不问
不屈不挠　不即不离　不偏不倚
不谋而合　不毛之地　不可思议
不翼而飞　不共戴天　不速之客

（二）轻声

普通话的每个音节都有它的声调。轻声是指音节在一定场合里失去原调，变成了一种即短又轻的调子。

1. 读轻声的规律

普通话中通常读轻声的有以下几类：

（1）助词一般读轻声。

结构助词“的、得”。如：好得很　我的

动态助词“着、了、过”。如：说着　跑了　放过

语气助词“吧、吗、呢、啊”等。如：走吧　去吗　怎么呢　不行啊

（2）名词、代词的后缀“子、们、头、儿”等。如：我们　桌子　女儿　石头

（3）名词、代词后的方位名词“上、下、里、边”等。如：楼上　家里　外边　地下

（4）动词、形容词后的趋向动词“去、来、起来”等。如：好起来　过来　离去

（5）重叠动词的末一个音节。如：看看　写写　读读

（6）重叠的亲属称谓末的一个音节。如；爸爸　哥哥　爷爷

（7）量词中“个、些”等。如：几个　一些

（8）动词的某些结果补语。如：站住　打开　关上

（9）部分四音节词语的衬字。如：糊里糊涂　黑不溜秋　丁零当啷

（10）重叠动词或形容词中的“一、不”。如：动一动　好不好

普通话中不少双音节的后一个音节，在习惯上念轻声，这些词规律性不强，方言区的人在学习和掌握上有较大困难，并且大部分双音节中的轻声调不起区别意义的作用。在日常学习中应多加积累，如：

巴结　裁缝　耷拉　风筝

高粱　灯笼　聪明　朋友

2. 四字短语练习

他的师傅　关上抽屉　干净衣服

天上星星　学生来了　怎么搞的

喜欢打扮　打个比方　擦擦玻璃

（三）儿化

单韵母 er 除自我音节外，还可以和语流中的前一个音节结合，使前一个音节的主要元音变成带卷舌动作的韵母，即“儿化韵”，这种音变现象就叫儿化，带儿化韵的音节，一般用两个汉字来表示。用汉语拼音字母拼写儿化音节，只需在原来的音节之后加上“r”（表示卷舌动作）即可。例如：“花儿”—huār

1. 儿化规律

（1）韵母最后一个音素是 ɑ o e ê u 的，直接加卷舌动作。如：

ɑr　打杂儿　那儿　价码儿　渣儿

or　土坡儿　水波儿　粉末儿

er　模特儿　秧歌儿　小哥儿　风车儿

iêr　小蝶儿　台阶儿　一些儿　小街儿

üêr　空缺儿　丑角儿

ur　主儿　水珠儿　白兔儿　腿肚儿

iɑr　豆芽儿　一下儿　纸匣儿　咱俩儿

uar 大褂儿 年画儿 红花儿 小娃儿
uor 大伙儿 蝈蝈儿 被窝儿 书桌儿
aor 口哨儿 岔道儿 走道儿 早早儿
iaor 豆角儿 走调儿 小鸟儿 面条儿
our 死扣儿 裤兜儿 奔头儿 老头儿
iour 很油儿 短袖儿 小妞儿 皮球儿

(2) 韵尾是 i、n 的韵母，丢掉韵尾，主要元音加卷舌动作。如：

air 锅盖儿 车牌儿 鞋带儿 小孩儿
uair 一块儿
eir 摸黑儿 椅子背儿 倍儿（棒）
ueir 滋味儿 墨水儿 配对儿 一会儿
anr 笔杆儿 花篮儿 脸蛋儿 花瓣儿
ianr 心眼儿 一点儿 坎肩儿 扇面儿
uanr 好玩儿 撒欢儿 猪倌儿 公园儿
üanr 烟卷儿 出圈儿 人缘儿 胶卷儿
enr 够本儿 刨根儿 刀刃儿 走神儿
unr 打盹儿 冰棍儿 胖墩儿 一捆儿

(3) 韵母是 i、ü 的，在原韵母后加 er。如：

玩意儿 小曲儿 有趣儿 针鼻儿

(4) in、ün 韵母，在原韵母后加 er。如：

送信儿 卖劲儿 小军儿

(5) 韵母是 -i（前）、-i（后）的，原韵母丢掉，加 er。如：

顶事儿 枪子儿 铜子儿 树枝儿

(6) 韵母是 ng 的，原韵母丢掉 ng，主要元音变鼻音并卷舌。如：

相框儿 蛋黄儿 麻绳儿

2. 绕口令练习

进了门儿，倒杯水儿，喝了两口运运气儿。

顺手拿起小唱本儿，唱一曲儿，又一曲儿，练完了嗓子我练嘴皮儿。

绕口令儿，练字音儿，还有单弦儿牌子曲儿；小快板儿，大鼓词儿，又说又唱我真带劲儿！

（四）"啊"的音变

"啊"作为语气词单念，随语气和感情的变化，有多种念法。在句末表示各种不同的语气和感情，往往与前一音节连续时产生音变。

1. 变化规律

(1) "啊"之前音节末尾的音素是 a、o、e、ê、i、ü 时，"啊"念成"ia"（呀）。如：

好大的雪呀！

你得仔细琢磨琢磨啊!

你说的是他啊!

多么迷人的秋色啊!

这是谁泼的水啊?

赶快去啊!

(2)“啊”之前音节末尾的音素是u(ao、iao中的o实际发音是较松的u)时,“啊”念成“ua”(哇)。如:

听说大厅里展销新书啊!

你都十八岁了,还小啊!

这葡萄长得多好啊!

(3)“啊”之前音节末尾的音素是-i(后)和er时,“啊”念“ra”;是-i(前)时,“啊”念“za”,如:

什么啊?

这么精密的仪器可不能闹着玩啊!

来过几次啊?

(4)“啊”之前音节末尾的音素是鼻辅音n时,“啊”念成“na”(哪)。如:

今年真是风调雨顺啊!

好头晕啊!

(5)“啊”之前音节末尾的音素是鼻辅音ng时,“啊”念成“nga”,如:

冲啊!

快点儿讲啊!

2. 对话练习

(1)甲:这些孩子啊,真可爱啊!

乙:那还用说啊,不然,怎么叫模范幼儿园啊?

甲:你看啊,他们多高兴啊!

乙:是啊!他们又做诗,又画画儿,老师教得多好啊!

甲:你还没见啊,下了课,他们唱啊,跳啊,简直像一群小鸟啊!

乙:那你快回去把孩子送来啊!

(2)甲:请问,到图书馆怎么走啊?

乙:咳!原来是你啊!我也正想去图书馆,一块儿走吧。

甲:好的,哟!那儿怎么那么多人啊?

乙:买书的呗,什么诗歌啊、小说啊、报告文学啊,全有!

甲:那么多啊,那咱们也去看看!

乙:行!快跑啊!

第四节
普通话水平测试点拨

自1994年《关于开展普通话水平测试工作的决定》下发以来，普通话水平测试工作已在全国全面展开。现将在普通话水平测试中应注意的问题罗列如下：

一、字词题

字词题的测试目的是考查应试人普通话声母、韵母和声调的发音，以及上声变调、儿化韵和读轻声的音。普通话水平测试字词题部分共30分。

（一）测试的主要内容

1. 读单音节字词100个（排除轻声、儿化音节），计10分

"读单音节字词100个"的评分标准为：读错一个音节扣0.1分，缺陷（读音处在正确与错误之间）每个扣0.05分。

2. 读双音节词语50个（包括轻声、儿化音节），计20分

"读双音节词语50个"的评分标准为：读错一个音节扣0.2分，缺陷（读音处在正确与错误之间）每个扣0.1分。

（二）字词部分测试应注意的三个方面

1. 测试内容

普通话水平测试字词部分的第一项内容"读单音节字词100个"中，涵盖了普通话的所有声母、韵母和声调，并按一定比例重复。第二项内容"读双音节词语50个"中，除了包括普通话的所有声母、韵母和声调外，还包括轻声、儿化音节和变调。其轻声音节不少于3次，儿化音节不少于4次。上声和上声相连不少于2次，上声和其他声调相连不少于4次。测试前一般都有准备时间，这些内容在准备时间应分清主次。方法是：在准备时间内，应快速把自己平时认为是难点音的字（如前后鼻音、平翘舌音、圆唇音，n—l、第三声等）找出，在头脑里加深记忆，测试时尽量把发音部位刻意发准。准备双音节词语时，除了找出自己平时难发准音的字外，对于轻声使用较少的方言区的学生来说，找出哪些词是轻声词也很重要。因为轻声词没有明显标记，而儿化词有明显标记"儿"。

2. 测试时间

普通话水平测度字词部分的第一项"读单音节字词100个"和第二项"读双音节词语50个"，测试的时间限制都是3分钟，超时扣分。第一项3～4分钟后扣0.5分，4分钟以上扣0.8分。第二项3～4分钟后扣1分，4分钟以上扣1.6分。所以测试时不能因为

一个字、词不会读，就停留在那儿反复思考、拖延时间。在测试时，字词部分一个字允许读两遍，即应试者发觉第一次读音有口误时可以改读，按第二次读音评判。这也是造成超时的一个原因。所以要尽量一次读准，不要频繁地读两遍。但读得太快也不行，测试员来不及记录，容易造成评分的不准确。那种快读、读得模糊不清而企图蒙混过关的做法是不可取的，其结果会适得其反。一般来说，每项少于 1.5 分钟，就属于过快了。在读字词时，应平稳、均匀地读每一个字词，不要时快时慢。可采取速看慢读的方法，首先看到字，再反映到头脑里，再读出来。这样有利于测试员打分，也有利于应试者读音水平的发挥和时间的把握。

3. 声音技巧

普通话水平测试目的就是考查应试者普通话语音的标准程度。排除发音部位和发音方法、声调等专门语音问题外，应试者自身的声音素质和测试时的声音表现，也会影响语音的准确，造成语音缺陷。主要表现在以下几个方面：

（1）声音不响亮，粘细、无力、疲乏、语感差。这样，有些声调的调值就易偏低，韵母的开口度、圆唇度不够，语感差，造成语音缺陷。这是长期以来形成的一种不好的发音习惯。主要原因是发音时气流不足，舌、唇没有力量。可采用以口腔为主，三腔共鸣的发音方法加以训练，就能发出坚实、丰满、清晰的声音。三腔指的是口腔、鼻腔、胸腔。发音时，打开口腔、肩部平稳、胸部舒展、以便打开胸腔，让气流在口腔、鼻腔、胸腔中上下贯通。就如拉手风琴，一拉一合，拉合间充满的气流来回震荡，拉得越开，气流越多，声音越丰满、坚实，持续的时间也越长。声音丰满、坚实、清晰，声调调值的缺陷就易避免了。

（2）读字词时，易犯吃字、吞字、丢音的毛病。吞掉一个音节末尾的韵母是其最突出的表现，原因是舌头转动、伸缩不灵活。解决的办法是除了进行上述唇舌的训练外，还应进行吐字归音的训练。吐字、归音训练的要领是，把一个音节看作类似一条鱼的形状。声母、韵母是鱼头，韵尾是鱼尾，韵腹是鱼腹。韵腹发音动程大、时间长；头和尾发音动程小、时间短。使口腔由开到合，肌肉由紧渐松，声音由强到弱，韵尾要弱收到位。尽力做到读出的每一个字都落到实处。

（3）声音拖拉，如同念经。其特点是声音小，拖腔拖调。纠正的关键是：读字时，韵尾的处理要干净利索，不可拖泥带水留尾巴。要字字简短，铿锵有力。

（4）声音憋在咽喉里出不来，含混、暗哑。其原因是用咽腔过多。改掉这种习惯，改用口腔即可。

（5）鼻音过重，声音沉闷。用手捏着鼻翼两侧发非鼻音音节，如“狗”、“这”、“坡”等。如果鼻两侧振动，音节发闷，就说明发音时已带了鼻音色彩，发成了鼻化音。主要原因是软腭无力。可采用发舌根 g、k 或发“好”、“鸟”等字的方法来训练软腭，纠正鼻音过重等不良现象。

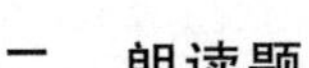

二、朗读题

（一）测试的主要内容

朗读题主要是考查应试者用普通话朗读书面材料的水平，重点是从语音的错读、漏读，方言语调是否明显，停顿是否恰当，语速是否适中等方面进行考查。朗读题共30分。

评分细则为：每读错一个音节扣0.1分，缺一个字、添一个字各扣0.1分，语速过快、过慢一次扣1分，停顿、重音不当一次扣1分，方言色彩浓重扣3分，较重扣2分，稍有扣1分。

（二）朗读部分测试应注意的四个方面

1. 要读准语音

要求把作品中每个字词（除音变词）的声母、韵母、声调读得准确清楚，还要读准多音字、异读字和平时容易错读的字词。另外，要防止漏读、添读和回读，以及读得不流畅。凡是出现以上错误，每个音节扣0.1分。属于“音变”错误的，每个音节也扣0.1分。

2. 要克服方言语调

在朗读中方言语调的出现，除了声韵调发音有问题外，还表现在语流中的上声变调，“一”和“不”的变调，轻声、儿化的读音和语气“啊”的音变，句末的升降调、轻重格式等。因此，在测试时必须把握好“音变”的读音，平时练习时要刻意培养普通话语感，多听朗读作品的录音。凡是方言语调问题突出的，一次性扣3分，比较明显的扣2分，略有反映的扣1.5分。

3. 注意语音的停顿

停顿是朗读技巧之一，要使朗读测试取得好成绩，必须运用好它。因为停顿的运用，直接影响到朗读作品的思想内容的完整表达，同时也影响其他朗读技巧的表达效果。在测试时，要把握好停顿的位置和时间。

4. 要控制语速

测试朗读的要求是读400个音节，限时是4分钟。测试的50篇作品都是散文，绝大部分应用中速朗读，不能太快或太慢。

三、说话题

说话题考查应试者的整体语音面貌和表达能力。提供50个说话题目，抽签选题，时间为3~4分钟。要求说得有中心、有条理、有内容。说话题共40分。

说话题的评分细则为：语音面貌占30分钟，依据应试者普通话的标准程度分为六个档次，分别给30、27、24、21、18、12分；语汇语法占5分，分为三个档次，分别给5、4、3分；自然流畅占5分，分为三档次，分别给5、4、3分。

本章小结

※ 普通话是以北京语音为标准音，以北方方言为基础方言，以典范的现代白话文著作为语法规范。它是现代汉语的标准语，是我们中国民族大家庭的共同语言。它不仅具有科学的规范性，而且具有地域的广泛性。

※ 推广普通话的重要性：练好口才的最基本条件；高度信息化社会的需求。

※ 普通话基础训练：声母训练、韵母训练、声调训练。

※ 语流音变：变调、轻声、儿化、“啊”的音变。

思考与实训

一、填空题

1. 普通话是以__________为标准音，以__________为基础方言，以__________作为语法规范。它是现代汉语的标准语，是我们中华民族大家庭的共同语言。
2. 韵母是汉语音节中__________后面的部分。
3. 推广普通话的重要性：__________；__________。
4. 语流音变包括____________________的音变。
5. 普通话里绝大多数音节是以__________声母开头的。

二、判断题

1. 大部分双音节中的轻声调不起区别意义的作用。（ ）
2. 普通话一个音节中可以没有声母。（ ）
3. er 不同声母相拼，不能自成零声母音节。（ ）
4. 韵母主要由辅音构成。（ ）
5. 声调是指一个音节发音时能区别意义的音高的高低升降的变化形式。（ ）

三、简答题

1. 普通话语流音变有哪些？
2. 口语表达为什么要使用普通话？
3. 在接受普通话水平测试时应注意哪些问题？

四、实训练习

【说话题训练】

1. 实训目标：通过训练提升同学们发音准确性。

2. 实训内容：抽签选题，时间为 3 ~ 4 分钟。要求说得有中心、有条理、有内容。

3. 实训步骤：

（1）将全班学生每5～6人一组分组，并选出1名语音较好者为小组负责人。

（2）小组长准备50个说话题目。

（3）小组长组织每位小组成员抽签选题，选题后准备5分钟。

（4）每位小组成员为说话者打分。取平均分为每名同学的成绩。

4. 成果评价：

说话能力训练成果评分表

评估指标	评估标准	小组评分	老师评分	实际得分
语言面貌（30分）	依据普通话的标准程度分为六个档次，分别给30、27、24、21、18、12分。			
词汇语法（5分）	分为三个档次，分别给5、4、3分			
自然流畅（5分）	分为三档次，分别给5、4、3分。			
总成绩 ∑40	（小组评分）			
老师评语	签名：　　年　月　日			
学生意见	签名：　　年　月　日			

第三章 普通话读诵技巧

【知识目标】

掌握各种读诵的表达技巧

【能力目标】

掌握几种文体的读诵方法，以提高言语的表现力

第一节 读诵的含义和作用

一、什么是读诵

读诵即朗读和朗诵二者的合称。

朗读是指运用普通的语音，准确、清晰、响亮、富有感情地把书面作品的思想内容充分地表达出来。

朗诵是在朗读的基础上，借助较为夸张的语音、语调形式，借助表情、手势等态势语，创造性地对书面作品进行加工，用风格化、个性化的口头语言表达对作品的理解，引领听众进入形象艺术的殿堂。

【教学互动】

请同学们具体说说朗读和朗诵的区别。

朗读和朗诵都是运用有声语言的一种口语活动，但两者并不完全一样。

（一）从表现形式看

朗读完全是靠声音来表达作品的思想感情的。声音要求清楚、自然、生动，但不必过于夸张，一般不需脱离书面材料。朗诵是表演给人听、给人看的，除声音要响亮、清晰外，要求绘声绘色，以眼神、手势、体态等配合表演，它往往要求脱离书面材料。

（二）从内容的表达看

朗读仅要求朗读者对作品内容进行正确的表达就够了。而朗诵却不止于表达，它同时意味着对作品进行再加工，使作品更加丰满、立体化。听众跟随着朗诵者的表达能更快、更直接地进入作家所提供的情境（意境），进入作家敞开的内心世界。此时的朗诵者就是作家的替身，作家的作品在他们的口中重新燃起了火焰，插上了翅膀。

（三）从选材的角度看

朗读材料多选择实用性的，如报刊上的文章，各种文件、讲稿等，而朗诵活动多选择文学意味浓的材料，如散文，诗歌等。

（四）从表达者的角度看

由于表现形式的限定，朗读者一般是在课堂、会场、播音室里读书面材料——课文、报告、消息等。朗读者的语气和表达要求自然化、规范化。而朗诵最重要的是朗诵者对所读作品的“积极的创作态度”，即语气和表达要求色彩化、主体化，如果缺少这样的态度就会使语言变得苍白无力、空洞乏味，当然就不会吸引听众，唤起他们的兴趣。

朗诵者在深入理解作者的全部观点、作品的风格和时代的背景，以及对作品的社会评价的基础上，开始在朗诵过程中施展其特有的个性、思想的深度以及创作的想象力，在这个过程中朗诵者对作品的解释权能得到淋漓尽致的发挥，这也是朗读与朗诵最本质的区别。

可以说朗读是朗诵艺术的基础，朗诵则是在此基础上的进一步升华和提高。在口语表达活动中，初学者必须注意把握朗读与朗诵在各方面的差别，做到恰如其分地运用。

二、读诵与说话

读诵和说话都是有声的语言。读诵可以说是代替作者说话。生活中的说话是每个人每天都在进行的，通常不会感到表达起来有什么困难。语气、语调、重音、停顿、声音的高低、强弱、快慢的变化以及态势语的运用都是自然而然产生的。而这些在读诵活动中却显得不那么轻而易举，读诵者在初学时最容易出现全身紧张、手足无措、眼睛不知应看哪里、声音不听使唤、背好的词忘掉等情况，这就使得“替作者”说话紧张、不自然，不能从容自如表达作品的内容，从而增加了读诵者的畏惧情绪。如果我们真正了解读诵活动的本质，就会发现读诵也可以和日常说话一样简单，做到轻松自如的表达也不是件难事。

三、读诵的作用

（一）宣传鼓动，启迪明智

读诵活动是将书面作品通过个人创造性的加工，转化为有声语言的过程。在这一过程中听众通过欣赏读诵者声情并茂、绘声绘色的表演获得了一种审美的享受，同时读诵者还将听众的感情、思想引入了一定的意境中去，从而起到宣传鼓动、启迪明智的作用。

（二）陶冶情操，提高艺术鉴赏力

读诵活动多以优秀的文学作品为材料。读诵者读诵的过程是一个审美的过程，听众在欣赏时会被读诵者带入一个美好的境界。二者都通过作品优美的语言，读诵声韵的和谐，达到潜移默化的熏陶。这一过程不仅使人感知作品中蕴涵着的人生的哲理、科学的常识以及作者丰富阅历，还能不断优化气质、净化心灵，提高艺术鉴赏力。

（三）提高阅读理解和表达的能力

现代社会对人的阅读理解和表达能力的要求越来越高。书面作品由于缺少有声的形式，许多具体而微的生动活泼的语气无法准确地传达出来。如果通过适当的读诵，借助有声语言表达出来，通过语气语调的抑扬顿挫、轻重缓急来细致入微地表现，对书面作品的理解无疑是增色添彩。一次读诵的过程，就是对作品的感受、分析的过程，也是阅读能力得到切实培养的过程。同时，在这个过程中，通过对作品的分析体味，使作品的内容深深地印在脑海中，经过长时间的训练，积累到一定程度，便会自然而然地出口成章地表达出来，做到厚积而薄发。

（四）帮助学好普通话

读诵活动是普通话语音训练的继续、巩固和提高。学习普通话，不能只停留在孤立地学习一个个词语的正确读音上，还必须学习普通话的音变规律、语调要求等，这些都必须在读诵活动中去体会。进行综合的普通话语音训练，最好的方法莫过于常常读诵，在读诵的过程中培养普通话读感，学习和储存大量优美的词汇和句式，逐渐形成连贯的普通话语音，进一步提高普通话语言的表达能力，在日常生活中自由、准确、生动地运用。

第二节
读诵的准备

读诵的准备工作有广义和狭义之分。广义的准备是多方面的，比如气质和思想的准备，社会阅历和文化素养的准备，审美情趣上的准备，普通话语音方面的准备等，这些都要靠日常的积累和训练。狭义上的准备是指对将要读诵的书面材料所做的具体准备工作。广义的准备工作我们已在前面讲述过，这里重点介绍读诵的狭义的准备工作。

一、把握作品的主题思想

把握作品的主题思想可分为三步：首先要感性接触，初步分析作品所表现的倾向。其次要全面了解作者的情况，尤其是对方经典作品更要如此。熟悉作者所处的时代和社会，他的全部创作倾向和代表性思想，他的主要作品的社会、历史分析，他在札记、日记、书信中的言论，他的有关文学和艺术问题的见解。总之，所有能帮助了解作者的品质、世界观、思想体系的一切，这对于读诵者都是非常有帮助的。最后在了解作者的同时，要做到“热爱”他。只有这样，读诵者才能用自己的态度和见解去积极地补充作者的创作意图和思想；只有这样，读诵者才能产生内心的激动和真情实意，感染和打动听众。

果戈理说：“应当衷心地去体会充满诗人心灵的崇高的感受；应当全神贯注地去感受诗人的每一个字，只有这时才能公开朗诵他的作品。”

二、展开想象的翅膀，置身于作品的意境中

要使读诵的语言能够感动听众、吸引听众，它就不能仅仅是某个概念的声音表达。读诵者要通过作者所写的文字，进入经过作者艺术加工的生活画面，凭借丰富的想象，体验、感受作者的思想感情。整个准备过程，读诵者置身于作品中。作品中描写的情景、人物，甚至人物的音容笑貌都应成为我们眼前的形象，历历在目，斯坦尼斯拉夫斯基说过：“我们的天性是这样安排好的，当我们和别人进行言语交流的时候，我们开头是以内心视觉看到我们所谈的东西，然后，才说出我们所见到的……‘说’在我们说话中，意味着描绘视象。”“没有视象就不能表达自己的见解。”

丰富的想象力是来源于对生活的不断观察、体验、思索和认识。读诵过程中的想象不能随心所欲、漫无边际，必须依据作品的内容进行合理的想象，创造形象，这样才能真正达到读诵优美作品的目的。

第三节
读诵的表达技巧及其训练

一、读诵的表达技巧

读诵的表达技巧和口语表达的技巧一样都需要发音准确，了解语流中的音变规律、讲究声音的抑扬顿挫等，这些内容已在口语表达技能的训练中提到。除此之外，读诵的技能还有其自身的特殊技巧。

（一）气音

气音是一种气与声混，气大于声的音。发音时压低嗓音，声音类似耳语，但要伴有明显的气息，气音常用于表达感叹、惊讶、害怕的感情；有时也用于表现耳语、自言自语或人物内心活动。

（二）颤音

颤音是一种略带颤抖的声音。人们在紧张时常常发出类似的声音，但在读诵中这种声音是读诵者在不紧张的状态下，使用一定技巧有意发出的，多用于表现异常激动、恐惧、愤怒、悲观的情绪。

（三）拖腔

拖腔是读诵时有意把某些音节拖长的一种声音技巧。运用拖腔之前，必须先做呼吸，以便在拖腔时有充足的气息支持。拖腔常用来表示领悟、回忆、呼唤、气力不足或声音微弱等情形。

（四）泣诉

泣诉是使声音带上呜咽、哭泣色彩的一种声音技巧。这种技巧与日常的呜咽、哭泣不同，是读诵者欲恰当地表达出悲痛、伤心等情感时所使用的一种技巧。

（五）笑语

笑语是一种使声音里带有笑意的声音技巧，特点是边说边笑。一般表示欢乐、风趣、开心、蔑视、讽刺、挖苦等情感。

（六）拟声

拟声是用口语摹拟人或物的声音的一种技巧。摹拟物的声音时不同于相声的口技，也不同于日常生活中的象声调，应价于二者之间，起到烘托气息，使人身临其境的作用。摹拟人的声音时不必做到逼真，但要做到反映出人物的个性特点。

二、重视与读诵对象的交流

在读诵活动中，读诵者总要努力把自己心中的形象传达给听众，这就形成了活动中的交流过程。听众是读诵者惟一的交流对象。读诵者与听众的交流，对于使听众很好地领会读诵者的思想和情感有着重要意义。

读诵者与听众的交流技巧，在很大程度上取决于读诵者的反复实践、揣摩，找到适合自己的与听众进行交流的方法，让自己在听众面前，完全敞开自己的思想，轻松自如地表达自己的感情，引发听众的意识以及情绪的激动。

【课上练习】

读诵技巧训练

［**练习目标**］了解语流中的音变规律、讲究声音的抑扬顿挫等，提高同学们的语言表现力。

［**练习方法**］

1. 基础训练

选用百字以内的文章或短小的诗歌、绕口令进行。要求做到发音响亮、口齿清楚、不读错字、不丢字、不添字，语调自然，适当停顿。

2. 过渡训练

选用二三百字的文章或较长的诗歌练习。要求做到自然流畅，不重复字句，没有不恰当的停顿，适当读出作品的感情。

3. 巩固训练

选择字数较多，有一定难度的文章或诗歌进行练习。除能运用一般技巧和特殊技巧读出内容外，应适当加以创造性的发挥。

4. 综合训练

选择适合自己的作品进行训练。在训练中可采用面对镜子，运用各种技巧领会展现自我对作品的内容的理解。

5. 发挥训练

利用各种机会或场合对作品进行体验练习。不仅在技巧上要达到娴熟，而且每次的读诵活动都要做到对作品内容的理解有所加深，表达更加精彩。

第四节
几种文体的读诵

文章的体裁名目繁多，有些体裁的读诵在应用范围上、教学上出现的机会并不多，而有些体裁在读诵活动中经常出现，在此就常见的形式做一介绍。

一、记叙文的读诵

对记叙文的读诵要力求生活化，自然、不矫揉造作、不拿腔拿调，但同时也要注意绘声绘色，生动感人。在节奏把握上要像小河流水自然流畅，不能大起大落。针对不同的表达方式要处理好不同的语气、语调和节奏。

叙述的表达方式一般是对故事情节的有组织的介绍；描述的表达方式是对某个特定人物或特定环境的具体描述和刻画；抒情的表达方式是对所叙事件或人物表达的思想感情。在读诵时，凡是叙述部分，不要有明显的倾向性，不要过分强调哪一点，只要语调亲切、字音清楚，把事件叙述清楚就可以了；遇到描写时，要语言明快，展示个性，对人物或事件要有独到的理解，使人如闻其声、如见其人；读到抒情时，要感情饱满，态度明朗，不仅要反映作者的爱憎，同时也要表达自己浓郁的情感。

在读诵时，对记叙文的整体把握要注意开头和结尾、段落与层次，叙述的人称等问题。

记叙文的开头或结尾往往是整篇文章的文眼所在，写法又是千变万化的。好的开头和结尾能收到激起听众兴趣，加深印象的效果，读诵时必须根据写法的不同读出变化，读出特色，同时又要与全文的气脉相连。

记叙文的层次与段落标明事件的发生、发展的过程，在读诵时要中心突出、层次分明，清楚地显示出事件的来龙去脉。段落之间要有明显的停顿、过渡，衔接要自然，不能令人感到突兀。

记叙文中的叙述人称往往采用第一人称或第三人称。以第一人称来读诵时，读诵时应该做到带领听众身临其境，感同身受。以第三人称来读诵时，读诵者应该站在理性的高度引领听众去体会、品评事件或人物。面对不同人称的作品，读诵者要仔细领会，以便把作品中蕴藏着的特有感情真切地传达出来。

二、论说文的读诵

对论说文的读诵应该注意以下几个方面：

在语言方面要准确无误、清晰有力、吐字清楚、快慢有分寸、语句停顿得当，特别要注意长句中各分句间的逻辑层次关系。

在感情方面要表达强烈，旗帜鲜明、褒贬分明，对作者在作品中表现出的立场、观点要有准确的认识、把握。赞扬、歌颂、肯定什么，贬斥、暴露、否定什么，都要立场坚定，毫不含糊。

在内容方面，要抓住文章起证明说理作用的材料、数据，读得坚决、果断、有自信，绝不能含糊不清。要把握准逻辑重音、感情重音，增强文章的说服力和战斗力。

在结构方面，要揭示文章整体的脉络、内在的分合关系。处理好结构的停顿，不能割裂文章的统一、完整，要突出文章的论点。

论说文的种类很多，不同的论说文也要依不同的风格采用不同的语气。评论文章宜用庄重有力的语气，杂文宜用幽默讽刺的语气，科学小品文宜用活泼有趣的语气，演讲稿宜用高亢激昂的语气。论说文中不同的推理方式也限定了读诵的风格。一般来讲，运用演绎法进行论证的文章要读得严肃朴实，采用比喻法进行论证的文章要读得形象生动，采用归谬法进行论证的文章要读得辛辣尖锐。

三、小说的读诵

小说的读诵最初是以小说片断的朗诵形式出现的，一开始就以其丰满的人物形象和引人入胜的故事情节吸引了人们。后来，电台开设了长篇小说的连续广播节目，更是受到了广大听众的普遍欢迎。近年来，由于电视的普及，电视节目中也出现了这种形式。小说读诵已成为广大群众业余时间欣赏小说的一种方式。那么小说读诵应注意些什么问题？根据有经验者的实践总结，现将小说片断读诵应注意的问题归纳如下：

（一）了解整部作品的故事情节，把握作品的主题基调

每一部小说都有一个完整的故事情节，而小说的片断读诵是抽取整部小说中的某些精彩部分展现小说的魅力。这部分虽然有一定的相对完整性，但它首先是整部小说的有机组成部分。所以，在读诵之前必须先对整部小说有所了解，这样才能准确地读诵出节选部分作者所要表达的创作目的。

（二）展现作品中的人物形象，塑造出不同的人物性格

小说主要的任务是描写人物。读诵者在读诵中就是要用自己的语言塑造出一个个性格鲜明生动的人物形象。在小说的片断读诵中这点尤为难做。因为在片断中对人物的各种描写是有限的，甚至是不完整的，读诵者要在短时间内使听众感受到鲜活的人物性格，必须要对自己的声音进行精心设计、通盘考虑，表现出与小说塑造的人物相符的声音。当然，凭读诵者的一副嗓子要做到绝对地像哪个人是不可能的，这里只是要求塑造人物形象，表达人物性格和神态，主要的是传神，只要能使听众感受到鲜明的性格就可以了。

（三）表现小说片断的快慢起伏，赋予作品节奏感

每部小说作品所表达的内容绝不可能只是一种节奏。虽然在小说节选部分中体现得不是很明显，但在读诵时也必须赋予作品以节奏感。如果没有节奏的变化，自始至终都是一个调子，就会使人昏昏欲睡，感受不到小说的魅力。当然，如果不顾小说本身的节奏，人为地忽快忽慢，忽高忽低，也会使人产生一惊一乍的不舒服的感觉。所以，在了解作品的基调以及人物性格的基础上，要对作品进行快、慢、起、伏的正确处理，这样才能吸引听众，引导听众继续对作品进行研读。

四、讽刺与幽默作品的朗诵

讽刺与幽默作品包括的范围很广，有寓言故事、笑话、杂文、小品文、讽刺小说、讽刺诗和各种不同风格的喜剧台词等。讽刺幽默作品的读诵，以它特殊的艺术魅力，丰富着人们的精神生活。这种艺术伴着笑声带给人们无穷的深思与回味。

（一）深入理解作品内涵，把握好作品基调

讽刺幽默作品往往都篇幅短小精悍，文字简单易懂。很多读诵者认为这样的作品容易理解，当然就容易读诵，这是一种误解。讽刺幽默类作品正是由于它文字简单、篇幅短小才更难以驾驭，读诵时难度也相对大，处理起来很难做到恰到好处。所以在读诵此类作品时除了要对作品进行深入理解外，还应端正态度，不能盲目随意、轻率对待，而应心中有数，目中有人，有的放矢，该规劝批评的就应循循善诱，该揭露鞭笞的就要不留情面，该歌颂赞美的就应热情讴歌，在整个读诵的过程中都要贯穿读诵者鲜明的态度。

（二）处理好夸张与写实的辩证关系

讽刺与幽默作品是夸张的艺术。作者往往用夸张艺术中的夸大修饰手法，尖锐而形象地揭示人物或事物的本质。在读诵这类作品时，不能平平淡淡，要大胆运用艺术的夸张手法，有声有色、活灵活现、创造性地再现作品的艺术情趣。

但这种夸张不同于为了夸张而夸张，这种夸张不是大喊大叫、眉飞色舞，也不是单纯的外部形式的夸张。读诵者在读诵时要充分调动自己的想象力，使自己对内容的感觉恰到好处地体现在自己的神态、形体和声音上，包括眼神和气息的细微处理。要力求做到有夸张而不失真实、有风趣而不欠含蓄，使作品具有高度的真实感，从而使听众接受一个生动可信的艺术形象。

（三）善于运用“对比”的艺术表现手法塑造出不同的人物形象

讽刺幽默类作品篇幅短小，但往往用三言两语就能塑造出一个个鲜明形象，所以在读诵的过程中就要精心安排和处理各个形象的不同声音的运用，这项工作比读诵其他作品要艰苦。如果把读诵比作一幅画，声音就是画笔，它能描绘出丰富多彩的画面；如果把读诵比作一支乐曲，声音就是乐器，是它奏出优美动听的旋律。漫画家可以用三笔两笔勾画出活生生的人物形象，讽刺幽默作品也是用三言两语描绘活生生的人物的。读诵者只有运用声音的对比快速简捷地达到目的。在对比的过程中，反差越大，形象越鲜明生动，这是处理此类作品的一种基本手法。

五、诗歌的读诵

与其他文体相比，诗歌是最适合读诵的体裁。人们一说起读诵便自然而然地与诗歌

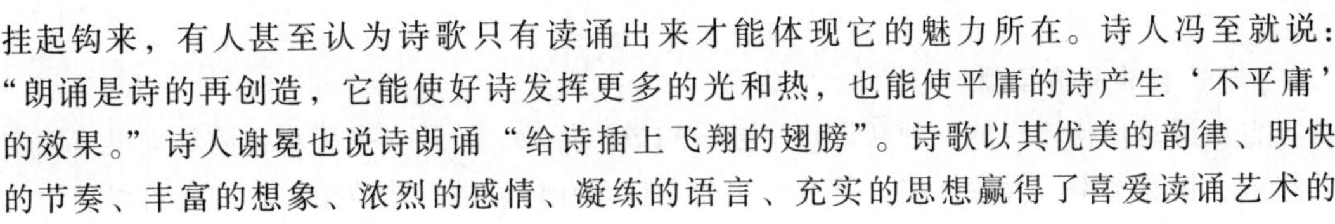

挂起钩来，有人甚至认为诗歌只有读诵出来才能体现它的魅力所在。诗人冯至就说："朗诵是诗的再创造，它能使好诗发挥更多的光和热，也能使平庸的诗产生'不平庸'的效果。"诗人谢冕也说诗朗诵"给诗插上飞翔的翅膀"。诗歌以其优美的韵律、明快的节奏、丰富的想象、浓烈的感情、凝练的语言、充实的思想赢得了喜爱读诵艺术的人们的青睐。

（一）诗歌的分类

从读诵的角度来研究诗歌，人们一般习惯于从诗歌表现形式的角度来分类，分为格律诗（旧体诗）和自由诗（新体诗）两大类。因为两者在语言的精练、优美，节奏的鲜明、跳跃，韵律的和谐、流畅等方面与其他作品相比都有明显的特点。

（二）格律诗的读诵

格律诗是有一定的句式和一定的字数的诗歌。无论是近体诗，旧体诗还是宋词、元曲都符合这一要求。格律诗最一般的特点就是具有音乐旋律式的和谐美、造型整饬式的复迭美。在读诵时一定要注意停连的固定要求，不能打破固有的格式，要通过有声的言语体现格律的特点。

1. 押韵

押韵是指在诗歌中大致相同的位置上有规律地使用相同或相近韵母的字，这样的一些字就是诗的韵脚。在读诵时必须将韵脚读得清晰、响亮、和谐、动听，不能含糊带过。它对烘托诗的格调，形成回环往复的节奏感有着重要作用。

2. 平仄

平仄是指声调的抑扬。古典格律诗运用的是古汉语的四声"平上去入"，它不同于现代汉语的阴阳上去。粗略地讲，古汉语的"平"声调对应现代汉语的阴平、阳平声调，古汉语的"仄"声调对应现代汉语的上声、去声，现代汉语中不存在入声调。平声字声调高扬而音程较长，仄声字声调有的高低起伏，有的匆急短促，犹如山路的险仄不平。格律诗的每句中平仄的搭配都是有规定的，二者互为映衬调节，使诗歌节奏均匀多变，富有音乐感。

3. 对仗

对仗是一种要求极为严格的对偶句。它通过修辞方法使诗词在意义上、形式上工整匀称。在读诗时，应注意对仗句在语气上的连接，使之贯通一气，表达出工整之美。

了解格律诗的节奏和韵律是为读诵者表达感情、实现读诵目的提供的辅助手段，绝不是束缚读诵者表达情感的枷锁。在初学格律诗的读诵时，绝不能片面追求格律，而忽视了诗的内容、诗本身所体现的特有感情；绝不能将内容不一，感情各异的诗歌，框在固定的两字一停、三字一顿的格式中，造成千诗一调。

读诵格律诗的关键所在还是要看读诵者是否透彻地理解了作品的内容、作者的感情，这样才能将格律诗读活，使诗中的一物一景跃然而出，生动再现。

（三）自由诗的读诵

自由诗是现代流行的一种新诗。字数、句数、行数、段数、平仄和音韵等均没有固定的格式，但有节奏，大致押韵。其节奏主要是体现在语言的自然节拍上，韵脚可以自由转换，诗句可以长短不一。

自由诗的自然节拍也是诗歌音乐美的一种体现，它虽不像格律诗那样有固定的明显的格式，但也是有规律可循的，一般来讲是看一首诗有多少节，每节有多少行，每行有多少个音节，每几个音节形成一个“音步”。“音步”是诗行中有规律的停顿，如同迈步行进，所以也有人叫做“顿”。每首诗诗节多少不一，要根据每节之间内容上的关系，处理好停歇。每节诗诗行也有多有少，要根据各行的内容和语法结构的关系来安排停顿，还要注意诗行语调的抑扬升降。每行音步数目也不一定相同，一般是两到四个音步，也就是两到四个顿。每个音步停顿时间大致相等。一个音步里音节多的，读得紧凑些，音节少的，读得舒缓些，音步的读法可以稍短，也可以拖一拖声音。一顿一拖，有的长些，有的短些，富有变化。

不同格调的自由诗还要用不同的声音气势来表现，这是由诗的内容来决定的。所以在读诵之前一定要认真体会诗中的思想感情，在读诵时要使自己快速进入诗的意境中，沉浸在作者的想象中，用恰当的声音气势、饱满的感情，准确生动地将诗句传达给听众，打动听众的心。

读诵自由诗要用真实、自然、接近口语的声音来表现，而不能像有些人认为的，读散文应该用平常说话的调子，读诗就该拖腔、提调，甩起“朗诵腔”，这无疑是对读诵自由诗的一种误解。

总之，诗歌艺术与读诵艺术的结合必将带给人们一种美的享受。《诗的朗诵》一书中就说：“朗诵的方法，因人而异，是没有一定规律可循的。……但有一条基本规律必须服从，那就是从事朗诵这篇诗的人必须对于它有深刻的了解，和它产生共鸣，对它的节奏的急缓，调子的高低，必须揣摩体会，做到一丝不苟的程度才行。雄壮的诗使人听了奋发，悲哀的诗使人听了落泪，快乐的诗使人听了飞舞。诗，燃烧了朗诵人，朗诵的人再拿它去燃烧广大的听众。一个真正的诗歌朗诵者，应该是一个最懂诗的人。他的朗诵不仅是一个诗的传声，应该是一种诗的再造。如果对于诗篇缺乏透彻领会和具体的把握而仅凭几种类型的腔调去做，那他是不会得到成功的。”

本章小结

※ 朗读和朗诵都是运用有声语言的一种口语活动，但两者并不完全一样。

读诵的作用：宣传鼓动，启迪民智；陶冶情操，提高艺术鉴赏力；提高阅读和理解表达能力；帮助学好普通话。

※ 读诵的准备：把握作品的主题思想；展开想象的翅膀，置身于作品的意境中。

※ 读诵的表达技巧：气音、颤音、拖腔、泣诉、笑语、拟声。

思考与实训

一、填空题

1. 读诵的表达技巧：__________、__________、__________、__________、__________、__________。

2. 读诵即__________二者的合称。

3. 运用演绎法进行论证的文章要读得__________，采用比喻法进行论证的文章要读得__________，采用归谬法进行论证的文章要读得__________。

4. 读诵活动是将__________通过个人创造性的加工，转化为__________的过程。

5. 在了解作品的基调以及人物性格的基础上，要对作品进行__________、__________、__________、__________的正确处理，这样才能吸引听众，引导听众继续对作品进行研读。

二、判断题

1. 朗读和朗诵都是运用有声语言的一种口语活动，但两者并不完全一样。（　　）
2. 格律诗在读诵时一定要注意停连的固定要求，可以打破固有的格式。（　　）
3. 读诗就该拖腔、提调，甩起“朗诵腔”。（　　）
4. 在读诵时，凡是叙述部分，要有明显的倾向性。（　　）
5. 泣诉是用口语摹拟人或物的声音的一种技巧。（　　）

三、简答题

1. 什么是朗读、朗诵？二者如何区别？
2. 读诵的作用是什么？
3. 谈谈各类作品读诵的不同风格。

四、实训练习

【读诵训练】

1. 实训内容：选用百字以内的文章反复读诵。要求做到发音响亮、口齿清楚、不读错字、不丢字、不添字，语调自然，停顿适合。

2. 实训目标：在理解作品的基础上运用读诵技巧读诵作品。

3. 实训步骤：

(1) 学生6人一组，选读诵较好者1人为组长，组员根据组长安排依次训练。

(2) 反复训练，互相纠错。

(3) 小组选出1名优胜者参加班级比赛。

第四章 社交口才

【知识目标】

1. 了解几类常见社交的特征和基本原则
2. 理解这几类社交口才的基本要求

【能力目标】

掌握并灵活运用社交中常用的语言技巧

第一节 拜访与接待

一、拜访

（一）拜访的概念

拜访是指亲自到他人家庭住处或工作单位去拜见某人。它是社会交往中必不可少的环节，逢年过节，亲朋好友往往要登门拜访；日常工作和生活中的人际交往，也常常需要登门拜访。

【教学互动4－1】

当拜访某人时你觉得最难的是什么？

拜访从内容和特点上看，可以分为礼仪性拜访、事务性拜访和随意性拜访。礼仪性拜访，主旨上在于密切人际关系；事务性拜访，大多为了解决某些具体事务；随意性拜访，一般发生在至亲好友之间，可以聊天谈心，拉家常，“侃大山”。

从性质上看，拜访可分为公务拜访和私人拜访。私人拜访从形式上看，又可分为初

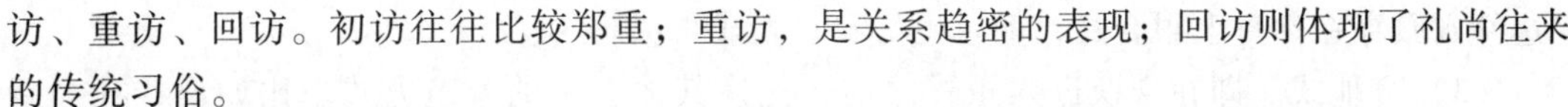

访、重访、回访。初访往往比较郑重；重访，是关系趋密的表现；回访则体现了礼尚往来的传统习俗。

（二）拜访的技巧

1. 说好进门语

到了被访者的家门口，要先轻轻地敲门，或者短促地按一下门铃。即使门开着，也应很有礼貌地问一声："请问，×××在家吗？"或者问："请问，屋里有人吗？"听到回答后再进入，不要贸然闯入。见到主人就要立即打招呼，然后再跟着主人进房。同主人打招呼可分以下几种情况：

（1）如果是首次登门拜访，可以说："初次登门，打扰你们，真不好意思！""见到您非常荣幸""真对不起，给您添麻烦来了。"

（2）重访是关系趋向密切的表现，打招呼就不必多礼。一般只需简单地说一句："我们又见面了，我上次来，是一个月以前吧？""好久没来看你了"关系密切的，不妨以玩笑的口吻说："我又来了，不招您讨厌吧！"

（3）回访大多出于礼仪或答谢，打招呼时要考虑这个特点，要带有致谢的口气。如"上次劳您跑了一趟，我今天登门拜谢来了。"或者说："上次托您办事，一定给您添了不少麻烦，今天特地登门拜谢。"

（4）礼仪性拜访大多与吊唁、慰问、祝贺、酬谢等有关。招呼语要同这些内容联系起来，如"听说您生病住院，今天特地来看望你。""今天给您拜年来了"又如"好久不见，借您走马上任的东风，给老朋友贺喜来了。""听说您的儿子已被××大学录取，今天是特地赶来祝贺的！"

（5）如果是事务性拜访，招呼语应从本次来访目的上去考虑。如"真是不好意思，求您帮忙来了。"但初访一般不宜如此直接。求别人帮忙的话语不必过于谦恭，别人求自己的时候，也不可傲慢无礼。

（6）随意性拜访，因双方关系比较密切，招呼语则较随意。

2. 先要寒暄，选择好话题

拜访时，不要先谈要事或沉默不语，先要寒暄，选择好话题。寒暄，从字面上看，"暄"字从"日"旁，是温暖的意思。"寒暄"二字是反义合成语，兼顾嘘寒问暖两个方面。在社交活动中，寒暄是人们交谈交际的媒触和契机，是双方见面时的应酬语言。其主要作用是在人际交往中打破僵局，缩短人际距离，向交谈对象表示自己的敬意，或是借以向对方表示乐于与多结交之意。在与他人见面之时，若能选用适当的寒暄语，往往会为双方进一步的交谈，做好良好的铺垫。寒暄语通常有称呼和应酬话两部分组成。如"李总，您好，您最近忙吗？"拜访使用的寒暄语，主要有以下四种方式：

（1）问候式。问候式是日常生活中最常见的一种，多由问候语组成。交谈双方可以根据不同的对象、场合进行不同的问候。如拜访教师可以说"现在课多吗？"

（2）夸赞式。人都需要肯定与承认，人都乐意听别人称赞的话。这几乎是人类的共性。由此决定了诚心的赞美是一种活跃的寒暄方式。在使用夸赞式寒暄时需注意：一是要观察对方的精神状态和容颜，留心对方的衣着发式；二是赞扬要发自内心，切合实际。如

“这件衣服穿在你身上很合身，颜色也好看，人显得很精神。”

（3）言他式。即在交谈进入正题之前，先谈其他事物的寒暄方式。比如说些社会新闻、热门话题、天气情况等。这种方式最适合初次拜访，既不像问候式那么亲切，又不像夸赞式那么热情，而是较客观、冷静。

（4）描述式。即针对一些具体的交谈场景，触景生情，临时产生的问候语。如“你们家布置得很有特色。”这种寒暄方式较随便，自然而得体，且容易引起下文。

寒暄时应注意：要善于从贴近处挑选双方均有兴趣或均有鲜明感受的话题，话题须出于自然，包括墙上挂历、耳际音乐等，都可引起寒暄语。寒暄时，语言要诚恳，不可虚情假意；要坦率，不可吞吞吐吐；要自然，不可卖弄做作。特别是，要由衷地关注对方的苦乐，急人所急，爱人所爱，并以相应的语言表达自己的真实情感。

3. 话题要集中，交谈不可长

主客寒暄之后，客人应以言简意明的话说明来意。交谈时间要尽量短些，以免耽误主人过多的时间。切忌东拉西扯，没完没了。在交谈中，可注意观察主人的举止表情，如对方谈兴正浓，交谈时间可适当长些；而当对方有不耐烦或有为难的表现时，应转换话题或口气，当接待者有结束会见的表示时，应立即起身告辞。

凡是主人不希望在家人面前交谈的内容，尤其是可能令主人尴尬、不快的话，或令主人担忧、生疑的话，都不要信口乱说。非说不可时，也要寻找时机，注意音量，或者在主人送客时单独说。

交谈时，尽量避免争论。主人谈到他的兴趣、爱好、意见、想法、态度以及生活习惯等，都应表示尊重，尽可能去适应对方。

4. 礼貌告辞

这里主要是谈谈有关辞别的语言。辞别语的使用主要有以下几种：

（1）同进门语相照应。譬如礼仪性拜访，进门语：“上次托您办事，一定给您添了不少麻烦，今天特地前来拜谢。”在辞别时可这样说：“再见，再次感谢您的帮忙。”又如进门语：“初次拜访，就劳驾您久等，真不好意思。”辞别语：“今天初次拜访，十分感谢您为我花了这么多时间。”

（2）向主人表示感谢，请主人“留步”。客人在告辞时，应对主人的热情款待表示谢意如“非常感谢您的盛情款待，再见！”“就送到这里，请回吧。”“这件事就拜托您了，谢谢！”

（3）邀请对方来自己家做客。可以说：“老刘，我走了，有时间到我家坐坐”或“也请你们一家人来寒舍聊聊。”邀请对方需适可而止，不可勉强，不可含有责怪对方不来拜访自己的意思，像“我总是到你这儿，你也不到我家来”这类的话。

（三）拜访的注意事项

（1）事先约定时间，准时赴约。拜访时间的选择对于实现拜访目的有很大影响。一般说来，清晨、吃饭、午休、深夜均不宜登门拜访。

（2）做好准备工作。要考虑怎样与对方交谈更为妥当，尤其是拜访身份高者或年长者更要注意谈话的方式。

(3) 如果做了不速之客，要向主人致以歉意，一见面就得说：“真抱歉，没打招呼就跑来了。”

(4) 拜访者不要忽略同主人亲属的适当交谈。

(5) 如果是多人拜访，不要一个人抢着说话，要让大家都有开口的机会。

(6) 对主人的敬茶、敬烟等应表示感谢，如果自己要抽烟，应征得主人的同意说：“对不起，我可以抽烟吗？”

(7) 遇到另有来客，前客应让后客，说：“对不起，我有点事。你们谈吧，我先走一步了。”或“对不起，我有点事，失陪了。”

(8) 把握辞行时机，讲究告辞方式，不要拖到无话可谈时不欢而散。

二、接待

(一) 接待的技巧

1. 热情迎客

古人云：“有朋自远方来，不亦乐乎。”为使交谈更加愉快，接待客人要有热情欢迎的态度和良好的口才。

作为主人，首先应对来访者的进门语作出礼貌周全、热情的应答，可以表示慰问或感谢。如：“我也想在家里同你聊聊。快请进！”“稀客，稀客，非常欢迎，快请进！”“哎呀！上次已经打搅了，还让你再跑一趟，叫我怎样感谢你呢。”可以根据环境、条件、接待目的以及双方关系等来选择和调整。如果是熟悉的客人，应热情地招呼客人“欢迎，请进”“请坐”“请不必拘束”“您真准时”然后，主动与客人握手（如果是女性，应等对方先伸手）；如果来访者较陌生，见面可用提示性的语言“请问您是……”表示询问，让其自我介绍，然后表示欢迎。请客人入座后，不要急于询问客人来访的目的，而应等客人主动开口。客人陈述时要耐心听取。

2. 知人善谈

(1) 接待客人时，说话语气要因人而异。作为主人应尽快弄清来访者的意图，以便迅速确定谈话话题，顺应客人的心愿，给客人以愉快的感受。譬如，对于前来求助的客人，主人要体谅对方的心情，语气要平和，给对方一种信任感。对于前来提供信息的客人，主人应采用感叹语气，表示感激之情，如“非常感谢！你提供的信息太重要了！”“您费心了，谢谢！”对前来研究问题、商量工作的客人，则应采用商量、征询的语气。如“你怎么看这个问题？”

(2) 谈话方式因人而异。来访的客人在年龄、性别、文化层次、职业以及来访的目的等方面都各不相同，这就要求主人要具备与各种不同的来访者侃侃而谈的本领。要做到这一点，首先，遣词用句要以来访者的文化水平、理解程度而异。明代赵南星《笑赞》中有这样一个故事：一秀才买柴，曰：“荷薪者过来。”卖柴者因“过来”二字明白，把柴担到他面前。秀才问曰：“其价几何？”卖薪者因“价”字明白，说了价钱。秀才又说：“外实而内虚，烟多而焰少请损之？”卖柴者不知说甚，荷担而去。这则笑话启示我们，说话要因人而异。对文化水平高的、理解力强的人不要讲肤浅的话，否则，他不爱听；对文化水平低的、理解力差的人，不要讲理论高深的话，否则，他听不懂。其次，在语速、音量等方面也要因人而异。如与老年人交谈，应注意语音稍大，语速稍慢；与小朋友交谈则应轻言细语；

3. 巧妙暗示

如果来访者并无既定目标，或一旦坐定便口若悬河，不要有不耐烦的表示，可巧妙地向对方暗示，如减少谈话，不断地往茶杯添水；也可以温和地实话实说，以求得对方的理解。

（二）接待的注意事项

（1）正确地使用接待敬语，包括：一是表达思念之情的客套话；二是表达对对方关心的客套话；三是表达对对方赞赏的客套话；四是表达了解对方的客套话。

（2）热情不失礼节，婉转不失身份。

（3）懂得礼仪要求，依据情境，恰当地使用接待礼仪。

第二节 介绍与交谈

一、介绍

（一）介绍的概念

介绍是指在社交场合中口头上把某人介绍、引荐给其他人相识地口语活动，也泛指对人、事物的介绍。

介绍“犹如一座桥梁，它能由此及彼，通向四面八方。”通过介绍，能使人与人之间相识、交流，便于相互联系。善于介绍，一方面是展示自己在社交场合中的活动能力，一方面也展示了自己丰富的社会阅历，能够提高自己在人们心中的威信和影响力。因此，在社会交往中，掌握一定的介绍技巧非常重要。

介绍一般分为介绍他人和自我介绍两种方式。

（二）介绍他人的技巧

在社会交往中，经常需要介绍他人，也叫“第三者介绍”，即站在中间人的立场上介绍另外两方的人，使他们相互认识或建立关系的一种社交活动。

如果想要结识某个人，可以主动邀请另一个双方都熟悉的人来引荐。

1. 关于介绍的顺序

（1）介绍时，如是不同性别的两个人，应该先把男士介绍给女士。如果男士年龄比女士大很多时，则应把女士介绍给男士，以示尊重。

（2）如果是不同辈份、职务的两个人，应先介绍晚辈给长辈，先介绍下级给上级。

（3）把一对夫妇介绍给他人，在一般情况下应先说丈夫，后说妻子。

（4）将两个团体相互介绍时，一般只介绍带队的、职务高的，随员笼统介绍即可。

（5）需要把某个人介绍给很多人时，应该先向全体介绍这个人的姓名、职业，然后再依照坐着或站着的顺序一一向这个人作介绍。如："各位，这是××晚报社的记者王玉。小王，这是公司董事长××，这是总经理××，这是……"

（6）如果向大家介绍新来的领导、来讲课的老师或作报告的专家学者，只要把这个人介绍给全体人员就可以了，不必再一一向他作介绍。被介绍者要站立，向众人表示谢意，众人一般应鼓掌致意。

2. 介绍他人的内容和语言技巧

（1）为他人介绍的内容，除了介绍彼此的姓名、工作单位外，还要为双方找一些共同的谈话资料，选择双方都感兴趣的内容进行介绍，这样才能引起双方的注意，从而促使双方的结识。例如，你把一位老师这样介绍给一位生意人："她叫×××，是××学校的老师。"这位生意人一定会不以为然。但是，你换上另一种说法："她叫×××，是位老师。她的爱人是××贸易公司的经理。"这样介绍，选择双方都感兴趣的内容，促进产生相识的愿望，就搭起了双方结识的桥梁。

介绍的内容，还应根据介绍双方的情况，有所侧重地介绍双方的爱好和特长，尤其是双方有共同爱好的更应如此。如："×××也很喜欢钓鱼，有机会你俩可以切磋切磋。"这样介绍对促进双方的了解、建立友谊是非常有益的。

（2）介绍他人的语言技巧有二：

①直接陈述，简洁明了。介绍他人时，不要拐弯抹角，故弄玄虚。正确的方法应该是用简洁明快的语言，三言两语勾画出被介绍人的轮廓。②征询引见，得体有礼。征询引见，即采用询问句式，征得同意后再引见的介绍方法。这种方法不仅能显示出你对双方的尊重，而且询问的语调会使人产生一种亲切感，易于为双方所接受。如："王××，我可以介绍高××同你认识吗?"

3. 介绍他人的注意事项：

（1）介绍时要热情诚恳，面带微笑，神情要镇定自若，落落大方，充满自信。目光应热情地注视对方，以示对被介绍人的尊敬。

（2）介绍时的手势应该是手指自然并拢，掌心向上，拇指微微张开，指尖向上。介绍时不要用手指对被介绍人指指点点，或者舞动手臂上下晃动不已，也不能用手拍着被介绍人的肩、背等部位说话。

（3）介绍时口齿要清楚，并作必要的解释和说明，以便使听的人能够很快记住双方的姓名。

（4）介绍的语气语调应亲切自然，过分的热情或冷淡，都会影响介绍的效果。

（5）介绍方法要灵活，要随机应变。面对长者或领导，要使用尊称，如"王小姐，请允许我向您介绍张总监。"在朋友之间，可用轻松活泼的方式，有时不妨幽默一点。如"这是我们同学中有名的大胖子，外号'胖子'。"这样能创造活跃的交谈气氛。

【课上练习 4-1】

介绍他人的训练

[**练习目标**] 通过训练使同学们熟练掌握介绍他人的技巧。

[**练习方法**] 将自己最熟悉的人（如父母、同学、老师……）得体地介绍给大家。

(三) 自我介绍的技巧

在日常交往中，自我介绍是必不可少的。从交际心理上看，人们初次见面，彼此都有一种了解对方、并渴望得到对方尊重的心理。及时地进行自我介绍，不仅能够满足对方的交际渴望，而且对方也会以礼相待，进行自我介绍。这样双方以诚相见，就为进一步交谈奠定了良好的基础。

另外，在参加社交集会时，主人不可能将每一个人的情况都介绍得很详细。为了增进了解，你不妨找机会，多作几句自我介绍。比如，主人介绍话音刚落时，你可以接过话头再补充几句；在有人表示想进一步了解你的意向时，你可作详细的自我介绍。自我介绍时要注意以下几点：

1. 镇定自信

自我介绍时要充满自信，可以用语言和眼神表达自己的关怀和愿望，大大方方，不卑不亢，吐字清晰，切不可神态慌张，吞吞吐吐。

2. 繁简适度

自我介绍的内容一般有四个要素：单位、部门、职务、姓名。如“我××百货大楼，宣传部的秘书，我叫……”如果你的单位和部门头衔较长的话，一定要注意第一次介绍的时候使用全称，第二次才可以改简称。

另外，自我介绍还有年龄、住址、毕业学校、主要经历、特长、兴趣等内容。在介绍时不必将上述内容逐一全部说出，应视交际的需要和场合来决定介绍的繁简。一般说来，参加聚会、演讲、为他人办事、偶尔碰面等，自我介绍要简约些；而在另一些场合，如求职、恋爱、公开招标过程中的投标、深交朋友等，则应详尽地细说。

3. 把握分寸

自我介绍不仅是对自己基本情况的客观陈述，也包含着自我评价。自我评价应把握分寸，要有自谦和自识。自谦，即自我评价要留有余地，一般不用“很”、“最”、“极”等极端的词汇，以免给人留下“狂”的印象。自识，即有自知之明，实事求是、令人信服地评价自己，使对方产生信任感。

4. 随机应变

自我介绍时，要根据对象随机应变。如你面对的是年长、严肃的人，介绍应认真规矩些；如面对的是随和而具有幽默感的人，你不妨也比较放松地展示自己的特点，增加一些语言的风趣性，作出有特色的自我介绍来。

例如，台湾著名节目主持人凌峰曾参加1990年中央电视台春节文艺晚会。会上他这样自我介绍：“在下凌峰，我和文章不一样，虽然我们都得过‘金钟奖’和‘最佳男歌星’称号，但是，我是以长得难看而出名的。两年多来，我们大江南北走了一趟——拍摄《八千里路云和月》，所到之处呢，观众给我们很多的支持，尤其是男观众对我的印象特别好。因为他们认为本人长得很像中国。中国五千年的沧桑和苦难全都写在我的脸上。一般来说，女观众对我的印象不太好。有的女观众对我的长相已经到了忍无可忍的地步，她们认为我人比黄花瘦、脸比煤球黑。但是，我要特别声明：这不是本人的过错，实在是家父母的错误，当初没征得我的同意就把我生成这个样子……”

凌峰运用自嘲手法进行自我介绍，妙趣横生，幽默感人，又不失精辟入里，给人留下了深刻的印象。

二、交谈

（一）交谈的概念

交谈是指由两个或多人参加，围绕一个共同关心的话题交替发言，相互承接，双向反馈，以交流彼此看法，达到共识或愉悦心情为目的的活动。它是人际间最直接、最广泛、最简便的言语交往形式。

交谈作为口语交际的重要形式，其特点主要表现为以下几个方面：

（1）对等性。交谈是由两人或多人共同参与的活动。在这个过程中，所有的参与者，在人格上和发言机会上都是平等的，没有主次之分，没有尊卑之分。

（2）话题灵活。交谈时可以就一个共同话题展开，也可以随时提出新的话题。

（3）口语化。交谈时说的话一般不作刻意的加工或润色，随想随说，显示出明快的口语特征。

（4）听说兼顾。交谈往往处于多向信息传递活动中，说与听须密切配合，才能保证交谈持续进行。

交谈是最常见的生活现象，也是一种十分有意义的社交活动。交谈效果的优劣，常常直接决定着社交的成败。成功的交谈可以起到沟通思想、交流感情、加强交往、增进友谊的作用。而对于交谈者本人来说，则可以在交谈中提高口语表达能力，在交谈中丰富立身处世的社会经验，增长见识，提高自己的社交活动能力。因此，掌握交谈技巧是现代人的必修课。

（二）交谈的技巧

1. 热情专注

热情专注，既是社交的礼貌，又是社交目的成功的需要。有的人在交谈时心不在焉、左顾右盼，或面带倦容、连打呵欠，或神情木然、毫无表情；有的人在交谈中漫不经心地做一些小动作，如理头发、弄指甲、挖鼻掏耳等；还有人由于精神不集中，答非所问。这些都是极不礼貌的行为，让人觉得扫兴，不仅使交谈难以较好地进行下去，还会给对方留下轻浮或缺乏教养的印象。因此，在交谈时首先要以热情专注的目光、表情、手势、身姿等态势语吸引、打动对方，使之对自己产生好感，乐意进行交谈。

（1）交谈时运用目光传神达意，应注意以下几点：

①目光注视的部位。一是面对面的谈话时，把目光放在同对方目光同一水平线上，

注视对方的眼睛部位。注视对方时，目光应自然、柔和。二是如果有较多的交谈者在场，最好以“环视”的目光有意识地顾及到在场的每一位，让他们感觉到你没有忽略他们每个人的存在；同时也可以通过目光接触，观察每个人的反应，以便随时调整自己的话题。②目光注视的时间。与人交谈时，视线接触对方面部的时间应只占全部谈话时间的20%~60%。切忌死死盯住对方的眼睛。而长时间不看对方，会被认为是你缺少交谈诚心。

（2）交谈中运用手势、身姿、表情等态势语时，应注意以下几点：

①交谈时富有表现力的手势可以用来辅助我们表达思想感情，加强语言效果，但不宜过多、幅度不宜过大、变化不宜过快。②如果站着交谈，站姿要挺拔，不要斜身或身体前倾。前者会给人一种不耐烦的感觉，后者则会给人一种压迫感。脚不能轻轻点地，否则会给人一种烦躁感。③根据场合、交谈对象的不同而选择适当的坐姿。如与上级或长辈交谈时的坐姿，应为坐满椅子的三分之二，身体端正，双手放在椅子的扶手或放在膝盖上；而与下级或晚辈交谈时，坐姿可随便些。④交谈时，面带微笑。微笑可以缩短双方的心理距离，彼此获得好感与信任，提高交际的效果。微笑时，笑容要自然、亲切、适度。

2. 因人而异

交谈不是一味地发泄自己的感想和情绪，而是一种合作的程序。各种年龄、各种职业、各种地位的人都有各自不同的趣味，都有不同的语言和习惯。这些不同就决定了人们的交谈不可能有一套通用化、标准化的谈话方式，必须根据不同对象、不同情况，采取不同的交谈形式。比如：你不要对未婚青年谈育婴问题，不要和艺术家谈理财，不要和残疾人谈运动等等。

3. 善于倾听

善于倾听，是谈话成功的一个要诀。在交谈中，认真倾听别人的说话，可以增进相互理解，在说话人心理上造成“酒逢知己千杯少”的共鸣。另外，倾听还可以兼采众家之长，丰富自己的头脑。

在你倾听对方说话时，应注意以下几点：

（1）与说话人交流目光，适当地点头或作一些手势动作，表示自己在注意倾听。

（2）听者应轻松自如，除非对方在讲一件骇人听闻的消息，你应不时表示“哦”、“嗯”等，以引起对方继续说话的兴趣。

（3）通过一些简短的插语和提问，暗示对方你确实对他说的话感兴趣。或启发对方，以引出你感兴趣的话题。如“对不起，你所说的是不是这个意思……”

（4）不要随便打断对方说话，如果必须插话，则应该等对方说话间歇的时候再插入，而且要表示歉意。如“对不起，我想插一句……”

（5）善于从别人的话里找出他没有能明白表达出来的意思，避免产生误解。也可用一两个字暗示对方；你不但完全理解他的话，甚至和他趣味相投。

（6）不要急于下结论，过早表态会使谈话夭折。

当然，如果对方反复对你讲同一件事情，让你感到乏味，那你就应设法转变话题，但不要粗鲁地说：“你已经说过好几遍了，我都知道了。”这会很伤他的自尊心，使他下不了台，而要很委婉地说："是的，这件事确实挺重要的，你上次就提醒过，我已经去处理了。"

4. 保持谈兴

俗话说："酒逢知己千杯少，话不投机半句多。"差不多人人都有这样的经验：有时同某人在一起，说话感到很投机，于是谈兴大增，彼此你言我语，滔滔不绝；也有时同另一种人在一起，却感到兴致索然，无话可说，彼此寡言少语，默然而别；还有些时候，彼此谈到某一问题，观点殊异，各执己见，甚至话中带刺，互相伤害……以上种种说明：要使交谈顺利进行，保持谈兴，话不投机是万万不行的。而交谈双方如果见解相同或相似，言语风格相近或相似，话语就比较容易投机。这就要求谈话者必须在特定情况下，根据特定的需要，调节自己的谈话内容和风格，使之与谈话对象的谈话内容和风格相对统一与和谐。

例如，有一次老舍看完戏到后台和一个演员交谈，在谈到北京人的生活习惯时说："北京人习惯遛早，见面问个好，肚子吃饱，逛逛天桥。"老舍这段出口成曲的话，不是登台献艺，也不是卖弄自己的言语艺术，而是向对方（戏曲演员）的言语风格靠近。那个戏曲演员顺应老舍的这段话说道："天桥好哇，看戏、听书、变戏法、曲艺、大鼓、莲花落，吹不尽的洋鼓洋号，爆肚、火锅、扣肉、烧羊肉，吃饱用不着钱两毛。"这样，双方话语风格趋于一致，使交谈十分投机顺畅。

5. 巧妙转移话题

交谈时应注意要不断更换新话题，把谈兴维持下去。当出现如下情形时需及时转移话题：①一个话题谈得过多，已无新鲜的见解，不想继续；②对方的话题太敏感，不便回答；③谈话出现冷场；④产生不同意见，又不便争论；⑤进行不便公开的密谈时，来了第三者。

转移话题要灵活、自然，要看准时机，转移的新话题要有引发性。下面介绍几种话题转移的常用方法：

（1）自然转移法。一个话题谈到一定时候，谈兴降落了，就适时停止表示意见，自然地引出另一个话题来。

（2）就地取材法。眼前的事物，品种繁多：人、物、景、陈设等都是可以利用的话题。

（3）问题转移法。在交谈中，适当提出一个问题来，把谈兴引向另一方面。

（4）"关心他人"法。在交谈中适时扯进一个第三者来，从而中断原话题，转移新话题。

（5）扩展话题法。把话题引向另一个外延上去。

6. 善于提问

提问是引导话题、展开谈话的一个好方法。提问有三种功能：一是通过发问来了解自己不熟悉的情况；二是将对方的思路引导到某个要点上；三是打破冷场，避免僵局。但提问是很有学问的。问得好，才可能得到圆满的答案，达到真正的问话目的。因此，提问时应注意以下几点：

（1）注意内容，不要问对方难于应对的问题。如超乎对方知识水平的问题、别人的隐私，以及大家都忌讳的问题等等。

（2）注意发问的方式。查户口式的一问一答只能窒息友善的空气。提问的人应对发问进行方式设计。比如来了一位广州客人，你若这样问：“你是广州人吧?”“你刚到北京吧?”“北京比广州冷吧?”等等，对方恐怕只好一次又一次地重复“是”。这不能怪客人不健谈，而是这种笨拙的发问也至多能回答到这个程度。如果你换一个问法：“这次到北京有什么新的感触?”“广州现在建设得怎么样？有什么新闻?”等，这样的话，对方不但可以介绍一些你所不了的新鲜事，还会使客人能充分叙述自己的感受而使空气自然融洽。

如果你提的问题对方一时回答不上来，或不愿回答，不宜生硬地追问或跳跃式地乱问，要善于调换话题。如果对方仅仅是因为羞怯而不爱谈话，你就应先问点无关的事，比如问问他工作的情况或学习的情况，等紧张的空气缓和了，再把话题纳入正轨。

（三）交谈的注意事项

1. 不要有优越感

在谈话时，别人最讨厌自高自大、惟我独尊的人。有的人自以为别人都会敬佩自己，反而因此获得了别人的鄙视。

2. 不要好斗

人们喜欢在政坛上或是在有奖拳击场上看一场精彩的争斗，但是谁也不喜欢在自家的会客室里发现一个斗士。

3. 不要无动于衷

在说话时，别人最怕对什么都无动于衷的人。所以，当一个交谈者期望你能对其妙语有所反应时，你应有所表示，不要让他在整个谈话中唱独角戏。

4. 不要言过其实

赞扬别人，但不要过分。过分的夸奖，显得虚伪。

5. 不要以自我为中心

交谈中应肯定地表达你的思想，说出你对某事的反应，但不要自以为是，以老大自居，似乎整个宇宙是围绕你转动的。

6. 不要总是谈自己

与人交谈时要竭力忘却自己，不要老是没完没了地谈个人生活，你的孩子，你的事业。你要在交谈中给对方发表意见的机会，可以尽量去引导别人说他自己的事情，同时，要热诚地去听他的叙述。

【课上练习4-2】

交谈的训练

［**练习目标**］通过训练使同学们掌握交谈技巧，提高自身的社交能力。

［**练习方法**］模拟一个社交活动，同学分饰角色进行交谈，持续5分钟左右。

第三节
赞 美 与 批 评

一、赞美

（一）赞美的概念

赞美是指在人际交往中，一方给予另一方的称赞和表扬，它侧重于对人的某一方面价值的肯定和褒奖。

在人的天性中，有一点是共同的，那就是希望得到别人的喜欢，希望能在别人的赞扬声中感受到自我价值的实现。马克吐温说："靠一句美话的赞扬我们能活上两个月"。在日常交往中，善于发现别人身上的优点，恰到好处地赞扬别人，不仅可以提高和润滑人际关系，让你大受欢迎，而且也能唤醒人的潜在力量，增强他的自尊心、自信力。赞美别人，仿佛用一支火把照亮了别人的生活，也照亮了自己的心田。

（二）赞美的技巧

1. 自然真诚

赞美别人应发自内心，任何虚假的、流于表面的赞美只能让人不屑一顾与反感。赞美的自然真诚主要体现在三个方面："实"、"纯"、"诚"。"实"即真实，"纯"即动机纯洁。"诚"即诚恳。

2. 措词得当

任何事情都要有个"度"，赞美也不例外。赞美除了要以事实为依据外，还应当注意措词要得当，少一些华丽的不切实际的溢美之词，多一些实实在在的引导、肯定和鼓励。

例如，丰子恺考入浙一师后，李叔同教他图画课。在教木炭模型写生时，李叔同先给大家示范，画好后，把画贴在黑板上，多数学生都照着黑板上的示范画临摹起来，只有丰子恺和少数几个同学依照李叔同的做法直接从石膏上写生。李叔同注意到了丰子恺的颖悟。一次，李叔同以和气的口吻对丰子恺说："你的图画进步很快，我在南京和杭州两处教课，没有见过像你这样进步快速的学生。你以后可以……"李叔同没有紧接着说下去，观察了一下丰子恺的反应。此时，丰子恺不只为老师的赞扬感到欢欣鼓舞，更意识到在老师没有说出的话语当中包含着对他前程的殷切希望。于是，丰子恺说："谢谢！谢谢先生！我一定不辜负先生的期望！"李叔同对丰子恺的赞扬，激励他走上了艺术生涯。丰子恺后来说："当晚李先生的几句话，确定了我的一生……这一晚，是我一生中的一个重要关口，因为从这晚起，我打定主意，专门学画，把一生奉献给艺术。几十年来一直没有变。"

在李叔同对丰子恺的赞美中，更多的是引导、肯定和鼓励，这不仅使丰子恺受到欢欣鼓舞，更使他意识到肩上的责任和希冀，从而激励他走上了艺术生涯。

对学生、下属晚辈等表示赞美，如过分使用溢美之词则可能助长对方骄傲、自满、浮躁的情绪，不利于对方学习、工作、做人等的进一步发展。比如你赞美一个孩子“你真是个好孩子，又听话，又聪明，还很懂事，将来一定有出息。”这种话就很有分寸。但如果你这样赞美“你真是个天才，没有哪个小孩赶得上你，将来必做大官。”这样的赞美之词就很难产生正面效应，它会使孩子骄傲，把孩子引入歧途。

3. 深入细致

当赞美一个人时，赞扬他的行为或贡献远比赞扬他本人好得多，因为某人的行为比他的本人更具体、实在些，更容易使对方觉得你的赞美是出自内心而欣然接受。而在日常交往中却常常听到这样的赞美词：“你这个人真好”，“他是个优秀的员工”等等。究竟好在哪些方面，好到什么程度，为什么好，不得而知。这样的赞美词显得很空洞，会让别人觉得你仅仅是在客气、在敷衍。因此，当你准备赞扬一个人时，首先要深入细致地挖掘他身上的闪光之处，然后用明白确切的语词来表达你对他的良好的内心感受。比如，赞美一个人的家中布置，你不妨说：“你这房子虽不算大，但布置得挺雅致，蛮协调的”美国社会心理学家海伦·H·克林纳德认为，正确的赞美方法是把赞美的内容具体化，其中需要明确三个基本要素：你喜欢的具体行为；这种行为对你的帮助；你对这种帮助的结果有良好感受。有了这三个因素，赞美话语才不至于笼统空泛，才能产生好的效果。

4. 讲求技巧

赞美别人如不审时度势，不讲求技巧，犹如“拍马屁”拍在马蹄上，好言不得好报。赞美的技巧很多，这里介绍几种：

（1）因人而异。赞美要看对象，对不同的人采用不同的赞美内容和方式，赞美的效果才会更好。在女性面前，多赞美她的衣着、美貌；在男人面前，多赞美他的才华、事业、气质等；在有小孩的母亲面前，多赞美她的孩子；在商人面前，多赞美他的生财有道，手腕灵活；在官吏面前，多赞美他的廉洁自律，劳苦功高；在学者面前，多赞美他的学识渊博，思想深邃。在小孩、学生、下属面前，可采用直接的赞美方式；在上级、长辈面前，更适于间接赞美。在同事，同学、同辈人、同级别的人面前，最好也采用间接的赞美方式。

（2）要有特色。有特色的赞美，比一般化的赞美更可贵。在日常生活中，我们如能注意观察，并对那些蕴藏在他人身上极为可贵又尚未引起注意的优点及时加以赞扬，往往比赞扬那些众所周知的长处更能被人注意，效果当然更好。如一位著名科学家或著名作家，他们在各自领域里都颇有建树，而对他们在各自领域里所取得成绩的赞美声也就会不绝于耳。那么，我们不妨另辟蹊径，如赞扬他们和谐的家庭生活，平易近人等，他们会更乐于接受。

（3）“雪中送炭”。人们常常会赞美名人、取得成功的人，这固然是好上加好，别人也会高兴。但最需要赞美的却是那些尚未成名甚至不起眼的“小人物”，还有那些因怀才不遇而自卑的或身处逆境的人。他们会因有你的赞美而倍受鼓舞，于是精神大振，大展宏图。因此，最有实效的赞美不是“锦上添花”而是“雪中送炭”。

（三）赞美的注意事项

1. 不要在人际交往中滥用赞美，对于别人身上的任何优点频频进行赞美，会使受赞美者如芒刺在身，坐立不安。

2. 不要在大众面前赞美其中一人。否则，极容易引起其他人的嫉妒与不满。

3. 赞美词不要太肉麻，能表达意思就可以了。

二、批评

（一）批评的概念

批评也指责备、指责，专指对缺点和错误提出意见的一种语言行为。批评既可对人，也可对己，这里专指针对别人的批评。

做任何事情，都要有一个分寸问题，批评他人，这一点尤为重要。批评时用词不同、方式不同，产生的效果也就大不一样。因此，为了使批评能够达到预期的效果，使之确实成为人生的镜子和良师益友，在开展批评时，一定要讲究方式方法。如果批评时能够做到良药不苦、忠言顺耳，岂不更好！这样，既达到了预期的目的，又促进了双方的感情，可谓一箭双雕。

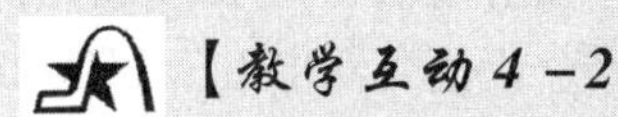

【教学互动4－2】

某单位员工常常无故迟到、早退，如果你是该员工的部门负责人，你会怎样提出批评？

（二）批评的技巧

1. 诚恳而友好的态度

批评是一个敏感的话题，哪怕是轻微的批评，都不会如赞扬那样使人感到舒畅，而且被批评者总是用挑剔或敌对的态度来对待批评者。如果批评者没有一个诚恳、友好的态度，就很容易引发矛盾，产生对立情绪，使批评陷入僵局。

批评人时要心平气和，做到诚恳、冷静、耐心，切忌感情用事，更不能把批评当作对他人的情绪发泄，高声叫喊、斥骂，皱眉瞪眼，甚至乱扔东西等。

2. 因人而异

不同的人由于经历、文化程度、性格、年龄等不同，接受批评的承受力和方式有很大区别。这就要求批评他人时要注意根据不同批评对象的具体情况，采取不同的批评方式。

对于青少年，批评时最好语重心长地直接指出，不宜拐弯抹角，含含糊糊。对中年人，要旁敲侧击，点到即止；对于上级、长辈，不妨自责，以此让对方深思反省，以自我批评的方式达到委婉、含蓄地批评对方的目的。

对于个性倔强的后进青年，宜以退为进，先肯定其一定的优点，再言归正传，指出其缺点和过失。

对于自觉性较高者，应采用启发做自我批评的方法；对于思想比较敏感的人，宜采用暗喻批评法；对于性格耿直的人，可采取直接批评法；对于问题严重、影响较大的人，要采取公开批评法。

3. 营造良好的批评气氛

批评时的氛围很重要，在冷冰冰的气氛里很难收到好的批评效果。如果在开始批评前，营造一种良好的气氛，可以使对方了解自己的意图，接受批评的心态也就会较为平和、宽松。

正如统一食品的创始人之一雷安斯·弗兰西斯指出的：“因为赞美能渗透到对方的内心身处，所以赞美之后的批评，他一定能理解。”如果在批评之前先表示对对方某一长处的赞美，肯定对方的价值，满足其某种心理需要，那么就能够营造出较好的气氛，一方面削弱批评本身让人难以接受的程度，另一方面也使被批评者不致产生逆反心理。比如批评一位贪玩的学生，不妨这样说：“你很聪明，但我希望你以后学习再勤奋一些。”

4. 选择适宜的时机

（1）批评要分场合。一般来说，批评应选在没有第三者在场的时候进行，否则对方会认为你是故意让他当众出丑。即使你的批评正确无误，也会加强其抗拒心理，难以接受批评。

（2）批评需要一定的前提。首先批评者和被批评者双方应该以足够的信任为基础，如果无法取得对方的信赖，即使所持的见解确实言之有理，却还是无法令对方折服。其次批评者必须提出建设性的意见。积极的批评，应在批评时，提出建设性意见，因而在进言之前先要确定自己的言行有助于对方，而且却能发挥实际功效。

（3）时机必须适当。进行批评，一要在自己心平气和的时候；二要在对方已有心理准备，并且愿意聆听的情况下；三要在人们对发生的事情记忆犹新时。

（三）批评的注意事项

1. 就事论事，不要羞辱对方的人格

批评时，不以对方的人格为对象，单就他的行为或举止进行批评，可以避免刺激他的自尊心。有益的批评应当是把批评的事和人分为两件，表明批评是对事不对人的。

2. 定准批评的目标，不要信口开河

在批评他人之前，先要明确是就哪件事或事情的哪个方面进行批评，定准目标后，选择适当的方式“集中火力”进行阐述。切忌信口开河、洋洋洒洒，其结果必然是没有重点、没有主题，使别人难以弄懂你的意思。

3. 简明扼要，不要无休无止

批评时的语言要力求简明扼要，最好只用一两句话就使对方明白。会做工作的人，在对别人进行批评教育时，总是三言两语见好就收。而有的人批评时，总是不肯善罢甘休，非把对方批得“体无完肤”不可，结果是过犹不及，往往把事情推到了反面。

4. 客观批评，不要以己之心度他人之腹

即使是非常熟悉的人也不可能做到完全了解对方的心态，如果以自己的想法去揣摩别人的心理和行为会使你的批评有失偏颇，有时更是一种卑鄙的攻击人的手段。因此，批评别人时，要避免有这样的想法：“你这么做，是为了讨好吧！”“你工作这么积极，是为了晋升吧！”等等。

第四节
安慰与道歉

一、安慰

【教学互动4-3】

如何安慰遭了贼偷的同学？

（一）安慰的概念

安慰，就是在别人遇到不幸或内心痛苦时，以一定的语言表达方式使其心情安适，脱离痛苦。有句话说得好：“快乐让两个人来分享，那么它会成为双倍的快乐，痛苦让两个人来承担，那么它只有原来的一半。”

安慰他人首先要富有同情心，这是首要条件。它能让对方释放出内心的痛苦，获得友谊的抚慰。同时安慰的目的是为了启发他人脱离痛苦，所以安慰时，应紧紧围绕这个中心，启发对方，使其从苦闷中解脱出来，看到积极的一面。

（二）安慰的技巧

1. 要真心诚意

不论是表情、神态，还是动作、语言，都应当真诚地显示出慰问者的“同舟共济”之心、体贴关心之意。

例如，在慰问逝者的亲属、探视伤病员、安慰失恋者时，应表情凝重，语调深沉舒缓，语言饱含关心与同情之意。若是嘻嘻哈哈、喜眉笑眼，语调尖锐、油滑，语言随意、放肆、轻浮，就会给人以“彼方悲伤之日，即是我方开心之时”的幸灾乐祸的感觉。

当然，也不宜矫枉过正，表现过分。若是一见面就表现得“冷冷清清，凄凄惨惨”，“人未语，泪先流”，搞得被安慰问者伤心落泪，恶化其情绪，也是不恰当的。

2. 要适时

安慰人需要选择一定的时机。时机恰当，才能达到安慰的目的。如果时过境迁就失去了意义，而且对于一些突发性事件不幸者的亲人的安慰，反而更容易使原本已平复的心重又回到伤心的地步。比如对失去亲人者的安慰，就是当你一听到消息，就出现在他的面前，表示你对他的关心。而这种关心，正好填补了他心灵上的空白，安慰了他感情上的伤痕。

3. 根据情况，采取恰当的安慰方式

（1）事业受挫者。对于在事业上遭遇挫折、心情痛苦，进而失去进取心的不幸者，最需要的是对其强烈事业心的充分理解和支持，应采用激励性安慰。对于他们，最好的安慰就是帮助其总结经验教训，分析情况。使用激励性安慰语可以使其克服灰心丧气的情绪，看到前途的光明，看到失败后的希望，树立必胜的信念。

例如，有一位网络工程师，花了很长时间在软件上创新，结果人熬瘦了，还是没有取得成功。面临失败，他不免有些懊恼。这时，走过来一位同事，拍拍他肩膀说：“看你眼睛都熬红了，算了吧，有这个时间，还不如出去玩玩!”这位网络工程师听了，心理极不舒服。

这位网络工程师属于事业受挫者，面对失败，他需要的是别人对他的理解和支持，需要别人的鼓励，树立信心。而同事的一番话却象泼了一盆冷水，不仅没有起到安慰的效果，反而伤了对方的自尊心。

（2）身患重病者。探望身患重病的不幸者，不要直接问病人关于他详细的病状和医治的方法，这些他也许多次对人讲过了，如果你还唠叨个不停，就等于骚扰病人了。另外，如果对方本来就背着重病的精神包袱，你频频提及，势必会加重对方的精神压力。你应该多谈谈病人关注、感兴趣的事，以转移对方的注意力，减轻其精神负担。

（3）失去亲友者。在失去亲友时，每个人的心情都是沉痛的，这时候也就最需要别人的安慰。安慰失去亲友的不幸者，不要急于劝阻对方的恸哭。应当注意倾听对方的回忆、哭诉，让其把悲痛发泄、释放出来，有利于较快恢复心理平衡的状态。

吊丧时可适当提些问题，引出死者家属的话头，让他们倾诉。比如问问家庭经济有无困难；问问死者后事的安排等等。如果时间允许，还可以进行回顾性交谈，即和死者家属一起回顾死者生前的好品行，多谈谈死者生前的优点、贡献等。

（4）无辜受害者。在社会生活中，不无无辜受害者。如被残暴者无故殴打者，被酒后驾车者撞伤而致残者……对这些人，最有效的安慰就是同情。同情他们的遭遇，和他们共斥害人者及不公平的现象。如“这个司机使你失去了双腿，他应该受到法律的制裁。”这种同情性的话语传递着人间的温情及正气，这种温情和正气会使无辜受害者得到安抚，从而减轻由不幸带来的内心痛苦与压力，重新获得心理上的平衡。

4. 安慰要有耐心

遭遇不幸的人面对安慰者往往容易情绪激动，特别是遭受巨大痛苦者。他们有时会因为心理上无法承受打击而表现出暴躁、狂怒、沉默寡言等种种情态，遇到这种情况，安慰时一定要有耐心，要尊重他们，不能有不耐烦的表现。

（三）安慰的注意事项

1. 不要以自我为中心

去看望、安慰别人时，请牢记你是去提供帮助表示关心的，因此要多注意对方的感情，多问及对方的感触，多关心对方的痛苦与不幸，而不要以自我为中心，不要借朋友的不幸，引述你自己类似的经历。你可以说：“我也碰到这种事”或“我能理解你现在的心情”，但你不应该说：“我的钱被偷时，我几天都没睡好觉”

2. 不要揭人短

一位高考的学生因上午考得不理想而难过，他的一位同学安慰道：“有什么好难过的，你下午的考试可能会比这更差，去准备下午的考试吧!”这样的安慰不仅达不到安慰的目的，还会给痛苦者带来更多的忧虑。

3. 不要给人增加紧张感

一位老职工最近老是咳嗽、发烧，吃药也没效果，他的一位同事见状，就很严肃地对他说："我们小区里有一个人，开始也是你这种症状，后来查出是绝症，你赶紧到大医院再去检查一下。"这样的安慰，只会让别人精神紧张。

4. 不要勾起别人伤心的回忆

安慰不能同过去的不幸联系起来。一个文学爱好者写了几篇小说，这一次投稿又被退了回来，他的一位朋友安慰说："这次比以前铅印的退稿函好多了，以后再努力吧。"这样的话勾起了他伤心的回忆，觉得自己不是这块料，因而自卑起来。

5. 不要嘲讽、指责对方

例如，说一些："当初我也碰上过这事，但我可不这样"；"瞧瞧，我原先说什么来着，'不听好人言，吃亏在眼前'"这些话都很不恰当。

二、道歉

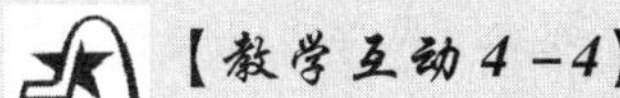

【教学互动 4-4】

你的一位朋友约你 18:00 点准时见面，你却因为交通堵塞迟到了 1 个多小时，你会怎样向你的朋友道歉呢？

(一) 道歉的概念

道歉也是人际交往中常见的交流活动。"人非圣贤，孰能无过?"在与人交往时，不可避免地会说错话，做错事。

道歉必须真心实意，不要找过多的客观原因而一味地辩解。对于有些确有非解释不可的客观原因，如变幻无常的天气情况、出乎意料的交通事故等等，也要在诚恳的道歉之后再略微解释，而不宜一开口就辩解不休。否则，虽然对方表面上不会责怪，但内心也还是有所抱怨的，那就不利于增进友谊。

(二) 道歉的技巧和方法

向别人道歉，除了要有真心实意外，还须要讲究一定的技巧和方法，避免不必要的争吵和冲突。那么，怎样向别人道歉才能达到预期的目的呢？

1. 道歉应当及时

当发现自己错了的时候，立即向对方说"对不起"。因为拖得越久就越难以启齿，有时甚至追悔莫及；拖得越久就越会让人家"窝火"，越容易使人误解。道歉及时，还有助于当事人"退一步海阔天宽"，避免因小失大。即使不能马上道歉，也要日后找准时机表示歉意。

2. 巧用方式

道歉的方式对道歉的效果有着很大的影响。道歉时，如果采用巧妙活泼的形式，不仅可以避免道歉时的生硬尴尬，更重要的是能使对方更乐于接受。如果道歉的方式过于呆板、僵化，反而会显得没有诚意，词不达意。

英国首相丘吉尔起初对美国总统杜鲁门印象很坏，但是他后来告诉杜鲁门，说以前低估了他，这是以赞许的方式表示道歉。

例如，在抗美援朝时期，彭德怀司令员有一次错怪了管后勤的副司令员洪学智将军，后来彭德怀拿了一个梨，笑着对洪学智说："来，吃梨吧！我赔礼（梨）了。"说完两人一起哈哈大笑起来，一场误会烟消云散。彭德怀以送梨的方式向对方赔礼道歉，形式巧妙，语意双关，既恰当地表达了自己的歉意，又营造了轻松活泼的气氛。

如果你觉得有些道歉的话当面难以启齿，那么不妨采用其他的办法。比如写信寄去；托人送件小礼物；间接帮助对方解决某些困难，或打个电话等。对西方女士而言，令其转怒为喜、既往不咎的最佳道歉方式，无过于送上一束鲜花，婉"言"示错。

3. 编点吉利话

人人都喜欢吉利话。吉利话常常会使人转怒为喜。所以，在赔礼道歉时，可以针对人们喜听吉利话的心理趋向，巧妙地用喜庆、祝贺的言语委婉地表达自己的过错，这样对方的心情就会立刻好起来，自然不会再计较。

例如，有位小伙子在公交车上，不小心两次踩到了一位姑娘的脚。这位姑娘极为不满道："你这个人怎么回事？一连两次踩到我的脚上！"小伙子听后，立刻说"对不起！"但这位姑娘还是嘀嘀咕咕。小伙子灵机一动，又说道："是啊，您今年定会发大财，接连中彩（'中踩'的谐音）了嘛！请客还来不及呢！"姑娘一听，火气烟消云散，笑了起来，小伙子就是这样从尴尬中解脱了出来。

（三）道歉的注意事项

1. 道歉语应当文明而规范

道歉时，语气应温和，话语应文明、规范。有些人知道自己错了，也有心向别人道歉，但道起歉来总让人感觉不舒服。诸如冲着别人说："我错了还不行吗？""对不起，噢！"这样的道歉怎么能使对方接受呢？

文明、规范的道歉语应是：如果有愧对他人之处，宜说："深感歉疚"，"非常惭愧"；如果渴望见谅，需说："多多包涵"，"请您原谅"；如果有劳别人，可说："打扰了"，"麻烦了"。而在一般场合，则可以讲："对不起"，"很抱歉"，"失礼了"。

2. 道歉应当大方

道歉绝非耻辱，故尔应当大大方方，堂堂正正，完全彻底。不要遮遮掩掩，羞羞答答，更不要过分贬低自己，说什么"我真笨"，"我真不是个东西"，这可能让人看不起，也有可能被人得寸进尺，欺软怕硬。

3. 道歉并非万能

不该向别人道歉的时候，就千万不要向对方道歉。不然对方肯定不大会领你的情，甚至还会因此而得寸进尺，为难你。即使有必要向他人道歉时，也要切记，更重要的是要使自己此后的所作所为有所改进，不要言行不一，让道歉仅仅流于形式，这样只能证明自己待人缺乏诚意。

第五节 说服与拒绝

一、说服

【教学互动4-5】

你的同桌上课时，总爱做小动作，还常常打扰邻座同学。你如何说服他改掉这个缺点呢？

（一）说服的概念

说服，就是用理由充分的话使别人口服心服，从而改变自己的观点、立场、态度而去接受其他观点、立场或态度的口语交际活动。

无论在什么领域，说服都起着不可估量的作用。首先，在说服的过程中，说服者运用各种技巧，使对方接受自己的观点，从而达到共识，使自己的既定目标得以实现。其次，在说服的过程中，团体和个人的影响力得以扩大，并在公众中树立自己的形象，收到很好的传播效果。对说服者来说，说服的过程也是一个学习和提高的过程，说服者的个人的潜能能够在说服的过程中被最大限度地激发起来。

人各有其情，各有其性，各自按着自己的思想、方式生存。一个人若是把自己的观点、生活方式强加给另一个人，可想而知，会有多么困难。因此，说服他人并不容易。说服者不仅要持有真理，还要有善于说服的方法技巧，否则可能会说而不服，甚至使自己“惹火烧身”，与对方发生矛盾。

（二）说服的要素

说服的要素包括：说服者的品格、说服的技巧和被说服者的情况。

1. 说服者的品格

“说话人的品格是一切说服手法中最有说服力的”（亚里士多德语）。个人的道德品格，一个人是否明智，是否抱有善意，能决定一个人的人格形象。说服者的人格形象更是在说服的过程中为他人所肯定。

2. 说服的技巧

要使说服成功，说服者需要采用一定的方法技巧使对方易于接受自己的观点。说服的效果如何，关键在于说服的方法技巧把握得是否恰当得体。因此，认真研究说服的艺术对于融洽人际关系，提高办事效率有着极其重要的作用。

3. 被说服者的情况

在说服之前，一般要对对方的情况作客观的了解。只有对对方有所了解，说服时才能有的放矢、对症下药，才能收到好的效果。

（三）说服的方法

1. 晓之以理

即调动理智的力量引导对方改变态度。用此法时，注意口气要委婉，切忌盛气凌人，以势压人。说服者不是单方面推出结论交给对方，而是以征询的口气引导对方一起推理，共同探讨，得出结论。让他把你的意见、主张，当作自己寻求的答案，自愿接受，自动就范。

例如，1936年西安事变发生后，东北军的军官们一致强烈要求杀掉蒋介石。我党则提出了和平解决西安事变、逼蒋抗日的方针，并派周恩来前往做说服工作。周恩来面对群情激愤的军官说："杀他还不容易，一句话就行了！可是，杀了以后怎么办？局势会怎么样呢？南京会怎么样呢？日本人会怎么样呢？国家民族的前途会怎么样？各位想过吗？这次抓了蒋介石，不同于十月革命逮住了克伦斯基，不同于滑铁卢擒获了拿破仑。前者是革命胜利的结果，后者是拿破仑军事失败的悲剧。现在呢？虽然捉了蒋介石，可并没有消灭他的实力。在全国人民抗日高涨的推动下，加上英美也主张和平解决西安事变，所以，逼蒋抗日是可能的。我们要爱国，就要从国家和民族的利益考虑，不计较个人的私仇。"

这段话，周恩来同志先提出问题，再分析矛盾，晓以利害，终于说服了对方，促进了西安事变的和平解决，体现了周恩来同志高超的说服口才。

2. 动之以情

古人云：感人心者，莫先乎情。只有善于运用情感技巧，动之以情，以情感人，才能打动人心。

3. 说之利弊

即说明有关利害关系，让对方自己权衡利弊得失，从而得到正确的结论，最终认同说服者的观点。

（四）说服的技巧

1. 攻克"心理防线"

一般说来，在说服者和被说服者较量时，彼此都会产生一种心理防线。因此设法动摇被说服者的心理防线，是说服成功的关键所在。那么，如何动摇被说服者的心理防线呢？除了要晓之以理，具有充实的内容外，更要动之以情，掌握一定的技巧。

（1）敏锐观察，冷静思考，摸准对方的心理要害。

（2）反复给予暗示，表示自己是朋友而不是敌人。

（3）站在对方立场，嘘寒问暖，给予关心，表示愿意给予帮助等等。

2. 以退为进法

说服是要坚持原则的，但并不是说只有一味进攻决不后退才是坚持原则。局部的后退是为了全局的进攻。适当的退让会让对方感到你是通情达理的，这就为你进一步说服创造了条件。

例如，有一位中学老师接管了差班班主任的工作，正好赶上学校安排各班级学生参加平整操场的劳动。这个班的学生躲在阴凉处谁也不肯干活，老师怎么说都不起作用。后来，这位老师想到一个以退为进的办法。他问学生："我知道你们并不是怕干活，而是都很怕热吧？"学生们都不愿意说自己懒惰，于是便七嘴八舌地说，确实因为天气太热了。

老师说："既然是这样，我们就等太阳下山再干活，现在先痛痛快快地玩一玩。"学生一听就高兴了。老师为了使气氛更热烈一些，还买了一些雪糕让大家解暑。在说说笑笑的玩乐中，学生接受了老师的说服，不等太阳下山就开始愉快地劳动了。

3. 迂回诱导法

由于被说服者的态度已形成，对说服者有着"先入为主"的成见，因而防备很严，很难说服。在这种情况下最好是采用迂回说理的方法，先缓解被说服者的心理对抗，然后酌情进行说服。因为被说服者在没有心理对抗的情况下，更易于听进你的意见，在潜移默化中受到影响和熏陶，从而改变自己的态度。

李燕杰要说服年轻人摘下挂在胸前的十字架，他先从"圣经"说起，以渊博的学识首先博得了年轻人的信任，而后再用正反两方面的例子启示年轻人，使他们懂得了什么是真正的美，最后使年轻人自觉地摘下了十字架。

4. 激将法

就是通过言语或行为触伤对方的自尊心，引起对方的不满、不服甚至愤怒和怨恨，进而诱导其按我们的意愿或既定的意图行事。

三国时期，诸葛亮就是针对孙权具有强烈自尊心的特点，采用了激将法，给孙权的自尊心以猛烈的震撼，从而说服了孙权与刘备联军，合击曹操，终于爆发了三国时期最大的一场战争——赤壁之战。刘备也终于从困境中解脱出来。

5. 情感激励法

在说服某人或某团体完成一项任务时，采用情感激励法往往会比一般的命令更有效。

例如，某学校决定把疏通校园角落污水的任务交给3班，这个任务比一般打扫卫生艰巨得多，3班学生对此不满。于是，此班的班主任采用了情感激励法说服道："你们知道校方为什么要把这个艰巨的任务交给我们吗？因为我们班是全校闻名的'文明班级'历次卫生检查都得满分。我相信，这次我们也一定会不辜负校方的希望，出色地完成这个艰巨的任务！"一番话激起了同学们的自尊，也燃起了他们的热情，他们愉快地接受了这个任务。

说服的技巧还有很多，采用什么样的技巧，还要根据实际情况，针对不同的被说服者，采取不同的说服技巧。

（五）说服的注意事项

（1）原则性和灵活性统一。

（2）说服要有针对性。

（3）要运用委婉、商榷的语气，切忌盛气凌人、以势压人。

（4）要有耐心。

（5）要有适当的停顿，让对方插插话，要准确识别对方的各种反应。如果发现自己的话语触动了对方的不愉快处，就应另换话题，等对方比较容易接受意见时再从头来。

（6）要注意场合。

二、拒绝

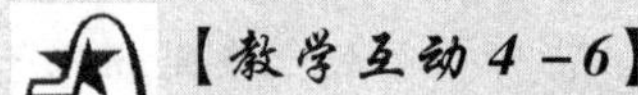

【教学互动4-6】

假如有位与你挺好的异性同学约你晚上去散步，你不想去。你会怎样拒绝呢？

（一）拒绝的概念

拒绝，又可以叫回绝或推辞。从语言方面来说，拒绝既可能是不接受他人的建议、意见或批评，也可能是不接受他人的恩惠或赠与的礼品。从本质上讲，拒绝即是对他人意愿或行为的间接性否定。

在人际交往中，拒绝他人是难免的，但拒绝谈何容易！拒绝不当就容易令对方不快甚至恼恨，许多人就是因为拒绝不当而失去了朋友、得罪了领导、惹恼了合作伙伴等。因此，掌握拒绝的口才艺术是很有必要的。拒绝他人时总的原则是：不要把话说绝，不要损伤对方的自尊心，不要让对方感到难为情。

（二）拒绝的技巧

从语言技巧上说，拒绝有直接拒绝、婉言拒绝、沉默拒绝、回避拒绝四种方法。

1. 直接拒绝

就是将拒绝之意当场明讲。例如，某报社的推销员登门要求订阅他们发行的报纸，可你想拒绝。你可以很有礼貌地说："谢谢。你们的服务很周到，可是我家已经订阅了其他几家报社的报纸了，请谅解。"

采取此法时，重要的是应当避免态度生硬，说话难听。在一般情况下，直接拒绝别人，需要把拒绝的原因讲明白。可能的话，还可向对方表达自己的谢意，表示自己对其好意心领神会，借以表明自己通情达理。有时，还可为之向对方致歉。

2. 婉言拒绝

就是用温和曲折的语言，去表达拒绝之本意。婉拒的要点在于委婉，表现在态度、语言上留有余地，不说"十分"的话，以免陷于被动。与直接拒绝相比，它更容易被接受。因为它更大程度上，顾全了被拒绝者的尊严。常用的婉拒方式有以下几种：

（1）诱导否定法。即诱导对方自我否定，取得"不战而屈人之兵"的效果。如果认为对方要求不合理，又不便直接向对方提出来，不妨玩点小花样，设下圈套，诱使对方自己否定自己。

例如，1972年美苏刚签署了限制战略武器的协定，在一次记者招待会上，一位美国记者问基辛格："我们有多少潜艇在配置分导式多弹头？有多少'民兵'在配置分导式多弹头？"这是个很难回答的问题，基辛格如果说"不知道"，便等于撒谎；如果说"无可奉告"之类的外交辞令，又会落入俗套，还有可能激起记者更尖锐、棘手的追问；如果实话实说，则必然泄漏国家机密。面对这样的问题，基辛格却显得非常从容，他说："我们有多少潜艇我知道，有多少民兵在配置分导式多弹头，我也知道。但我不知道，这是不是保密的？"记者一听高兴极了，立刻嚷嚷道："不是保密的，不是保密的！"基辛格笑着反问道："不是保密的吗？那你告诉我有多少？"记者愣了一下，笑了。

这就是用诱导的方法使记者陷入了自我否定之中，解除了回答之难。运用这种方法，必须反应灵敏、机智，这样才能不露破绽地令对方落入自己设下的圈套。

(2) 诙谐幽默法。在对方提出要求后，机智地以诙谐幽默、玩笑打诨的话语作为遮掩，避开对实质性问题的回答，巧妙地拒绝对方提出的要求。

例如，一位读过《围城》的美国女记者到中国来，打电话给该书的作者钱钟书先生，说自己很想拜见他。钱钟书先生一向淡泊名利、不慕虚荣。他在电话里婉拒道："假如你吃了一个鸡蛋觉得不错的话，又何必一定要见那个下蛋的母鸡呢？"

钱钟书先生就是这样，以其特有的幽默和机智，运用新颖、别致而又生动、形象的比喻，拒绝了那位美国女士的请求，既维护了那位女士的自尊，又避免了不必要的麻烦。

(3) 先扬后抑法。这种方式多采用"是的，然而……"的句式，先肯定对方的说法，再转折一下，最后予以否定。其中，"是的"是手段，"然而"才是目的。

例如，德国某公司经理拿出一个自己设计的旭日商标征求大家的意见，并说此商标很像日本国徽，日本人一定很乐意购买此商标的产品。销售部主任不赞成，于是说："是的，您说的很有道理。这个设计与日本国国徽很相似，日本人喜欢。然而，我们另一个重要市场中国的人民，也会想到这是日本国徽，他们就不会引起好感，就不会买我们的产品，这不是同本公司要扩展对华贸易营销计划相抵触吗？是否有些顾此失彼呢？""天哪！我倒没想到这一层。"经理立即接受了销售部主任的否定意见。

(4) 难题反馈法。即把不想回答、不可回答、难以回答的问题，又反弹给对方，把压力转移到提问者本人身上，变被动为主动。

例如，1987 年 5 月，我国足球教练高丰文率中国足球队南下，在与香港队大战前夕，香港有位记者想探听"军情"，便问高丰文："你将怎样对待香港队惯用的打法？"高丰文反问道："你说香港队的惯用打法是什么呢？"记者冷不防被问住了，只得改口退守："大概是防守反击吧。"高丰文立刻又补上一句："我不是郭家明（香港教练），我不知道他如何布阵。但是不管香港队怎样变化，我们都一样准备。"

这里高丰文抓住对方提问的"惯用打法"这一不严密的说法，让记者自己作出解释，使记者措手不及，少了几分气势，高丰文因此也能够从容地按自己的意愿作答。

(5) 强调客观法。针对对方的要求，强调说明主观上我是愿意尽力帮忙的，但是客观上却有许多障碍，确实是爱莫能助，以客观的诸多原因来加以拒绝的方法。

例如，王女士在民航售票处工作，由于乘坐飞机的旅客与日俱增，她时常要拒绝很多旅客订票的要求，但她总是带着非常同情的心情对旅客说："很抱歉，我知道您非常需要乘坐飞机，我也十分愿意为您效劳。但票已订完了，实在无能为力。欢迎您下一次再来乘我们的飞机。"这一番话，让旅客再也提不出意见来了。

3. 沉默拒绝

就是在面对难以回答的问题时，暂时中止"发言"，一言不发。当他人的问题很棘手甚至具有挑衅、侮辱的意味时，不妨以静制动，一言不发，装聋作哑。

例如，1945年7月，苏、美、英三国首脑在波茨坦举行会谈。一次会议休息时，美国总统杜鲁门对斯大林说，美国研制成一种威力巨大的炸弹。这是用暗示的方式来试探斯大林对原子弹所持的态度。斯大林却像没有听见一样，未露出丝毫的异常表情，也没有作出任何回答，以至许多人回忆说，斯大林好像有点聋，没有听清楚。其实，斯大林听得清清楚楚，会后，他告诉莫洛托夫说："应该加快我们工作的进展。"两年后，苏联成功地爆炸了第一颗原子弹，打破了美国的核垄断。

4. 回避拒绝

就是避实就虚，对对方不说"是"，也不说"否"，而是采取转移话题、答非所问、寻找借口等方式暂时把对方说话的焦点转移开，从而达到间接拒绝的目的。对于那些碍于情面的某些要求或难答的问题时，都可以相机一试此法。

例如，某单位一女职工结婚，在单位散发喜糖，刚巧该单位有一位尚未谈到对象的大龄女青年。大家正吃着糖，突然一位中年科员笑着对那位大龄女青年说："喂，什么时候吃你的喜糖?"大家都望着她。那位大龄女青年的脸微微一红，把脸转向邻近的一位女同事，然后指着那位女同事身上的一件款式新颖的上衣问："咦？这件上衣什么时候买的?在哪个商店买的?"于是，两个人便兴致勃勃地谈起了那件衣服。

在大庭广众之下问大龄女子何时结婚确实是件很不礼貌的事情。面对这个尖锐的问题，女青年巧妙地把话题转移到同事的衣服上，回避了对方的无聊问题。而这时的问话者自然会认识到自己的失礼，也就没有理由去责怪该女子了。

（三）拒绝的注意事项

（1）拒绝应对事不对人，即以所求是否合理、是否能办到为准，而不是以对方地位的尊卑、双方利害大小为准。

（2）要不焦不躁，沉着冷静，机智应对。

（3）如果对方胸襟宽阔，易于接受，应及早开诚布公地说明原因拒绝，以便他另作安排、打算；如果对方承受心理压力的能力很低，则最好以商量、研究之后再奉告为借口，一方面拖延再加上旁敲侧击，让对方自己意识到被拒绝的可能性。

（4）如果要求实在不能接受，拒绝应当机立断。切忌含含糊糊，态度暧昧，使对方产生误会。但是，口气要委婉。

第六节
主持人口才

一、主持人

在《现代汉语词典》里，"主持"是"负责掌握或处理某事"的意思。那么主持人就是负责节目的编排、组织、解说以及对节目实施过程加以积极协调和有效推进的人。所以说主持人是传播机构的有机构成部分，其根本任务就是通过传播媒介有效地传达节目内容，以影响受众的心理和行为。

二、当好主持的技巧

（一）工于开场

良好的开场白，对于主持人十分重要。主持人必须设计出灵活精巧、周到得体的开场白。它可以确定基调、营造气氛、表明主旨、沟通感情，使听众、观众情绪高涨，注意力集中起来，形成共鸣共振的态势，从而保证活动的顺利开展。开场白应富有诱导性和启示性，引导参与者进入角色，进入情境。

开场白的具体内容可根据具体的活动内容，或讲形式、或道特点、或提要求、或谈“历史上的今天”、或巧借环境、季节等喻示主题和中心。开场白的方式可根据活动特点选用热情问候式、“拉家常”式、简洁介绍式、抒情鼓动式、幽默调侃式、礼仪演讲式等等。

例如，有一次，冯巩和赵忠祥、凌峰、赵本山共同主持“神州风采特别节目”。主持人一一上场，凌峰首先上场说：“为了丰富我们今晚的节目，我们特别为您介绍一位比我长得还困难的来自东北的赵本山。”赵本山接口：“我比他还丑？既然如此，我也找个垫背的，他比我还丑！”冯巩接过来：“亲爱的朋友，你们好，我知道我长得丑，属于困难户、重灾区，但跟他们二位相比，我可以自豪地宣布：我脱贫致富了！不客气地讲，一看见他们二位，就想起了万恶的旧社会！”这里冯巩出语不凡，幽默迭出，接下去与凌峰、赵本山配合，左右逢源，妙语横生，令观众赏心悦目。

（二）巧于连接

主持一场活动或节目，一般都少不了用一些语言进行连接，在活动的中间搭桥接榫，过渡照应，使整个活动形成一个有机整体。

例如，主持人叶惠贤在主持节目时，语言活泼、妙语连珠，且表现出了高超的连场技巧。在上海市体育馆举行的第四届上海国际电视节开幕式上，主持人叶惠贤在介绍了中国著名电影演员巩俐后，由于从后台走到前台有几十米远，观众掌声稀稀落落停了下来。叶惠贤见状利用巩俐衣着外貌仪表的特点，用串联法作了如下精彩的即兴发挥：

巩俐小姐是：
新潮的时装　领先一步；
时髦的短发　恰到好处；
微微的笑容　含而不露；
举手投足　　都是明星风度！

叶惠贤的话音刚落，台下又是一阵暴风骤雨般热烈的掌声。

（三）灵于应变

活动中谁都不愿意出现变故，但又难免不出现麻烦事，一旦遇上，主持人应当沉着应变，巧妙地化解和调节气氛。主持人能否灵活地巧应变故，对整个活动举办的成功与否有着举足轻重的作用。其技巧主要有：

1. 善于圆场

例如，在座谈讨论会上，与会者之间彼此意见相左，甚至发生争吵。这时主持人就要出来打圆场。其方法步骤有：

（1）接过话题自己说或换新话题，转移争执者的注意力；

（2）找出共同点，帮助争执者联络感情，缩小心理距离；

（3）公正评价争执双方或多方的意见；

（4）引导争执者自省，使双方从事实中反省自己的观点和错误，消除误会，达成共识。

2. 打破僵局

主持中有时会出现冷场现象，此时，主持人要尽快寻找对策打破僵局，可以这样处理：

（1）自己来个示范，以启示和鼓动来者；

（2）通过讲一则新闻或典故或笑话或提供线索等注入催化剂；

（3）直接安排下一个节目，变被动为主动。

3. 摆脱难堪

在主持时碰上的难堪一般有两种情况：

（1）主持人自己或表演者本人造成的难堪。对此种情况的摆脱应该靠诚挚来取得谅解。但兵不厌“诈”，可来个巧寻借口，将错就错，让它产生逆转或突变，化逆为顺。

（2）观众或听众发难造成的难堪。对此切忌不明智地指责或默许，应区分情况采取不同的对策。对善意的发难当以诚相待，可直接说明或解释，也可因势利导，引入正路，甚至来点调侃；对恶意的发难，理当针锋相对，但应外柔内刚，准确得体，可顺贬或“以其人之道还治其人之身”。

例如，“海峡情”大型文艺晚会上，舞蹈家刘敏在表演独舞《祥林嫂》时，不慎坠落在两米多深的乐池中。面对这一突发事件，台上台下一时都愣住了。这时主持人凌峰不慌不忙地走上台，摘下翘边的礼帽，露出光秃秃的大脑袋，向观众深鞠一躬，说：“我知道，大家此刻正牵挂着的是刘敏摔伤了没有，那么请放心，假如刘敏真的跌坏了，我愿意后辈子嫁给她。”一直揪着心的观众听到凌峰这么一说，轻松地笑了。凌峰这时突然一反其滑稽幽默的风格，显得激动而又深情：“刘敏说，艺术家追求的是尽善尽美，奉献的是完整无缺。现在，她要把刚才没跳完的三分钟舞蹈奉献给大家，奉献给海峡两岸的父老兄弟姐妹！”凌峰的话音刚落，刘敏又翩然出现在舞台上，观众中爆发出经久不息的掌声，掌声中包含着对刘敏的赞美，也包含着对凌峰的谢意。

（四）巧于终结

节目进入尾声，虽然就要结束，但仍要讲究技巧，巧于终结，再展高潮，切忌草率急躁，匆匆收场。

例如，在一次某教师节文艺晚会上，主持人做了这样的结束语："朋友们，教师是伟大而崇高的。他们是蜡烛，燃烧自己照亮别人；他们是小草，默默生存点缀人生；他们是渡船，迎着风险送走人们。在这晚会就要结束的时候，让我们深情地对他们道一声：辛苦了，人类灵魂的工程师。"这样的结尾用词精练，语言生动，亲切感人，令人回味无穷。

（五）富有个性

1. 视具体活动和内容赋予匹配的风格

不同的活动和内容，必须采用不同的语言形式和语言风格。如新闻、法律等内容较严肃的节目，语言要平稳、庄重；娱乐节目要幽默、活泼；少儿节目要亲切感人；生活类节目要朴实自然。

2. 充分发挥主持人的个性优势

不同的主持人个性是不同的，每位主持人要注意发挥自身个性优势，以自己特有的语言风格吸引观众或听众，满足观众或听众的审美期望。一般说来，性格豪放的主持人语言多激荡（但不能生硬），气质潇洒的主持人语言多风雅（但忌随便），品行谦逊的主持人语言含蓄蕴藉（但不能畏缩），老练深沉的主持人语言犀利深邃（但不可冷傲）等等。

本章小结

※ 拜访的语言技巧：说好进门语、选择好话题、话题集中、礼貌告辞。接待的语言技巧：热情迎客、知人善谈、巧妙暗示。

※ 介绍是指在社交场合中口头上把某人介绍、引荐给其他人相识地口语活动，一般分为介绍他人和自我介绍两种方式。各自都有一定的方法和技巧。

※ 交谈是人际间最直接、最广泛、最简便的言语交往形式。它具有对等性、话题灵活、口语化和听说兼顾的特点。

交谈的技巧包括热情专注、因人而异、善于倾听、保持谈兴、巧妙转移话题、善于提问几个方面。

※ 赞美是指在人际交往中，一方给予另一方的称赞和表扬，它侧重于对人的某一方面价值的肯定和褒奖。赞美的技巧主要有自然真诚、措词得当、深入细致、讲求技巧。批评也指责备、指责，专指对缺点和错误提出意见的一种语言行为。

批评时应注意以下几个方面：一是诚恳而友好的态度；二是因人而异；三是营造良好的批评气氛；四是选择适宜的时机。

※ 安慰，就是在别人遇到不幸或内心痛苦时，以一定的语言表达方式使其心情安适，脱离痛苦。安慰他人，要讲究口才艺术，讲究技巧。

道歉需有真心实意，不要找出过多的客观原因，而一味地辩解。道歉还应注意技巧和方法。

※ 说服，就是用理由充分的话使别人口服心服，从而改变自己的观点、立场、态度而去接受其他观点、立场或态度的口语交际活动。

说服的方法有晓之以理、动之以情、说利弊。说服的技巧包括攻克“心理防线”、以退为进法、迂回诱导法、激将法和情感激励法。

拒绝，又可以叫回绝或推辞。从语言技巧上说，拒绝有直接拒绝、婉言拒绝、沉默拒绝、回避拒绝等四种方法。

※ 主持的技巧包括工于开场、巧于连接、灵于应变、巧于终结及富有个性。

思考与实训

一、填空题

1. 拜访的语言技巧：__________、__________、__________、__________。接待的语言技巧：__________、__________、__________。

2. 介绍一般分为__________和__________两种方式。

3. 交谈具有__________、__________、__________和__________的特点。

4. 说服的方法有__________、__________、__________。

5. 说服的技巧包括__________、__________、__________、__________和__________。

二、判断题

1. 道歉须有真心实意，要找出过多的客观原因进行辩解。 (　　)

2. 拒绝应对事不对人。 (　　)

3. 道歉的方式对道歉的效果不会有影响。 (　　)

4. 最有实效的赞美不是“锦上添花”而是“雪中送炭”。 (　　)

5. 拜访者不要忽略同主人的亲属多交谈。 (　　)

三、简答题

1. 拜访和接待要注意些什么问题？

2. 介绍他人时，一般应遵循哪些顺序？

3. 自我介绍要注意哪些问题？

4. 简要叙述交谈的特点及技巧。

5. 简要叙述赞美和批评的语言技巧。

6. 说说安慰的技巧和注意点。

7. 道歉要注意哪些问题?

8. 简要叙述说服的方法和技巧。

9. 拒绝有哪些方法?

10. 怎样才能当好主持人?

四、实训练习

(一)【情景模拟练习】

情景1:张兵同学在放学路上遇到了喜欢玩电脑游戏的同学李强。李向他借钱去网吧,张兵不想借,又不想伤害朋友。

问题:假如你是张兵,怎样说才好呢?

情景2:李红匆匆走进教室,习惯地用卫生纸把自己的座位擦干净,随手将纸团扔在地上,同学张民看见后说:"你很讲究个人卫生哩。"李红不好意思地笑了笑说:"____________________。"随即将纸团拾起来,扔进教室外的垃圾箱。

问题:

(1)李红该怎样说才得体:____。

(2)张民的言外之意是:____。

(二)【拜访训练】

1. 实训目标:通过训练使同学们掌握拜访的技巧,提升社交能力。

2. 实训内容:去拜访你的一位久未联系的年长的朋友或老师。除了礼节性的目的外,最好想一个副目的,在拜访中请实践如下要求:

(1)进门前调节情绪;

(2)进门热情问候、寒暄;

(3)主动开口,让对方了解拜访目的;

(4)注意倾听,插话有分寸;

(5)适时赞美对方;

(6)准确、有分寸地答问;

(7)不争论;

(8)礼貌告别。

3. 实训步骤:

(1)做好准备,明确拜访的目的。

(2)按照实践要求实施拜访。

(3)拜访归来,对拜访情况作反思评价。

4. 成果要求:

(1)拜访归来设计表格填写下列内容:拜访人、拜访时间、拜访目的、拜访内容、拜访中是否实践每一项要求、自我评价。

(2)写一份反思评价报告,字数为500字左右。

(3)教师评析。

（三）【赞美训练】

1. 实训目标：通过训练掌握赞美别人的技巧，学会得体赞美别人。

2. 实训内容：一位平时学习、表现都很差的学生，在一次偶然的机会救起一名落水的儿童，请对这位同学进行赞美。

3. 实训步骤：

（1）学生6人一组，选1人为组长，每人在5分钟内拟出提纲，在本组交流，有1人负责记录。

（2）将每位组员的赞美词整理，形成一份完整的赞美词。

（3）每小组在班级交流，老师作点评。

（四）【主持人模拟训练】

1. 实训目标：通过训练了解主持人就是负责节目的编排、组织、解说以及对节目实施过程加以积极协调和有效推进的人，正确使用主持的各种技巧，同时提高自己的口语表达能力。

2. 实训内容：设计一次主题班会，由各位同学轮流当主持。

3. 实训步骤：

（1）先让学生复习主持的各种技巧。

（2）将全班学生每10人一组分组，并选出小组负责人。

（3）小组长带领小组成员根据训练内容设计主题、流程。

（4）小组长组织小组成员进行编排。

（5）每个成员轮流主持并录像。

（6）小组评议。

4. 成果要求：

（1）每个小组撰写出设计方案。

（2）每人写出主持体会。

（3）依小组的方案给小组评估打分。

（4）依个人的主持录像、体会，教师为每位学生评估打分。

（5）每名同学的成绩由小组评分与老师评分综合组成。

5. 成果考核：

主持人训练成果考核表

评估指标	评估标准	小组评分	老师评分	实际得分
知识掌握情况（30分）	明确主持人的职责；积极参与设计；主持体会深刻 （每小点10分，分三个等级，5分以下；6～7分；8～10分）			

续表

评估指标	评估标准	小组评分	老师评分	实际得分
能力体现情况（30分）	能自学相关知识；设计新颖；计划过程周密；解说得体；解说技巧应用自然 （每小点6分，分三个等级，1～2分；3～4分；5～6分）			
成果（展示）完成情况（40分）	团结协作；设计方案；主持录像；主持体会成果展示完美。 （每小点10分，分三个等级，5分以下；6～7分；8～10分）			
总成绩 Σ100	（小组评分，老师评分各占50%）			
老师评语	签名：　　年　月　日			
学生意见	签名：　　年　月　日			

第五章 服务口才

【知识目标】

1. 了解行业语言的特点
2. 懂得高超的口头交际和口语表达能力对服务工作人员的重要性

【能力目标】

掌握有关行业服务语言的原则、要求及语言技巧

第一节 服务语言

服务是泛指一切为他人提供各种社会性劳务的职业，如商业，饮食业，旅游业，修理业，交通运输业等等。规范的语言是服务行业重要的工作手段，是提高服务质量，促进服务行业发展的重要环节。服务人员在其工作岗位上要求使用礼貌用语，以体现服务人员在服务过程中的自谦和恭敬。

一、服务人员应追求的语言素质

（一）流畅的语言表达能力

服务人员为客人提供服务要使用普通话或规定的外语语种。声音要甜美，音量和语句要适中。字音要清晰，语调要分抑扬、顿挫、轻重、缓急，可根据当时要表达的内容确定语速。语气上要表现出热情、亲切、和蔼和耐心，尤其不要在有意无意之间，使自己的语气显得急躁、轻慢。

（二）语言的艺术性

服务人员要尽可能地了解客人的文化背景，更多地了解客人的信息，真正做到语言巧妙得体，使工作顺利进行。

（三）语言的应变能力

服务人员要能够根据不同的场合，地点和具体的情况，灵活地使用语言，尽快地缩短与顾客间的距离。

二、服务语言的基本要求

（一）称呼恰当

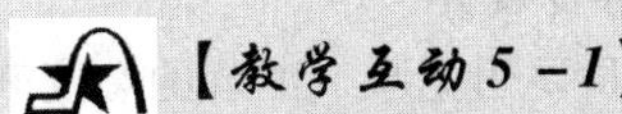

【教学互动5－1】

怎样才能做到称呼恰当呢？

称呼虽是一件比较简单的事，但服务时如不加注意，称呼不当，就容易引起顾客的反感和误会，影响服务质量。如要恰当地称呼他人需注意以下方面：

1. 要区分对象

服务人员平日所接触的服务对象往往包括了各界人士。由于彼此之间的关系、身份、地位、民族、宗教、年龄、性别等存在着一定的差异，因此在具体称呼服务对象时，服务人员最好是有所分别，因人而异。如宗教界人士一般称“先生”；佛教称方丈、师傅；伊斯兰教称阿訇。

2. 要照顾习惯

服务人员在称呼服务对象时，必须考虑到他们的语言习惯、文化层次、地方风俗等各种因素，并分别给予不同的对待。如“先生”“小姐”“夫人”一类的称呼，在国际交往中最为适用。但以此去称呼农民，却往往会使对方感到不顺耳。

3. 要讲究主次

称呼他人时需要区分主次，标准的做法有两种：一是由尊而卑。即在进行称呼时，先长后幼，先女后男，先上而下，先疏而亲。二是由近而远。即先对接近自己者进行称呼，然后依次向下称呼他人。

（二）简明扼要

服务场所，顾客来去匆匆，无暇顾及长篇大论，因此服务语言要简明扼要、重点突出、意思明确。一方面，能够使顾客在较短时间内了解其内容；另一方面，还要使顾客对服务内容一听或一看就完全清楚。

（三）清晰准确

服务人员在与顾客交流的过程中，要能够顺利地将话语传送到顾客的耳朵里，使顾客迅速得到信息。在运用专业术语时，要因人而异。具体来说，就是在交谈之前，要善于对交谈对象进行必要的观察、了解和定位，并且依照对方不同的性别、不同的年龄、不同的民族、不同的行业以及受教育的不同程度，适当地有所区别待之。

要使专业术语用得好用得准，还要根据当时具体情况的变化，当深则深，当浅则浅；当多则多，当少则少；当用则用，当不用则不用。

（四）用词文雅

服务人员在与顾客交谈时，尤其是在与之进行正式的交谈时，要多用雅语。文雅者，温文尔雅也。即用词用语力求温和谦恭、敬人、高雅、脱俗、规范。如“热情欢迎诸位下榻到我们饭店”“先生，休息得好吗?”“希望诸位在这里和在家里一样感到舒适、方便和愉快。”等等。

（五）态度和蔼

服务人员要用宽厚、谦恭的态度表现出对顾客的尊重。

服务人员在为顾客服务时，一要和和气气地同顾客讲话，使顾客心情舒畅，高兴而来，满意而去；二要耐心周到，使顾客感觉到亲切、温暖。另外，在服务性礼貌语言的使用上，在服务动作上，要做到亲切自然，让顾客感到服务人员是真心诚意的服务。

（六）选择合适的句式和语调

服务人员在对客人服务的过程中要多用设问、商讨句，不要让语音高于顾客的声音。多商讨，不争辩，避免伤害顾客的自尊心。

语调要柔和。与顾客讲话时，服务人员的声音不宜过大，以对方听清楚为宜。音量如果过高、过强，就会使自己显得生硬、粗暴。相反，如果服务人员的音量过低、过弱，则又会使自己显得有气无力，因而会令对方感到沉闷不堪，甚至还会产生一种被怠慢的感觉。

（七）语言要通俗易懂

服务人员在与客人交流的过程中，要尽可能地选择通俗易懂的语言，使客人能够听明白，增加服务的可感知性。

三、常用礼貌用语类型

（一）问候用语

在服务岗位上，一般要求服务人员对问候用语勤用不怠。问候语言既要简明扼要又要规范。在日常的使用中，问候用语可有以下几种：

【教学互动 5－2】

凭你的感受，你觉得身边的服务人员语言规范吗?

（1）标准式问候用语，即直截了当地向对

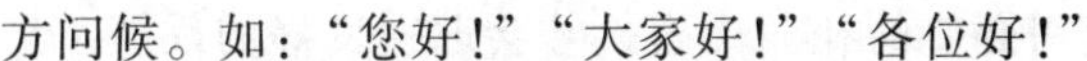

方问候。如：“您好！”“大家好！”“各位好！”

（2）时效性问候用语，即在一定的时间范围之内才有作用的问候用语。如“早上好！”“中午好！”“晚上好！”

（3）节日性问候用语，即在节日前或节日后的问候用语。如：圣诞节、新年、国庆节等，可问候：“节日快乐”“圣诞快乐”“新年愉快”等。

（二）迎送用语

主要适用于服务人员在自己的工作岗位上欢迎或送别服务对象。

在服务过程中，服务人员不但要自觉地采用迎送用语，而且必须对于欢迎用语、送别用语一并配套予以使用。这样，才能使自己的礼貌待客有始有终。

服务人员使用欢迎用语时应注意以下几点：

（1）欢迎用语一般要使用“欢迎”一词。最常用的欢迎用语有：“欢迎！”“欢迎光临！”“恭候光临！”“欢迎您的到来！”“见到您很高兴！”

（2）如果顾客再次到来，应以欢迎用语表明自己记得对方，让对方有被重视之感。例如，“欢迎您再次光临本店！”“先生，我们又见面了！”

（3）在使用欢迎用语时，通常应当一并使用问候语，并且在必要时还须同时向顾客主动施以见面礼，如注目、点头、鞠躬、握手等等。

服务人员在使用送别用语时应注意：

（1）不要忘记使用。即使顾客因故没有消费时，服务人员也要同样使用送别语，切不可在顾客离去时默不作声。

（2）不要滥用。在有些特殊的服务部门里，有些送别语假如使用不当，便会令人感到不甚吉利。例如，在医疗部门，对于病愈出院者，如果说：“欢迎再来！”就很不合适了。

（3）声音响亮有余韵。

（三）致谢用语

服务人员在一些情况下，需要及时使用致谢用语，向他人表示感激之情。比如，在得到他人支持时，赢得他人理解时或受到他人赞美时等等。

标准式的致谢用语通常只包括一个词汇——“谢谢！”在任何需要致谢之时，都可以采用这种致谢形式。

有时为了强化感谢之意，可以在标准式致谢用语之前，加上某些副词。如：“十分感谢！”“非常感谢！”“多谢！”等等。

如果是因为某一具体事宜而向人致谢时，可把致谢的原因一并提及。例如，“有劳您了！”“让您费心了！”等等。

（四）征询用语

征询用语确切地说就是征求意见询问语。在服务过程之中，服务人员往往需要以礼貌的语言主动向顾客进行征询，如果省略了它，会产生服务上的错乱。征询用语如果使用不当，会使顾客很不愉快。在征询时，只有使用必要的礼貌语言，才会取得良好的反馈。

服务人员在自己的岗位上服务他人时，遇到下述情况，一般应当采用征询用语：一是主动提供服务时；二是了解对方需求时；三是给予对方选择时；四是征求对方意见时。一般来说，服务人员应用最广泛的征询用语主要有以下三种：

1. 主动式的征询用语

多适用于主动向顾客提供帮助的时候。如“我能为您做点什么？”“您需要什么？”“我可以帮助您什么吗？”

2. 封闭式的征询用语

通常用于向顾客征求意见或建议时。它往往只给对方一个选择方案，以供对方及时决定是否采纳。例如，“您需要来一杯咖啡吗？”“您喜欢这种款式吗？”

3. 选择式的征询用语

这种用语，是提出两种或两种以上的方案，以供对方选择。例如“今天午餐提供的热主菜有牛排配……，鸡配……，海鲜配……，您喜欢哪一种？”

（五）应答用语

这里特指服务人员在工作岗位上服务他人时，用来回应顾客的召唤，或是在答复其询问之时所使用的专门用语。应答用语是否规范，往往直接反映着服务人员的服务态度、服务技巧和服务质量。

应答用语就具体内容而论，主要可以分为三种基本形式。

1. 肯定式的应答用语

这主要用来答复顾客的请求。服务人员不能对顾客说一个“不”字，更不能对其置之不理。答复时，可以这样说：“我会尽量按照您的要求去做”“我知道了”“好的”“一定照办”，等等。

2. 谦恭式的应答用语

当顾客对于被提供的服务表示满意，或是对服务人员进行赞扬、感谢时，一般宜采用此类应答语。例如“不客气”“没关系，这是我应该做的”，等等。

3. 谅解式的应答用语

在顾客因故向自己致以歉意时，应及时予以接受，并表示必要的谅解。如“没关系”“我不会介意的”，等等。

（六）道歉用语

道歉用语是服务语言的重要组成部分，使用得好，会使顾客感觉是受到了尊重，对服务留下良好的印象。

在使用道歉语时，服务人员应注意两点：一是根据不同对象、不同事件、不同场合而认真地进行选择；二要诚恳主动。

常用的道歉用语主要有：“非常抱歉”“对不起”“请原谅”“打扰您了”“让您久等了”“给你添麻烦了”，等等。

四、服务语言的禁忌

服务人员在工作岗位上必须禁用的忌语，主要有如下四类：

（一）不尊重之语

一般来说，不尊重之语多是触犯了顾客的个人忌讳，尤其是与其身体条件、健康条件等方面相关的某些忌讳。对老年的服务对象讲话时，绝对不宜说："老家伙""老东西""老婆子"之类。跟病人交谈时，尽是不要提"病号""病鬼"等字眼。对残疾人，切忌使用"聋子""瘸子""呆子"等词。对体胖之人不宜称"胖子"、个矮之人不宜说"矮子"等。

（二）不友好之语

无论在何种情况下，服务人员都不能对顾客采用不够友善，甚至满怀敌意的语言。例如，"不买看什么""问别人去""你吃饱了撑的呀""谁怕你呀，我还不想侍候你这号人呢""我就这个态度""本人坚决奉陪到底"、"愿意去哪儿告都行"等等。

（三）不耐烦之语

面对顾客，服务人员要针对不同的情况提供各种不同的服务，要有热情、有足够的耐心。要努力做到：有问必答，答必尽心；百问不烦，百答不厌；不分对象，平等待人。诸如"有完没完""交钱快点儿""到点了，你快点""别罗嗦，快点讲""累死了""烦死了"等，都是不应讲的。

（四）不客气之语

服务人员在工作中，像"老实点""不能换，就这规矩""弄坏了你管赔不管赔""没有零钱"这样的不客气话语，是绝对不能说的。

除以上四点外，使用服务语言时还应注意禁止使用方言，除非顾客要求；在工作区域不要讲与工作无关的事情。

课上练习

礼貌用语训练

［**练习目标**］在不同的场合面对不同的顾客得体使用迎送语言。

［**练习方法**］设置情境，使用礼貌用语。

请 3 名同学。1 人扮演服务员、1 人扮演顾客、1 人旁白变换不同场景，然后开始礼貌用语对话演示。

第二节
柜台服务语言

柜台语言就是在柜台内或是开架售货的货架旁，销售人员接待顾客所使用的语言。顾客与销售人员由柜台相隔，交易在柜台这块特殊的平面达成；围绕柜台这一特殊平面而在顾客与销售人员之间产生的语言交流是大量的，占了经营语言的大部分。俗话说“货卖一张嘴”。在柜台内外销售人员与顾客之间用语言这一交际工具交流感情、沟通思想、融洽关系、解决矛盾，目的就在于达成交易。销售人员的话语只有适合顾客心理，才能为顾客提供最佳服务，并创造经济效益。

柜台语言的运用，受到环境的、对象、不同销售季节的制约；而且在一个销售过程的不同阶段也会对语言有不同的要求。因此，销售人员恰当地选择和运用柜台语言，是搞好柜台营销的重要前提。

一、柜台语言的特点

（一）灵活性

灵活性是柜台语言的根本特点。柜台语言的灵活性要求销售人员接待顾客时反应要快，应变能力强，善于根据特定环境和特定的服务对象，机动灵活地运用经营语言，不拘泥，不呆板。

销售人员在柜台服务的全过程中要做到：主动灵活地同顾客打招呼；善于运用灵活热情的语言接待不同身份、不同性格的顾客；善于灵活地运用送别顾客的语言。

销售人员在灵活运用柜台语言之时，还应遵循“客来我迎，客走我送，客停我问，客动我跟，客急我快，客慢我缓，客选我帮，客疑我释，客忧我排，客难我解，客火我静，客争我劝，客对我歉，客错我揽”的服务规范，切不可随意灵活。

（二）丰富性

首先，顾客的年龄、职业、性格等因素的差异决定了柜台语言的丰富性。对销售人员来说，接待不同的顾客需要用不同的语言，可以说，柜台语言包含着社会科学中多学科的知识，比如语言学、心理学、社会学等。

其次，商品的丰富性也决定着柜台语言的丰富性。大量的商品知识构成了柜台语言的一部分。销售人员几乎每天都要接受关于商品的新知识，要做一个合格的销售人员，不仅要掌握一定的礼貌用语，还应具备丰富的商品知识。

（三）针对性

柜台语言是面向顾客的，顾客又是由一个个特定的人构成的，在接待某一个顾客时，柜台语言又体现出其针对性。销售人员在接待顾客时，要因人而异，根据不同的顾客选用不同的服务语言。如面对沉默寡言的客人，销售人员忌不理不睬，冷落对方；对性格急躁的客人，销售人员说话忌像对方那样急躁，否则容易顶撞。

（四）简洁性

柜台语言要简明扼要。热情服务，并不是话越多越好。柜台环境决定了柜台语言的简洁性，销售人员面对众多的顾客，对每位顾客的问题都要作出回答，就不可能使销售人员有长篇大论的时间。

二、柜台语言的运用

（一）打好招呼

打招呼是对别人表示关注的行为，也是一种主动性行为。顾客一进门，销售人员热情洋溢、自然大方、恰到好处的打招呼，可以使顾客立即产生温暖如春、宾至如归的感觉，使销售人员与顾客之间迅速建立起信任的关系，从而为服务工作的进一步展开奠定了良好的基础。

打招呼应注意以下两点：

1. 掌握好“打招呼”的最佳时机

有的顾客无既定购物目标，他们抱着有合适的商品就买，没合适的就不买的心理。对这类顾客，销售人员应把握“适时”二字，注意观察顾客巡视的热点，当顾客在柜台前停留并注视某种商品，或顾客之间议论某种商品，或顾客在柜台前慢步寻找某种商品时，销售人员便可以用征询的口吻打招呼。

有的顾客进商店不一定是来买东西的，也就是通常讲的“逛商场”的那一类，但在逛的过程中并不排除他会临时看中某种商品，下定购买的决心。对这类顾客，要掌握好“打招呼”的时机，如果问得太紧，反而会把顾客“逼”走。如一位小姐随意地走到一化妆品柜台前，只是随便看看，而此时营业员上前问道：“你好，请问你想要什么？我帮你拿。”这位小姐本来就没有准备买，听到这样的招呼，只好离开柜台走了。

还有些顾客的购物目标是单一的，他们或是知道这里有某种商品，或是奔着某种久而偏好的老商品而来。这类顾客一般不左顾右盼，而是脚步轻快，直接走向某一柜台。对于他们，销售人员应该注意“及时”二字，在顾客临近柜台的瞬间，即顾客距柜台 1 米左右、目光与销售人员相遇时，销售人员要主动打招呼，迅速完成服务过程。

2. 称谓要恰当

（1）使用称谓要注意语言习惯和职业特点。

“同志”是我们使用最普通的一个称谓语。以“同志”相称，既热情又有礼貌，对于初次交往或陌生人称“同志”比较合适。

对年老的顾客，城市的一般称“老同志、老师傅、老先生”，农村的一般称“老大爷、老大娘”等。

对少年儿童顾客可以称“小朋友、小同学”等。

对外宾或归国华侨，要称“先生、太太、夫人、小姐、女士”等。

对两人以上一起来的顾客，应该用“你们、诸位、各位”等广泛性称呼，避免使顾客产生“厚此薄彼”的感觉。

（2）使用称谓要注意主次关系及年龄特点。

如果顾客是带小孩来的，第一句话可以先对小孩说；如一对青年男女来到柜台前，第一句话对女青年说比较合适。

使用称谓时，还要考虑心理因素。如对中年女性，不要使用老字，对少女不要用“大姐”，可用“小姐”等称呼。

（二）根据销售时节选择合适的柜台语言

商品天天在卖出，顾客天天在购物，但在不同的销售时节，顾客的购物动机、目的、心理是不同的，对销售人员的语言、动作要求也不一样，因此，销售人员要根据销售时节的变化，选择合适的柜台语言来接待顾客。

1. 节日前购物

这里的节日多指中国民间的传统节日，如春节、中秋节、端午节等。节日前的顾客多属于“既定型”的购物，即顾客购买的商品多数与节日有关，目标明确。对于这类顾客，销售人员应该及时地接近他们，与他们打招呼。如端午节前夕，很多人在等待买粽子的情况下，销售人员可以直接问“您想买哪一种？”“您买多少？”等。

2. 节日期间购物

节日期间，逛商场的顾客多为“巡视型”顾客，他们无既定的购物目的，但如果发现了合适的商品，也会产生购买动机。销售人员在接待这些顾客时，应面带节日的喜悦之气，并能够让顾客自由自在地巡视和浏览商品，不要急于同他们打招呼。

3. 闲散季节购物

节日过后，或每周的星期一，商场的顾客会明显减少，形成商业活动的一个低谷时期，这些时候，销售人员面对顾客，可以通过礼貌的服务语言在感情上接近顾客，抓住时机向顾客介绍商品知识，当好顾客的参谋。

（三）善于介绍商品

销售人员向顾客介绍商品，目的是让顾客了解和熟悉商品，促进其购买欲，有效地扩大服务范围。

介绍商品时，应注意以下几方面：

1. 介绍商品语言的四个要点

（1）真实可靠。销售人员在介绍商品时，必须把商品的长处和短处，商品的价格等如实地向顾客说明，有一说一，有二说二，不弄虚作假，不言过其实。这样才会取信于顾客，引起顾客购买的兴趣。

（2）简洁明了。介绍商品时，切勿长篇大论、滔滔不绝地说个没完，使顾客心生厌烦。应该简明扼要地介绍，让顾客听得清楚明白。如顾客问："有好酒吗?" 应该答 "有" 顾客问："有哪些名牌?" 应该答："茅台、五粮液、剑南春、古井贡酒都有。" 而如果回答："好酒多得是，不知您是要白的还是红的，要高度的还是低度的？要进口的还是国产的?" 就显得太罗嗦。

(3) 通俗易懂。销售人员在介绍商品时，应尽量避免使用一些行话或专业术语，即使使用，也要用通俗易懂的语言加以解释，使顾客听得懂，容易接受，能够解决实际问题。

(4) 风趣。销售人员应用生动灵活、风趣的语言来缩短与顾客的心理距离，以求迅速消除陌生感，增强信任感，从而达到顺利实现服务的目的。

2. 根据顾客的购买心理来介绍

购买心理是顾客在购物过程中所产生的一种积极主动的心理特征。一方面表现为稳定的购买心理。如老年人的怀旧心理，青年人重时尚的心理等；另一方面表现为瞬间购买心理，即顾客在浏览商品中产生的突发性购买心理。这两种心理在购买过程中随时发生着变化，决定着顾客的买与不买。要引导顾客购买，关键看销售人员的销售技巧和销售语言的作用。

例如，有些顾客逛商店，并非是要买什么东西，对待他们，如果有礼貌地对其说："打开看看吧，也许您会喜欢"，边说边把商品递到顾客的面前，以诱发顾客的购买的兴趣。如果顾客对商品仔细端详，销售人员应抓住机会，介绍商品的显著特色，加剧顾客的购买欲望。如："这是我们这儿的主打产品，用过的人都说好，顾客回头率比较高，您也买一件回去试试吧。"

除上述要点外，销售人员介绍商品时还应自信，用肯定口吻陈述商品的优、廉、美等；介绍其他商场的商品时，不要贬低竞争者。

（四）准确无误地解答顾客的各种提问

顾客在挑选商品时，总会有一些这样那样的问题，销售人员在解答时，应做到以下几点：

1. 解答要热情，声音要轻柔，答复要具体

解答时，应面对顾客，文明解答，不可低头不理，或者含糊其辞。

2. 应礼貌答对，不能冲撞顾客

即使顾客所提出的问题在销售人员看来非常幼稚，甚至是 "多余" 的，销售人员都应很礼貌地答复，切不可露出不屑一顾的表情，甚至嘲笑顾客，避免伤害顾客的自尊心。

3. 要有耐心

有时顾客会不时地发问或者反复问同一个问题，有时几位顾客会同时发问，让人不知听谁的好。面对这样的情况，销售人员应有充分的耐心，沉得住气，详细地解答。做到：百问不厌，百挑不嫌，帮助顾客当好参谋。在态度上，要做到不计较顾客要求的高低；不计较顾客挑选的次数；不计较顾客语言的轻重。

4. 要真诚解答，实事求是

对商品的质量，材料等，都应真实介绍，绝不夸大其词，弄虚作假。

5. 不要急于拒绝顾客

在经营过程中，柜台销售人员常会遇到一些棘手的问题，如顾客要买的商品无货，顾客要求退换商品，要求商品打折等等。遇到这类问题时，销售人员应运用委婉的待客语言，一般不直接拒绝顾客。例如，当顾客要求商品打折而销售人员无权处置时，不要直接拒绝顾客的要求，应该通过向顾客介绍同样质量的商品在其他商场的价格情况，以有理有据的方式回绝顾客。

（五）礼貌送别顾客

送别顾客是结束服务的礼节性表示。送别顾客的目的是“欢迎再来”，因此顾客离开时，不论是否购买商品，都应礼貌告别。送别语要使顾客听后感到亲切、温暖、留恋、难忘，并由衷地产生还想再来的想法。

送别语通常有以下几种：

1. 通用的送别语

通用的送别语往往是和结束服务的动作连在一起的。如：“谢谢光临!”“欢迎再来!”“慢走!”“再见!”等等。

2. 关心性送别语

关心性送别语多用于特殊的顾客或粗心的顾客。如“大爷，请拿好，您慢点走!”“东西拿好了。”等等。

3. 连锁性送别语

顾客在购买大件商品时，往往会多次调查、多家商场比较之后才实施购买。对这些顾客，送别时应突出欢迎顾客再来的意思。如：“您可以再到别的地方看看，比较一下，如果质量相当，欢迎您到我们这里购买，我们会做得更好。”

三、柜台语言五禁六不讲

（一）五禁

①禁废话；②禁谎话；③禁半句话；④禁无礼话；⑤禁讽刺话。

（二）六不讲

①低级庸俗话不讲；②生硬唐突话不讲；③讥笑挖苦话不讲；④粗鲁侮辱话不讲；⑤欺瞒哄骗话不讲；⑥不耐烦催促人的话不讲。

第三节
餐厅服务语言

一、餐厅服务语言的基本要求

（一）简洁明了

服务人员在服务时不宜多说话，只要清楚、亲切、准确地表达出自己的意思即可。重要的是启发顾客多说话，让他们能在这里得到尊重，得到放松，释放自己心理的压力，尽可能地表达自己消费的意愿和对餐厅的意见。

（二）委婉灵活

饭店服务人员要具备语言的应变能力，要能够根据不同的场合、具体情况灵活使用语言。

（三）声音柔和

传统服务是吆喝服务，鸣堂叫菜、唱收唱付，现代服务则讲究声音柔和，为客人保留一片宁静的天地，要求“三轻”，即说话轻、走路轻、操作轻。

（四）吐字清晰

服务人员在服务过程中要吐字清晰，让顾客听得清楚、明白。如果吞吞吐吐、含含糊糊，就会妨碍主客之间的沟通，耽误正常的工作，并给顾客留下极不好的印象。

（五）使用普通话

即使是因为地方风味和风格突出的餐厅，要采用方言服务才能显现出个性，也不能妨碍正常的交流。因此这类餐厅的服务员也应该会说普通话，或者要求领班以上的管理人员会说普通话，以便于用双语服务，既能体现其个性，又能使交流做到晓畅明白。

（六）服务要有“五声”

①即宾客来时要有迎客声；②遇到宾客时要有称呼声；③客人帮忙或表扬时要有致谢声；④服务不周或客人不满时要有致歉声；⑤宾客离店时要有送客声。

在有五声的同时，还要注意杜绝“四语”：①蔑视语；②烦躁语；③否定语；④斗气语。

二、餐厅服务中的语言运用

(一) 欢迎语

开餐前，迎宾员应仪表仪容整洁、端庄，立于餐厅门两侧，做好迎宾准备。客人一进门，迎宾员应面带微笑主动上前招呼客人。俗话说：人受一句话。顾客来饭店用餐，是为了求得愉快的服务。迎宾员热情的招呼，会使顾客产生被人尊重的感觉，心理反应就会很高兴，对服务也有了美好的第一印象。

使用欢迎语时应注意以下两点：

1. 注意称呼

服务员在称呼宾客时有下列要求：恰如其分；清楚、亲切；灵活变通。

在吃不准的情况下，一般称男士为先生，称女士为小姐。但是如果是老顾客前来用餐，如果服务人员知道顾客的姓名或职务，再称呼他为先生就不恰当了。

例如，刘先生的一位多年未见面的好友远道而来，刘先生便带这位好友去了某饭店。刚进入餐厅，迎面一位引座小姐笑容可掬地走上前来道："刘先生，欢迎您再次光临，请跟我来，我马上给您安排。"这一句话听得刘先生又惊又喜，惊的是以前确实来过一次，想不到这位小姐还记得他姓什么；喜的是经她这么一招呼，使得刘先生在朋友面前觉得很有"面子"。

2. 说好问候语

例如："先生，您好！""早上好！""中午好！""晚上好！""国庆好！""中秋好！""春节好！"等等。

对这类语言的处理，有下列要求：

(1) 简练规范。

(2) 要有时效。问候语不能是"先生你好！"一句话，应该让客人有一个时效感，不然客人听起来就会感到单调、乏味。例如，春节时如果向客人说一声"春节好！"就强化了节日的气氛。

(3) 注意距离。问候客人时，一般在客人离你 1.5 米的时候进行问候最为合适。对于距离较远的客人，只宜微笑点头示意，不宜打招呼。

(4) 配合微笑、点头、鞠躬等见面礼。对客人只有问候，没有见面礼的配合，是不太礼貌的。

另外，还应注意客人进门不能先说"请问您几位？""请问您用餐吗？"这时我们只宜表示欢迎，然后说"先生，请随我来！"到了大厅或者电梯里后，才能深入询问。

(二) 征询语

征询语常常也是餐厅服务的一个重要程序，如在恭请客人点菜后，服务员要主动征询客人还需要什么酒水、饮料等；在撤盘之前要征询客人的意见。如果没有征询语，就会产生服务上的错乱，会使顾客很不愉快。如客人已经点了菜，服务员不征询客人"先生，现在是否可以上菜了?”“先生，你的酒可以开了吗?”就自作主张将菜端了上来，将酒打开了。这时客人或许还在等其他重要客人，或者还有一些重要谈话没有结束，你这样做，客人就会不太高兴。

使用征询语时要注意以下几点：

1. 注意观察

如当客人东张西望的时候，或从座位上站起来的时候，或招手的时候，都是在表示他有想法或者要求了。这时服务员应该立即走过去说“先生/小姐，请问我能帮助您做点什么吗?”“先生/小姐，您有什么吩咐吗?”

2. 用协商的语气

如“真对不起，这道菜需要一定时间，您能多等一会儿吗?”

3. 注意征询意见

要得到客人同意后再行动，不可自作主张。

(三) 拒绝语

有时，来饭店就餐的客人会向服务员提出各种各样的要求，有些是经过努力也无法满足的要求，此时，服务员不能直接使用“不行”“没有”这类的拒绝语言，而应当先肯定，后否定，客气委婉。如“谢谢您的好意，不过……，恐怕这样会违反酒楼的规定，希望您理解。”

服务人员在拒绝客人的时候，为了不让客人失望，应积极启发引导客人考虑其他的途径。如一个客人点了一份八宝粥，虽然餐厅里已经没有了，服务员仍然说：“好的！不过今天八宝粥已经卖完了，现在还有黑米粥、玉米粥、西米粥、皮蛋瘦肉粥，都很有风味，换个口味好吗?”于是客人欣然点了玉米粥。

(四) 提醒道歉语

提醒道歉语是服务语言的重要组成部分，使用得好，会使客人在用餐的过程中随时都感受到了尊重，对餐厅留下良好的印象。同时提醒道歉语又是一个必要的服务程序，缺少了这一个程序，往往会使服务出现问题。

服务之前要先提醒一下，例如：“对不起，打搅一下！给您……好吗?”当然不必给桌上的每一个客人都要说一次“对不起”这样的话，但给主宾位的客人或第一个客人服务时，一定要采用道歉语。以后依次服务采用手势就行了。

(五) 答谢语

客人付款后，要表示感谢；客人表扬、帮忙的时候要表示感谢；就餐客人提出一些菜品和服务方面的意见时，不管他提得对不对，也都要向其表示感谢。答谢语要清楚爽快。答谢时要有明确的称呼，使你的致谢专一化，如“谢谢您!”“谢谢您的夸奖!”“谢谢您的鼓励!”“谢谢您的合作!”“谢谢您的提醒!”等等。如果要感谢的是几个人，那就要明确说出来“谢谢大家”或“谢谢诸位”。致谢时要有一定的体态语，头部可以轻轻点一下，目光要伴随着微笑注视对方。

（六）告别语

客人结完账起身离座时，服务人员应及时拉椅让路方便客人离开。同时提醒有否遗忘随身物品，并友好告别。如："先生（小姐），欢迎您下次再来，再见！""希望您吃得满意，欢迎再来。""先生您走好！"等等。在使用告别语的时候，声音要响亮有余韵，饱含感情，并躬身施礼，目送客人离去。

三、餐厅服务忌语

①你要什么？②你要饭吗？③还要不要菜？④你吃得起吗（你吃不起）？⑤吼什么吼，吃饱了撑的呀。⑥不是你吃的。⑦嫌贵，就别吃。⑧还吃不吃？⑨有你能吃得吗？⑩菜没做好，我有什么办法。⑪快点儿吃，时间不早了。

第四节
宾馆服务语言

宾馆服务质量是宾馆的生命线，是宾馆的中心工作。在激烈的竞争中，最根本的是质量的竞争。要提高服务质量，不仅要向客人提供热情服务、周到服务，而且要提供礼貌服务。在服务中注重礼仪、礼节、仪表，讲究举止、语言、执行操作的规范，是礼貌服务的外在表现，是使客人在精神上感受到的服务。而在宾馆提供的各种服务中，客人首先感觉到满意的是宾馆服务人员的语言艺术。

一、宾馆服务语言的运用

（一）前厅服务语言

前厅，是指进入宾馆大门后到宾馆客房、餐厅之前的公共区域。前厅是每一位宾客抵离宾馆的必经之地。其业务范围通常是包括接待、订房、问讯、行李、总机等职能部门，为客人提供登记、接待、订房、分房、换房、问讯、电话、订票、留言、行李、退房等各项服务。前厅服务的好坏不仅决定客房出租率和经济效益，而且反映宾馆的服务质量和管理水平，直接影响到宾馆的信誉。因此，前厅部服务人员的素质要求和礼貌礼仪服务应有较高的要求。

1. 前厅服务人员的语言要求

（1）说普通话。如果因宾馆地处环境的需要，还应掌握诸如闽南话、广东话等常用的方言，以利于在接待港、澳、台人士和华侨时相互沟通。

（2）发音准确、音调适中、音质好、表达流畅，并具有相应的理解能力。

（3）应学习一至两门外语，并对其中一门外语的应用达到一定水平，以应付工作中不时之需。

(4) 有幽默感。在接待宾客时，语言不能生硬呆板，而应具有幽默性。前厅部服务人员在与客人交谈时，运用生动幽默的语言，不仅能打破僵局、缓和气氛、便于处理问题，而且能使客人觉得宾馆员工有较高的文化艺术修养，从而使感情融洽。

(5) 灵活。前厅服务员工要能够用热情灵活的语言处理一些事项，使客人满意。对于一时不能做到的、违反原则要求的事项，也要灵活地向客人解释清楚。

2. 应接人员的服务语言

前厅应接员即迎宾小姐（先生），是迎送宾客的专门人员，应仪表整洁，仪表端庄，精神饱满，精力集中。做到客来有迎声，客走有送声。

(1) 见到宾客光临，不应以貌取人，而要一视同仁，应主动上前，彬彬有礼地表示热情欢迎："您好，欢迎光临！"同时用手示意客人进入宾馆大厅，如非自动门或旋转门时，要为客人拉开正门。对常住客人切勿忘记称呼他的姓氏。当宾客较集中到达时，应不厌其烦地向宾客微笑点头示意、问候，尽量使每一位宾客都能听到亲切的问候声。

(2) 客人离店时，要礼貌告别，如"欢迎下次再来，再见！""欢迎再次光临"等，并目送离去。

3. 总台服务语言

宾馆的总服务台是宾馆的"窗口"，又是整个服务工作的枢纽。宾馆给客人的印象如何，在很大程度上取决于总台的服务质量。因此，总台所有在岗的接待人员、问讯员、订房员、结账员、话务员等都应尽心尽力，认真地做好礼貌服务。

(1) 接待服务语言。住店客人的接待工作主要由接待员负责。接待员应站立服务，精神饱满，举止自然大方，精力集中，准备随时接待宾客。

例如，客人来到总台，接待员应面带微笑，热情问候招呼："先生（小姐），您好！欢迎光临！""请问，您预定客房了吗？""请问，您需要我帮忙吗？"如果客人是第一次来，要主动地向客人介绍宾馆的客房情况。听清楚客人的要求后，要尽量按客人的要求安排好房间，协助客人填写住宿登记单。在不失礼节的情况下，认真验看客人的证件，与登记单核对无误后，要有礼貌地将证件交还，并致谢："先生（小姐），让您久等了，谢谢！请收好。"当知道客人姓氏后，要尽早称呼姓氏，既显热情亲切，又是尊重客人的一种表现。

把客房钥匙交给客人时，不可一扔了之，而应有礼貌地说："××先生（小姐），这是房间的钥匙，祝您愉快！"

重要客人进房后，要及时用电话询问客人："这个房间您觉得满意吗？您如果还有什么事情，请尽管吩咐，我们随时为您服务！"

当客人对宾馆有意见来接待处陈述时，接待员要面带微笑，全神贯注地倾听，切忌与客人争辩或反驳。要以真挚的歉意，妥善处理。

如客房已客满，要耐心解释，并热情为客人推荐其他宾馆，要当着客人的面，主动打电话与其他宾馆联系。

（2）问讯服务语言。为客人提供咨询等服务的是问讯员。问讯员对每位客人都必须彬彬有礼，一视同仁。

对有急事而词不达意的客人，应劝其安定情绪后再问，可说："先生（小姐），请慢慢地讲，我仔细听"；对于长话慢讲、细述详问的宾客要耐心，听清要求后再回答；如果客人的语言很难听懂则要仔细听清楚后再回答，不能敷衍了事或拒之门外；如多人同时问讯，应先问先答，避免怠慢，使不同的问讯客人都能得到热情接待和满意答复。

答复宾客的问讯，要做到有问必答，百问不烦，口齿清楚，用词得当，去繁就简，节时高效。注意，一是忌向客人轻易说"不知道"，使客人产生失望感。二是忌采用"也许""大概""可能""差不多"等模棱两可、似是而非的语句来回答客人，使客人似知非知。遇到自己确实不清楚的疑难问题，不要不懂装懂，随意回答，而应该真挚地向客人表示歉意，请客人稍候，然后迅速查阅有关资料或向有关部门、人员请教，再给客人以满意的答复。

当遇到客人犹豫不决，拿不定主意时，可通过察言观色等适时介入，热情为客人提供信息，当好客人的参谋。

当有住店客人的来访者前来问讯时，接待人员应该讲究一点回答的技巧。如果知道客人不在宾馆，也不要马上回答说："他（她）不在"，这样很容易让来访者产生怀疑，觉得宾馆的服务不够热情。因此，遇到这种情况时，如有可能，还是给客房打个电话，必要时再请人在宾馆内找一下，让来访者感到客人确实不在。

（3）结账服务语言。结账服务语言应注意以下几点：

①客人来总台付款结账时，要笑脸相迎，热情问候。②收款项目要当面说清楚，不能丝毫含糊，以免引起客人对收费的怀疑。③宾客结账完毕，要向客人致谢告别："谢谢，欢迎您再次光临！再见！"致谢时一定要满怀诚意，不要有气无力，也不必声调高扬。

（二）客房部服务语言

宾客由行李员引领到楼层时，客房服务员应面带微笑，热情、亲切地问候："您好，欢迎您！"等，如逢值节假日迎宾时，应对每一位客人特别给予节日的问候，如"新年好！欢迎光临！""春节快乐！欢迎您的到来。"等。语调要亲切自然，感情要真挚，使客人有温暖的感觉。

客人进入房间后，服务人员应及时送上茶水和香巾，并以柔和的语调说"请用茶""请用香巾"等，同时自我介绍并表示"愿为您服务"等。

对于初次到宾馆住宿的客人，应简明扼要地介绍房间设备及其使用方法、注意事项，还可简介宾馆的各种设施，帮助客人熟悉环境。在问清客人暂时没有其他需求后，应及时退出房间，并向客人告别。

平时在房间内或在楼层与客人相遇时，服务员应主动问候或打招呼，不可视而不见不予理睬。问候打招呼要用规范敬语，如"您好"等，不要随意用"嗨"等日常与熟人说话的口气打招呼，也不要用“您吃饭了吗?”或“您上哪儿去?”等平时习惯用语。

服务员因事要进入客房，必须讲究礼节，先按门铃两下，未见动静，再用中指的骨节有节奏地轻敲房门三下，同时自报：“客房管理员”。如客人开门或呼“请进”，则礼貌地说：“对不起，打扰了，现在可以……吗?”

二、宾馆服务的语言技巧

（一）语言委婉灵活

宾馆服务语言要委婉灵活。客人和服务员之间、客人和宾馆之间一旦出现一些不愉快或者疑问时，委婉灵活的语言则会使问题得到圆满的解决。这就要求宾馆员工要具备语言的应变能力。

例如，某宾馆一位服务员在打扫客房时，当敲一位客人的房门时，声音从小到大，无人答应，于是他拿出钥匙开了门。没想到房内有人，而且见服务员进来很不高兴。这位服务员没有同客人争吵，而是心平气和地说：“对不起，可能我敲门的声音小了，您没听见。”这位服务员用这种委婉的表达方式，既不卑屈也不失礼，客人听后也没什么意见可提了。

有的宾馆客人可能会提出一些无法给予满足或违反宾馆规定的要求，这时候更需要服务员灵活地给予答复。如一位住在某宾馆的客人，要求服务员出去制止外面街上的交警吹哨子，说是影响他休息。对于这类显然无法直接满足的要求，服务员也没有断然回绝客人，而是首先向客人受到干扰表示同情和关切，对于客人的要求表示“十分理解”，然后对不能满足客人的要求表示了歉意，还设法帮助客人调换了房间，使客人对宾馆的热情服务感到非常满意。

（二）语言幽默

在《毛泽东、尼克松在1972年》一书中记载了这样一件事：

尼克松总统一行抵达上海，下榻于锦江饭店。尼克松夫妇被安排在15层，基辛格国务卿在14层，罗杰斯、格林等其他国务官员住在13层。一天，周恩来总理特地去看望罗杰斯及其助手们。当电梯标志牌上的“13”处亮了红灯时，周总理恍然大悟似地说：“怎么安排他们住第13层呢？西方人最忌讳13……”周总理走进罗杰斯的套间时，那些官员们站了起来，但笑得很不自然。周总理在寒暄后说道：“有个很抱歉的事情，我们忽视了，没有想到西方风俗对‘13’的避讳”。周总理转而风趣地说：“我们中国有个寓言，一个人怕鬼的时候，越想越可怕，等他心里不怕鬼了，到处找鬼，鬼也就不见了……，西方的‘13’就像中国的鬼”。机智幽默的语言听得众人开怀大笑。

由上例可见，幽默的语言可以使紧张气氛变得轻松，具有很强的表情达意的效果。幽默的语言更是宾馆服务员工应具有的语言素质。

三、宾馆服务忌语

①那上边不是写着吗，自己看去。②没有你要的那种规格。③也不看看门面，就跨了进来。④瞧你那德行，一副穷酸像。⑤到底要哪一间？⑥你烦不烦？⑦只有这间（铺）啦，你住不住？⑧有你那样要求的吗？⑨换班啦，你等着。⑩嫌贵，找便宜的去。

本章小结

※ 服务语言要符合以下七个方面的要求：一是做到称呼恰当；二是简明扼要；三是清晰准确；四是用词文雅；五是态度和蔼；六是选择合适的句式和语调；七是通俗易懂。

常用礼貌用语类型有：问候用语，迎送用语，致谢用语，征询用语，应答用语，道歉用语。

服务语言的四类忌语：不尊重之语；不友好之语；不耐烦之语及不客气之语。

※ 柜台语言就是在柜台内或是开架售货的货架旁，营业员接待顾客所使用的语言。它具有灵活性、丰富性、针对性和简洁性的特点。

柜台语言在运用时，要注意五个方面：一是打好招呼；二是根据销售时节选择合适的柜台语言；三是善于介绍商品；四是准确无误地解答顾客的各种提问；五是礼貌送别顾客。

柜台语言应做到五禁六不讲。

※ 餐厅服务语言的基本要求是：简洁明了，委婉灵活，声音柔和，吐字清晰，使用普通话，服务要有“五声”。

餐厅服务语言在运用时，要注意的方面有：一是欢迎语；二是征询语；三是拒绝语；四是提醒道歉语；五是答谢语；六是告别语。

※ 宾馆服务应注意语言技巧，如语言的委婉灵活、语言的幽默。

思考与实训

一、填空题

1. 服务语言要符合七个方面的要求：一是________；二是________；三是________；四是________；五是________；六是________；七是________。

2. 常用礼貌用语类型有：________，________，________，________，________。

3. 服务语言的四类忌语：________；________；________及________。

4. 宾馆服务语言在运用时，要注意________和________。

5. 服务人员在与顾客交谈之前，要善于对__________进行必要的观察、了解和定位，并且依照对方不同__________、__________、__________、__________以及__________，而适当地有所区别。

6. __________是柜台语言的根本特点。

二、判断题

1. 服务人员在服务时要多说话。 ( )
2. 服务人员在与顾客交谈时，尤其是在与之进行正式的交谈时，要多用俗语。 ( )
3. 柜台语言的运用，受到环境、对象、不同销售季节的制约。 ( )
4. 提醒道歉语是服务语言的重要组成部分，同时又是一个必要的服务程序。 ( )
5. 使用称谓要注意语言习惯和职业特点。 ( )

三、简答题

1. 服务语言的基本要求有哪些？
2. 举例说明柜台服务、餐厅服务、宾馆服务的语言技巧。
3. 作为一名服务工作者你如何理解“顾客永远是对的”这句话的？

四、实训练习

(一) 背诵下面的日常礼貌服务用语

(1) 您好。(2) 请。(3) 请讲。(4) 请进。(5) 请坐。(6) 谢谢。(7) 对不起。(8) 欢迎光临。(9) 欢迎您下次再来。(10) 我明白您的意思了。(11) 请恕冒昧……(12) 再见。(13) 没关系。(14) 承蒙光临，非常感谢。(15) 让您久等了。(16) 请稍等。(17) 为您服务，非常高兴。(18) 欢迎选购。(19) 您需要什么，我给您拿。(20) 请多提意见。(21) 请慢走。

(二)【礼貌对话训练】

1. 实训目标：培养同学们自如地应用礼貌用语，养成习惯。

2. 实训方法：4 人一小组自设情境进行礼貌对话训练。

3. 实训步骤

(1) 将全班学生每 4 人一组分组，并选出小组负责人。教师说明训练内容及成果要求。

(2) 小组根据训练内容设计情境，由组长阐述。

(4) 小组长带领小组成员编排训练。

(5) 小组之间进行比赛。

4. 成果要求：

(1) 每个小组撰写出设计方案。

(2) 每个小组训练完后写出对其小组成员的评议。

（3）教师点评。

5. 成果考核：

礼貌对话训练成果评分表

评估指标	评估标准	小组评分	老师评分	实际得分
知识掌握情况（30分）	明确服务用语的基本要求；能自然得体地应用礼貌用语；掌握服务语言技巧；小组对话中有多种类型的礼貌用语；态度真诚，举止恰当。（每小点6分，分三个等级，1~2分；3~4分；5~6分）			
能力体现情况（30分）	能自学相关知识；场面应对自如；能用所学知识评价别人。（每小点10分，分三个等级，5分以下；6~7分；8~10分）			
成果（展示）完成情况（40分）	普通话标准；服务用语得体；评价准确；情境设计新颖。（每小点10分，分三个等级，5分以下；6~7分；8~10分）			
总成绩 ∑100	（小组评分、老师评分各占50%）			
老师评语	签名：　　年　月　日			
学生意见	签名：　　年　月　日			

第六章 说 服 口 才

【知识目标】

1. 了解求职面试、推销及谈判的基本内容
2. 理解各类说服口才的基本要求

【能力目标】

掌握各类说服口才的语言基本技巧和策略技巧

第一节 求职面试口才

求职，就是找工作，就是在就业市场上寻找自己理想的工作单位和工作岗位。求职并不是一件简单的事情，要经过一系列的准备步骤。其中重要的环节是面试，在面试中如何通过谈话和回答问题使得自己能被对方接受而获得想要的工作，即如何有效的推销自己是很关键的。

一、求职面试时的自我介绍

自我介绍是求职面试时的一项重要的内容，它一方面可以让面试主考官比较全面地了解求职者的工作经历、经验、特长、成绩及优缺点等，另一方面可以了解求职者的语言表达能力、自我评价能力、认识问题与分析问题的能力等。而要想在短时间内最有效、最充分地表现自我，更多、更好地让面试主考官了解自己，确实不是一件容易的事。由于介绍不当致使面试失败的，占不成功面试的60%以上。因此，如何进行自我介绍是每一位求职者所必须慎重考虑的。

（一）掌握分寸，不卑不亢

自我介绍时，应尽量扬长避短，既要实事求是，又要投其所需，多介绍自己比一般求职者更有利的条件，以充分表现自己的才能与自信，战胜竞争对手。但在介绍自己优点时，应不卑不亢，不可过分地抬高自己，自吹自擂，给人留下夸夸其谈、华而不实的印象。另外，在介绍优点的同时，有时也需要适当地、婉转地介绍自己的缺点，使对方感到你是一个诚实可信的人。但介绍缺点时要注意：一是不能多，以免冲淡优点；二是不能谈影响录用的缺点，因为用人单位不会喜欢一个有较严重的工作缺陷的人；三是不能自我贬低，一方面会让人觉得你很虚伪，不怀好意；另一方面就是让人觉得你是什么都干不了做不好的人。

另外，自我介绍在措词方面应掌握分寸，一般不宜用极端的词来夸耀自己的成绩和长处，如：“我领导能力非常强”“我在各个方面都很优秀”等等。

（二）要有针对性

求职者自我介绍可说的内容很多，但要想在短短的几分钟内充分展现你的优势，给主考官留下深刻的印象，就必须紧紧围绕你所求的职业岗位对人才的条件要求和招聘单位的用人标准有针对性地进行重点介绍，那些与此无关的特长、优点就没有必要多介绍了。

例如，有一位青年到一个火柴厂去求职，在面试自我介绍时，他主要介绍了他对于国内火柴厂的出品数量和销量、外国火柴在市场上的地位、各种火柴厂产品的比较、各竞争厂家的营业情形等的调查。这使招聘者对他在此方面上的广博研究大感兴趣，在几十个应聘者当中他的表现出类拔萃，结果不言而喻，机会垂青于他。

（三）语言要简明，事例要精当

在面试时，应简明扼要地介绍自己的能力和特长，特别强调你的“敬业精神”和工作能力，并举出一些事例加以证明，如在校期间担任什么职务，从事过何类社会实践活动，有过什么样的学术成果。但应注意，不可夸夸其谈，不可过多地列举自己的优点，把最明显的几个优点说出来就足够了，否则效果会适得其反。

【课上练习】 求职面试时自我介绍的训练

［**练习目标**］在面试中用最短的时间充分展现自我，提高有效的推销自己的能力。

［**练习方法**］

1. 首先让学生明确面试时自我介绍的原则。
2. 将全班学生每 5 ~ 6 人分为一组，并选出小组负责人。
3. 小组长带领小组成员完成任务。每个人在小组中介绍自我。
4. 每小组推荐一位代表在班级交流。

二、求职面试时的常见问题及策略技巧

（一）求职面试时的常见问题

求职面试时，招聘者手中往往拥有许多求职履历表，这里面的应聘者个个实力雄厚，要想在众多的应聘者中脱颖而出，关键在于能否对面试时的提问有出色的应对。

面试时的提问可能五花八门、多种多样，并且因人而异，很难有一个以不变应万变的答题模式。但常见的问话主要有以下 10 个：

1. 你的实力如何

这是问你是否体力充沛、全神贯注、充满自信、办事果断、反应灵敏、意志坚强。一位求职者这样回答："我的性格刚毅、果断、执着，做事讲求效率；我的工作态度是踏实肯干、认真负责、爱岗敬业；我的奋斗目标是在机遇和能力的双重催化下实现自我价值，追求人生的成功！"

2. 你为什么前来我公司应聘

这主要是考察求职者对用人单位的了解程度及求职的真诚程度。一位求职者回答："因为我得知贵公司强调科技兴业，管理水平高，技术力量雄厚，我既可以在此学习先进技术为公司服务，公司又为我提供了发挥专业特长的机会。"

3. 你为什么找不到工作

回答这个问题时，你应该直截了当，眼睛看着对方，你可以实事求是地回答，如："他们给我的工作不是我想干的，那不适合我。"

4. 你想要多少工资

回答此问题时，既不要提得太低，那会显得你对自身价值信心不足，也不要提得太高，那会显得太狂傲。

5. 公司给你的人事安排与你所学专业有差距，你将怎么办

对于这个问题，你可表示，自己将会很快适应新的工作，而且，会尽快把所学专业知识、技能应用到所从事的工作中，并利用业余时间补充需要的新知识。

6. 你有什么缺点

这是要考察求职者是否坦率诚实和具有良好的心理平衡能力。你不妨这样回答："人的一生谁也免不了会有缺点和弱点，人的发展就是在不断克服缺点与弱点的过程中完成的。我的缺点是在我向着一个特定的奋斗目标努力奋斗的过程中常常出现急躁情绪。我想随着年龄的增长和经验的丰富我会不断改正的！"

7. 公司有时会要求加班，你如何看待

这主要是试探求职者的责任心和工作意志。对此，你不必细问什么时候加班，要加多长时间等，只要表示你有这方面的心理准备就行了。

8. 你喜欢什么样的领导

此问题主要是了解求职者是否爱同领导闹矛盾。一位求职者这样回答："这样的领导我喜欢：他有能力，办事果断，给我以效力的机会，当我办错事时能严格批评我、帮助我。"

9. 你大的成就是什么

对这个问题，你可以重点讲近年来自己的各项引以骄傲的例子，注意顺序，并尽量出示证明材料。

10. 你具备什么样的性格

这主要是考察你对自己的认识程度。如果你是个很内向的人，可强调你的团体精神，表现虽然内向，却很愿意与人合作。

（二）求职面试时的策略技巧

1. 幽默风趣法

如面试主考官问："你为什么选择教师这个职业？"对这个问题如果你高呼"教师是个崇高而神圣的职业"或"教师是人类灵魂的工程师"等口号就可能是徒劳的。而一位应聘者这样回答："我儿时曾立志长大后做一位伟人。后来觉得做伟人太难了，就立志改当伟人的妻子。可是又发现这种机会太渺茫了，就改作伟人的教师。"结果她被录取了。

2. 巧设歧义法

面试时，对于有些问题不必作明明白白的回答，因地制宜，巧用歧义，往往会收到妙不可言的效果。比如，主考官提出令人尴尬的问题："你有什么主要缺点或不足？"有的应聘者不假思索、脱口而出："我的缺点就是缺少耐心"；有的则连连摇头，回答说没有。这些应聘者因为缺少随机应变的能力而往往面试失败。

3. 绵里藏针法

说话时柔中有刚、绵里藏针，可以显示出一个人口才的娴熟程度，是求职者取得成功的一大法宝。

例如，一家外贸公司举行一次别开生面的宴会招聘考试，在宴席上，有位应聘者走到这家公司的人事经理面前举杯致辞："×经理，能结识你很荣幸，我十分愿意为贵公司效力。但如果确因名额有限我不能梦想成真，我也不会气馁的，我将继续奋斗，我相信，如果不能成为您的助手，我会争取成为您的对手……"这段话彬彬有礼，不卑不亢，充满自信，意志坚强，而这些都是外贸人才应具有的优良素质。特别是"不成助手，就会作对手"的这层意思，实有绵里藏针的作用，使总经理作出了录取这位应聘者以免人才跑到竞争对手那里去的决定。

4. 有的放矢法

在深圳某服装贸易公司的招聘会上，有位姑娘特意穿了一件漂亮、雅致的连衣裙。招聘者问："你为什么愿意离开家，从遥远的西安来到深圳打工。"这位姑娘答道："在深圳一年四季都可以穿裙子！"妙趣天成，而且不经意中流露出对服装业、对生活、对深圳的热爱，博得了全场人员的热烈掌声。

5. 适度激将法

在求职面试时，如果遇到"请谈谈你想要的月薪好吗？"类似的问题，应聘者不妨采用适度激将法，适度"刺激"对方，给对方造成一定的"压力"从而达到个人预期的目的。如“我知道贵公司是一家盈利较多的大公司，它一定会善待一名优秀的秘书，所以我想，我的最低月薪大概不会少于3500元吧！”

运用这种方法应注意：一定要适度，掌握好“火候”，要针对对方的特点及其实际情况，同时语言一定要委婉，不能太直露，否则，将难以达到理想的效果。

第二节 推 销 口 才

一、推销口才的基本原则

所谓推销口才，就是采用一定的推销方式与技巧，向消费者介绍商品，引导、启发、刺激、说服消费者产生需求欲望，促使消费者购买某种商品或劳务的口语交谈活动能力。

推销口才的基本原则，主要有以下四点。

（一）热情诚恳

热情诚恳是维系推销员与顾客良好关系的纽带。推销时言语要“和气、文雅、谦逊”，不讲粗话、脏话，不强词夺理，不恶语伤人。要多用敬词、敬语，语气要亲切柔和，语句要委婉含蓄。这样才能缩短与顾客的感情距离，使顾客感到亲切与信任，促成交易成功。

另外，推销员在任何推销场合，都必须做到以“诚”为心，以“信”为品。用真诚、热情的态度，向顾客提供真实的信息，竭诚相告，言必由衷，多办实事，这样才能“诚招天下客，信引五湖财”。在介绍商品时，推销员应该做到一是一，二是二，切忌信口开河或故弄玄虚。

【教学互动】

有一个肥胖顾客问书店售货员：“有《如何减肥》这本书吗？”

“对不起，太太，刚刚卖完。您要同一作者写的《如何增肥》吗？

“你拿我开玩笑？”

“绝非开玩笑，太太，只要按书内的建议反着去做不就成了。”

“我有一位朋友，她长得比您还要胖，有一次来店买《如何减肥》。当时没有，我就把《如何增肥》这本书推荐给她，想不到两个月后见到她时，她居然瘦了10公斤。”

就这样这位售货员成功地把增肥的书卖给了一位肥姐。

请问该售货员用了何种推销方法？

（二）灵活变通

推销产品时表达的方式要因人而异、因物而异、灵活变通，切忌千篇一律，言语死板。对不同年龄、职业、性别、爱好的顾客要使用不同的称呼语。要主动迎合顾客的心理变化，选择恰当的对话方式，即“见什么人，说什么话”。比如，面对随和型顾客要热情、有耐心，要顺水推舟，满足他们的自尊心；面对严肃型顾客要真诚、主动，以柔克刚，设法使他们开口；面对慎重型顾客要不厌其烦、耐心解答，不要言语唐突，刺激对方；面对情绪型顾客要摸准其心理，通过言语取得对方信任，消除其心理压力，使他有一种安全感。

（三）幽默风趣

幽默风趣的言语可以创造生动活泼的氛围，让人听了感兴趣，从而在轻松的交谈中促销成功。同时，幽默风趣还可以帮助人随机应变，摆脱尴尬困窘。

例如，某推销员向一大群顾客推销钢化玻璃酒杯。他先向顾客进行商品介绍，接着开始示范表演，把一只钢花玻璃酒杯扔在地上。本来钢化玻璃杯是不会碎的，以此可证明杯子质量好、经久耐用。可是，他们碰巧拿了一只质量没过关的杯子，猛地一摔，酒杯“砰”的一声碎了。这样的异常情况在他的推销生涯中还未曾有过，他自己也感到吃惊，顾客更是目瞪口呆。而这位推销员灵机一动，压住内心的惊慌对顾客笑笑，用沉着而富于幽默的语气说：“你们看，像这样的杯子我是不会卖给你们的。”大家一听，都轻松地笑了起来，场内的气氛也变得活跃了。推销员乘机又扔了几个杯子，都取得了成功，一下子博得了顾客的信任，销出了几十打酒杯。

（四）利益吸引

人们购买一种商品或服务，目的在于满足他的某种需要，购买不过是达到他满足需要的一种方式。推销员要成功地推销商品，必须注意顾客的需求，在商品功能适合于顾客需要方面进行利益吸引。如有四位顾客想买汽车，而他们的需要和购买目的都可能不同：第一位顾客可能是作为一项投资；第二位顾客可能出于地位和身份的需要；第三位顾客可能是为了工作的需要；第四位顾客可能是纯粹为了享受。那么推销员必须根据顾客的特殊需要，灵活地突出产品相应的功能，满足顾客的实际需求或心理需求，推销才能取得成功。

二、推销洽谈

（一）诱导顾客

在与顾客接近后，推销员应该立即运用推销的语言艺术与技巧，吸引顾客对产品的注意，诱发顾客的购买动机，刺激其购买欲望。在具体的语言运用中，可以有以下几种方法：

1. 好奇吸引法

好奇吸引法就是讲出与别人不一样或是与自己以前讲的不一样的语言来吸引顾客的注意。如果你的推销语言与别人千篇一律，就很难引起顾客的兴趣，甚至使顾客反感。因此，推销员必须善于适应新情况，随机应变，出奇制胜。

例如，20 世纪 60 年代，美国有一位非常成功的销售员乔·格兰德尔。他有个非常有趣的绰号，叫作“花招先生”。他拜访客户时，会把一个 3 分钟的蛋形计时器放在桌上，然后说：“请您给我 3 分钟，3 分钟一过，当最后一粒沙穿过玻璃瓶之后，如果您不要我继续下去，我就离开。”这位销售员利用蛋形计时器、闹钟、20 元面额的钞票及各试各样

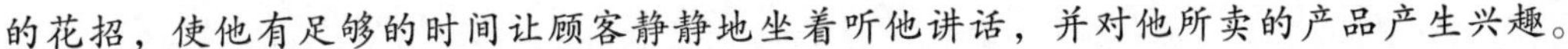

的花招，使他有足够的时间让顾客静静地坐着听他讲话，并对他所卖的产品产生兴趣。

2. 产品特征提示法

产品特征提示法是用准确的语言向顾客介绍产品独特的功能和特点，吸引顾客。如推销员对顾客说："一般来讲，你们女孩子既喜欢吃小食品又怕发胖，我们这种珍珠陈皮的配料有橘子皮、珍珠粉、二钛糖、食盐，经过加工味道很好，吃了以后能保持面部红润，身材苗条。另外我们用袋装小包装，吃起来方便。"

3. 商品演示法

商品演示法是通过说明加演示来增加产品形象的生动感，把抽象的利益具体化。商品演示能够给顾客以强烈的感性认识，最能诱发对方的购买欲。俗话说：人叫人不应，物叫人自来。

例如，一位缝纫机推销员是这样演示他的产品的：

"太太，请您注意听一听。"一面说一面掏出打火机点火。

"您能听到打火机的声音吗？听不清吧？我们的缝纫机发出的声响，和这个打火机的声音一样大。不知您乘火车的感受如何？不好的缝纫机那声音就同乘火车的声音一样。所以，我们的缝纫机声音小是独一无二的。

这位推销员通过演示打火机点火后的声音，说明他们生产的缝纫机声音小的优点，从而吸引顾客购买他们的缝纫机。

再如，百货商场里卖"一洗净"抹布，一位推销员就当着顾客面将酱油、植物油、墨水等倒在干净的抹布上，然后将这块污渍斑斑的抹布放在清水里一搓，抹布又洁白如初。

这位推销员通过演示说明了产品的特点，从而真实可信，使得顾客争相购买。

4. 对比提示法

对比提示法是通过对同类产品价格、质量等方面的对比，使顾客在比较中坚定购买信心。

例如："我们公司的产品在价格上可以说是同类同质产品中最便宜的，我这里有几张价目单，您可以看看。"再如：

顾客："这一种产品太贵了。"

推销员："不算贵。请您看看：这是检测中心对同类产品的测试报告，请注意我们产品的特别评语；这是维修中心的统计表，请看返修次数我们的产品仅为同类产品的十分之一。再请看××公司（一著名企业）的使用报告：以前用一般产品，其产量为××件，改用我们的产品后其产量增加了××件。因此，我们的产品货真价实。"

总之，诱导顾客购买的方法很多，如礼品赠送法、言语提示法等，推销员在推销活动中，应因人因地因产品而采取不同的方法。另外，在诱导顾客的过程中，有时会与顾客发生矛盾。遇到这种情况时要认真分析，妥善处理，委婉而艺术地去应对。

（二）处理异议

顾客异议是指顾客对推销品、推销人员及推销方式和交易条件发出的怀疑、抱怨、否定或反面意见。处理顾客异议是推销洽谈的重要组成部分。推销人员必须认真分析顾客异议的类型及其主要根源，然后有针对性地使用处理策略，才能有效地促成交易。

1. 需求异议

需求异议是顾客自称不需要某种推销的一种异议。具有两种情况：一种是顾客确实不需要；另一种是顾客不愿直接回答你的问题而捏造了借口或存在需要但他本身并没认识到。

当顾客确实不需要时，既不要滔滔不绝地“强卖”，也不要显出一副可怜、乞求的样子，以免顾客反感。即使心里不高兴，表面上仍要开朗自若，保持和蔼可亲的神态，礼貌地告辞，走时可说“不好意思打扰您了”“再见”等一类话。这样自然会给顾客留下一个良好的印象，并为下一次“继续访问”打下基础。

当顾客的需求异议是虚假的或有需求而没认识到时，处理的关键是让顾客相信“这商品正是你需要的，你能从购买中受益”，先让他动心，再向他推销产品。

例如，顾客提出：“这件衣服的颜色太艳啦！我们老太婆穿不出去。”推销人员可以说：“现在服装观念是‘青年新潮，中年华贵，老年艳丽’，老年人穿艳一点，显得有精神。”

2. 产品异议

产品异议是顾客对产品的质量、样式、设计、款式、规格等提出的异议。这种异议，带有一定的主观色彩，其根源在于顾客的认识水平、广告宣传、购买习惯及各种社会成见等因素。处理这种异议的关键是推销员必须首先对产品有充分的认识，然后再根据不同的顾客采用不同的办法去消除其异议。

例如，一位女子在购买厨房用具时提出：“这种盘子太轻了”推销员回答：“轻，正适合您使用。这种盘子就是根据女子力气小的特点设计的，所以现在十分热销。”

3. 货源异议

货源异议是顾客对推销品来源于哪家企业和哪个推销员提出的异议。

例如，顾客提出：“我从来没听说过你们这家企业，我们只和知名企业打交道。”

推销员说：“是啊，但您是否知道，我们公司今年已占了本地市场销售额的40%呢?”然后又用简洁的语言向顾客介绍企业生产、公司取得的成绩及发展前景等，尽量解除顾客的疑虑和不安全感，同时特别强调所推销的产品会给顾客带来的利益。当他向顾客证明了自己所提供的产品，比其他企业提供的同类产品更物美价廉时，他就击败了竞争对手，获得了交易成功。

4. 价格异议

价格异议是一种最常见的异议。例如，顾客提出：“这种产品太贵了。”推销员说：

“我们产品的价格可能比别人贵，因为产品的功能多、质量好，我们是以质论价。另外我还告诉你一个情况，由于原材料紧俏，这一种产品可能还要涨价呢！”

5. 服务异议

服务异议是顾客对企业或推销员提供的服务不满意而提出的异议。这时推销人员可以利用商品的其他优点来补偿或抵消有关异议。

例如，一位经营通用机械的跨国公司推销员向农民推销一种先进的农业机械，一位农民说：“你们公司在我们国家只有很少的几个经销维修点，而且离我们农场很远，今后机械零件损坏怎么办？”

推销员回答：“本公司不提供机械服务，但我们在进行严格测试的基础上，为每台机械配足了使用寿命所需的配件，一旦机械出现问题时，你们可以自换零件和维修，这样既省钱又不会耽误农时。”

（三）达成交易

达成交易是顾客购买的行动过程。经过一番努力，顾客的购买欲被激发起来了。这时候，推销人员要熟练识别、掌握成交信号。比如顾客眼睛放光、神色活跃、态度友好，反复查看样品、说明书，询问交货时间、交货方式，询问产品如何维修和保养、有无售后服务等等。出现以上情况时，就应及时运用一定的方法，增强顾客的购买信念，顺利实现交易行为。下面介绍几种达成交易的方法：

1. 请求成交法

请求成交法是推销员直截了当地向顾客提出购买推销品的方法。如“您刚才提出的问题都解决了，可以订货了吧？”又如“阿姨，这毛巾挺好的，您买几条？”

2. 假定成交法

假定成交法是假定顾客已接受推销建议而进行的促销方式。假定成交法不主动谈及是否购买的话题，以减轻顾客作出购买决策的心理压力，用暗示成交。

例如，“刘厂长，您看我什么时候把货给您送去？”

又如，“林师傅，我每箱少收 2 元钱，给您送 10 箱好么？”

3. 选择成交法

推销员向顾客提供一些购买决策选择方案，并要求其在此范围迅速作出成交决策的方法。

例如，“李厂长，您看什么时候供货，今天下午还是明天上午？”

又如，“您是想要大包装，还是小包装？小包装用起来方便些，我看您还是买小包装吧。”

4. 小点成交法

小点成交法是一种推销员通过次要问题的解决，逐步过渡到达成交易的成交方法。

例如，推销洽谈中顾客提出资金紧张，推销员应见机而言：“这个问题不大，对于你们这家历来讲信誉的企业，可以让你们分期付款。怎么样？明天就发货吗？”

又如：“先生，A型与B型都有，您定妥吧！关于安装、调试问题由我们负责。”

5. 机会成交法

机会成交法是直接向顾客提示最后成交机会而促使顾客立即购买的一种方法。俗话说“机不可失，时不再来。”当最后机会到来时，人们往往表现得很果断。当推销员向顾客提供最后的有利机会时，往往可以使顾客当机立断，迅速购买。

例如，“本店优惠展销只有最后一天了，欲购从速。”

第三节 谈判口才

一、谈判及其特点

（一）谈判的含义

按照最一般的认识，谈判是人们为了协调彼此之间的关系，满足各自的需要，通过协商而争取达到意见一致的行为和过程。美国谈判学会会长，著名律师杰勒德·I. 尼尔伦伯格曾说过：“只要人们为了改变相互关系而交换观点，只要人们是为了取得一致而磋商协议，他们就是在进行谈判。”

（二）谈判的特点

谈判不同于日常生活，它具有以下特点：

1. 目的的功利性

策动谈判的动力是需要，谈判双方都是为了己方的利益需要而进行的。不带有任何功利目的，也无求于对方的谈判是不存在的。

2. 话语的随机性

谈判是一个动态过程，风云变幻、复杂无常。谈判者必须根据不同的谈判对象、不同的谈判内容、不同的谈判阶段、不同的谈判时机，及时、灵活地调整话语的表述方式，采用不同的句型、不同的语气、不同的修辞，与对方在谈判桌上周旋。

3. 巧妙的策略性

谈判与论辩一样，既是口才的角逐，也是智力的较量。所以在谈判中，一方为了获得尽可能多的利益，往往采用各种策略，诱使对方按照己方的条件达成协议：或言不由衷，微言大义；或旁敲侧击，循循暗示；或言必有中，一语道破；或快速激问；或软磨硬拖。出色的谈判者总是善于运用各种计谋、鼓动如簧巧舌，调动手中筹码，而取得意外的成功。

4. 战术的时效性

谈判中对时间的要求是严格的，它不同于朋友之间的闲聊，也不同于情人间的绵绵絮语。谈判注重效率，具有时效性特征。谈判之初，参谈双方都有自己预定的谈判决策方案，其中包括各谈判阶段所安排的内容、进度和目标，以及谈判的截止日期等。这种时效性也可用作迫使对方让步的武器。

二、谈判口才技巧

(一) 和“言”悦色的技巧

策动人们谈判的动力是“需要”，双方的需要和对需要的满足是谈判的共同基础，对于共同利益的追求是取得一致的巨大动力。因此，一旦进入谈判过程，谈判的双方是完全平等的，双方要互相尊重，要文明礼貌，有礼有节，要和“言”悦色，使双方在一种诚挚、友好的气氛中进行谈判。

1. 要用好礼貌语言

如：“欢迎您，见到您很高兴！”“我相信，由于您的努力，我们的合作一定很愉快！”尽量避免使用一些极端用语，诸如“行不行？不行就拉倒！”“就这样定了，否则免谈！”这些话会激怒对方，从而把谈判引向破裂。

2. 多用肯定，婉言否决

比如，在谈判中不同意对方的观点时，不要直接选用“不”这个具有强烈对抗色彩的字眼。即使在对方情绪过激时，也不要指责说：“你这样发火是没用的”而应说：“我完全理解你的感情”。当谈判陷入僵局时，也不要使用否定对方的任何字眼，可以这样说：“在目前情况下，我们最多也只能做到这一步了。”有时为了不冒犯对方，可适当运用“转折”技巧，即先予肯定、宽慰、再转折，委婉地否定并阐明自己的难处。如“我完全懂得你的意思，也完全赞成你的意见，但是……”

3. 改变人称，巧用语气词

改“我”为“你”或“您”，尽量避免使用以“我”为中心的提示语。如不说“我认为”而说“您认为可以吗？”

(二) 探测虚实的技巧

美国谈判专家杰勒德曾代表一个房客与一位房地产商进行过一次谈判。

杰勒德的当事人是一座将要拆除的大楼中的最后一家房客。那位房地产商打算在大楼的位置上盖一幢摩天大厦。其他房客都已搬出去了，只有杰勒德当事人没搬，因为他的租约还要过2年才到期。因此，双方的实力对比是：房客凭契约赖着不搬，房地产商财雄势大，但却急于动工。而杰勒德则既要维护房客的权益，又要找出一个双方都愿意接受的解决办法。

杰勒德接受委托后，一直不找房地产商谈。而那位房地产商则意识到：要让房客搬出大楼，就要给钱，问题是如何才能少付一点。于是他只好亲自来找杰勒德。

“你想要多少钱”

“很抱歉。你想买，可我不想卖。”

杰勒德在对方问价的情况下，却表现出不愿谈判的架势，借以给对方施加压力。房地产商无法，只好表示愿意支付搬迁费和房租的差价。

“那究竟给多少钱”杰勒德要对方给一个实数，房地产商最后开价25000元，但杰勒德表示不愿考虑。结果谈判出现僵局。随着时间的拖延，房地产商逼不得已只好让他的律师找杰勒德。这时，杰勒德完全占据了主动的地位。

“只要你们提一个差不离的数目，我们才可以坐下来谈。”

“50000元”

“还差得远呢。”杰勒德不屑一顾地回答。

原来，事先杰勒德已经对房地产商买下那幢大楼的价钱、大楼闲置的代价以及房客到租约期满时，房地产商为抵押托管支付的费用等等作了一个估算，算出要价应该是250000元。但他知道根本没有可能要到这个数，于是打了一个对折。经过双方一番讨价还价，最后双方以125000元成交。

当房地产商的律师交付支票的时候，地盘的工人对杰勒德说：“倘若你再多要5元，恐怕一部起重机就要砸上那幢大楼了。”当时，确实已经有一部起重机开到那里，只要起重机“由于偶然事故”向大楼撞下，那幢大楼就会成为危楼而非拆不可。这样一来，房客就将一无所获。杰勒德的成功，主要在于对事情的正确估算。

要想在谈判中处于主动，就必须深入了解对方。而观察对方的动作和表情，仔细倾听对方的发言，注意对方语言的表达方式、重复语句，以及语气、声调等都是发现对方思想、愿望和需要的线索。在谈判中，对方的身体动作、手势、眨眼、脸部表情和咳嗽等，都能表示多种含义。有时谈判者有意识地用这些来代替有声语言，特别是在不允许或不宜用语言表达的时候。如咳嗽，有时表示紧张不安，有时用来掩饰谎话，有时表示怀疑和惊讶。但是，在某一时刻，一个举止又不仅仅表示一个意思。这就要求谈判者善于联系对方的态度和言谈举止加以辨别。

在谈判中还常运用提问作为了解对方的手段。巧妙的提问犹如一颗颗探路的石子，是获得信息的重要途径。比如一个人非常爱抽烟，他去问牧师：“我可以在祈祷时抽烟吗？”请求被拒绝。后来他换成：“我可以在抽烟时祈祷吗？”牧师同意了。

基本的谈判发问方法有以下几种：

1. 封闭式发问

这是可以在特定领域中获得特定答复的发问。如“你是否认为售后服务没有改进的可能？”答复应为“是”或“否”。封闭式发问可以使发问者获得特定的资料，而回答这种提问的人并不需要太多的思索功夫即能给予答复。

2. 开放式发问

这是一种能够在广泛领域内获得广泛答复的发问。通常无法以“是”或“否”等简单的措辞作为答复，如“你是能帮助解决这个问题的，你有什么建议”这种发问可以使对方畅所欲言，同时发问者也可以从中获悉对方的立场与感受。

3. 澄清式发问

这是针对对方的答复，重新提出问题使对方作出证实，或补充原先答复的一种发问。如“你刚刚说对目前进行中的这一宗买卖你可以做取舍，这是不是说你拥有全权跟我方进行谈判？”这种发问不但能确保谈判双方在“同一语言”基础上进行沟通，而且这是针对对方的话语进行反馈的一种理解方式。

4. 探索式发问

这是针对对方的答复，要求以引申或举例说明的一种问句。如“你说你们对所有的承销商都一视同仁的按定价给予30%的折扣，请说明一下为什么你们不对销售量更大的承销商给予更大的折扣作为鼓励?”探索式发问不仅可以发掘出较充分的信息，还可以用来显示发问者对对方答复的重视。

5. 含有第三者意见的发问

这是借助第三者的意见以影响对方意见的一种问句。如“工程部门的专家颇支持使用部门更新设备的要求，不知你们采购部门对更新设备的要求有何看法?”

6. 引导式发问

这是对答案具有暗示性的问句。如“这么做你们不是也获利15%吗?”

（三）巧妙应答的技巧

谈判就其基本构成来说，是由一系列的问和答所构成的。答复是对提问的反馈，“问”有问的学问，“答”也有答的学问。

1. 回答问题之前，要给自己一些思考的时间

一般在回答问题时，要明确和理解问题的实质，包括对方提问之中的弦外之音、言外之意，在未完全理解、“吃透”之前，千万不要轻率回答。此时可以借点支香烟、喝水、调整一下自己坐的姿势、整理一下桌子上的资料等动作来延长时间，作出经过思考的回答。

2. 要掌握回答问题的要点

哪些问题不值得回答，哪些问题只需要略微回答一部分内容，哪些问题需要全面、细致地解答，都要做到胸中有数。如谈判中，涉及有损己方形象、泄密或无聊的问题，对此，谈判者可不予理睬。再如，对方问“价钱是多少”时，可以答“我想你一定会对价格感到满意的。我可以先把这种机器的性能向您介绍一下吗?”

3. 有时采用推卸责任的方法

有时谈判者面对毫无准备的问题，会不知所措；有时鉴于某种原因不便回答。这些时候，通常可采用诸如“很抱歉，对您所提及的问题，我并无第一手资料可做答复，但我曾听说过……”这样的回答即使是胡说八道带有故意欺骗的性质，回答者也可以不负责任，因为答案不但没加肯定，而且是道听途说的。

4. 拒绝时要委婉

拒绝时不要伤害对方的自尊心，使对方难堪。为此，可采用先肯定和赞扬提问者问题的重要性，然后话锋一转，合情合理地强调提问所涉及的问题的复杂性，再委婉地否定，阐明自己的难处。

三、谈判中语言方式的最佳运用

（一）简练

简练就是用尽可能少的语言表达尽量多的内容，要做到说话没有闲言废语，对准谈判目标，突出讲话主题，条理清楚。语言的简练是与内容相对而言的。内容丰富，洋洋万言也可以是简练的。

在谈判中，每次说话前，先要进行自我心理调控，尽量稳定情绪，以保持头脑清醒，然后想清楚要表达什么意思，哪些是主要的，先说什么，后说什么，不说什么，前后句怎样衔接连贯等。说话时，还应放慢速度。

（二）委婉

委婉是一种运用迂回曲折的含蓄语言表达本意的方法。在谈判中，由于特定原因，有些话不便直说，委婉地表达可以给自己和对方留面子。如一般不说“你们的要求是无理的，我们不能接受”，而说“对你们的要求，我们商量一下再主动与你们联系。”

（三）幽默

幽默对于谈判者有着不可忽视的作用。当讨论问题达到高潮或原定时限即将到来时，紧张的气氛往往会令人变得烦躁、头痛。这时用幽默的语言，可以缓和紧张气氛。幽默还可以用来回答难以回答的问话和指出对方的谬误。幽默运用得好，可以化干戈为玉帛，变紧张为轻松，创造出友好和谐的谈判氛围。但要注意的是，不能喧宾夺主，使谈判变得轻浮。

本章小结

※ 自我介绍是求职面试时的一项重要的内容，每一位求职者必须慎重考虑，认真对待。求职自我介绍应注意：第一，掌握分寸，不卑不亢；第二，要有针对性；第三，语言要简明，事例要精当。

求职面试时常用的应对策略技巧主要有：幽默风趣法；巧设歧义法；绵里藏针法；有的放矢法；适度激将法。

※ 推销口才的基本原则主要有四点：热情诚恳；灵活变通；幽默风趣；利益吸引。

※ 谈判是人们为了协调彼此之间的关系，满足各自的需要，通过协商而争取达到意见一致的行为和过程。

谈判的特点有：目的的功利性；话语的随机性；巧妙的策略性；战术的时效性。

谈判的口才技巧主要有：和“言”悦色的技巧；探测虚实的技巧；巧妙应答的技巧。

谈判中语言方式的最佳运用是：简练、委婉、幽默。

思考与实训

一、填空题

1. 谈判通常有三大要素：________，________与________。

2. 求职面试时的________和________直接关系到用人单位对求职者的第一印象，因而要认真对待。

3. 谈判中语言方式的最佳运用是：________、________、________。

4. 推销是________、________的过程。

5. 推销的过程包括：________；________；________；________。

二、判断题

1. 谈判注重效率，具有时效性特点。（　）
2. 灵活变通是维系推销员与顾客良好关系的纽带。（　）
3. 幽默是一种运用迂回曲折的含蓄语言表达本意的方法。（　）
4. 推销产品时面对随和型顾客要热情、有耐心，要顺水推舟，满足他们的自尊心。（　）
5. 在谈判中不同意对方的观点时，直接用"不"否定对方。（　）

三、简答题

1. 求职面试前应做哪些准备？
2. 商品推销包括哪些要素？
3. 推销口才的基本原则是什么？
4. 推销时如何接近顾客？
5. 谈判有哪些特点？
6. 谈判中语言方式的最佳运用有哪些？

四、实训练习

（一）【模拟面试】

请即兴回答主考官以下问题：

(1)"你是怎样的一个人？"
(2)"你为什么选择从事这份工作？"
(3)"你有哪些优势？"
(4)"你有何值得骄傲的成绩？"
(5)"你有哪些兴趣？"
(6)"进入公司之后，你希望能分配到哪一部门工作？"
(7)"你有什么弱点？你打算如何改正？"

(8)“如果本公司不录用你，怎么办?”

(二)【案例分析】

情景:

有一位推销员上门推销化妆品，女主人很客气地拒绝了。

“不好意思，我目前没有钱，等我有钱时再买，好吧。”

但这位推销员看到女主人怀里抱着一条名贵的狗，于是计上心来。

“您这小狗真可爱，一看就知道是很名贵的狗。”

“是呀!”

“您一定在它身上花了不少钱和精力。”

“没错。”

女主人眉飞色舞地向推销员介绍她为这只小狗所花费的钱和精力。

“那当然，这不是一般阶层能够做到的，就像这化妆品，价钱比较贵，所以使用它的女士都是高收入、高档次的。”

一句话说得女主人心花怒放，再也不以没钱为借口，反而非常高兴地买下了一套化妆品。

问题:这名推销员用了何种推销方法?

(三)【模拟推销员】

1. 实训目标:通过训练使同学们掌握推销的技巧。

2. 实训要求:某厂生产出一款手机，现要派推销员去营业厅推销。

3. 实训步骤:

(1)首先让学生复习推销方式和推销技巧。

(2)学生4人一组，选1人为组长。1人扮演推销员，3人扮演顾客。

(3)熟悉产品特点，制作宣传资料。

(4)小组长组织小组成员模拟情境，推销产品。

(5)互换角色，每人扮演一次推销员，完成录音或录像

(6)小组评议。

4. 成果要求:

(1)准备道具，制作宣传资料。

(2)每人分析其他人的推销特点，并写出一份500字左右的体会。

(3)依个人的推销音像资料、体会，教师为每位学生评估打分。

(4)每名同学的成绩由小组评分与教师评分综合组成。

5. 成果考核:

模拟推销员训练成果考核表

评估指标	评估标准	小组评分	老师评分	实际得分
知识掌握情况（30分）	对推销口才的基本原则理解方面；能运用诱导方法吸引顾客；推销过程完整。（每小点10分，分三个等级，5分以下；6~7分；8~10分）			
能力体现情况（30分）	能利用互联网查找相关知识；能用所学知识评价别人；能随机应对各种顾客；理解训练任务准确；书面传递信息的方式规范。（每小点6分，分三个等级，1~2分；3~4分；5~6分）			
成果（展示）完成情况（40分）	遵循推销口才的基本原则；产品演示准确；成果展示美观；推销语言规范，表达清楚。（每小点10分，分三个等级，5分以下；6~7分；8~10分）			
总成绩 ∑100	（小组评分、老师评分各占50%）			
老师评语	签名： 年 月 日			
学生意见	签名： 年 月 日			

第七章 演讲口才

【知识目标】

1. 了解演讲及其特点
2. 熟悉演讲的准备工作

【能力目标】

掌握并灵活运用演讲的表达技巧、临场应变技巧

第一节 演讲的概述

一、演讲及其特点

（一）演讲的概念

近些年来，不少用人单位把口语交际能力、当众演讲能力作为选拔人才的一个重要依据，那些成绩优秀但演讲口才差的求职者经常败下阵来。那么，什么是演讲呢？

演讲又称演说或讲演。演讲是就某个问题面对听众说明道理、发表意见的一种口语交际活动。具体地说，演讲就是在特定的场合中，运用有声语言为主（“讲”）、态势语言为辅（“演”）的艺术手段，发表个人见解以阐述道理、感召听众的语言实践活动。

（二）演讲的特点

演讲具有以下五个特点：

1. 现实性

演讲者针对现实生活中的某个问题，运用现实生活的真实事例，阐述自己的观点，并力图去启迪、说服、激励听众，以达到让听众接受演讲者的观点并付诸行动的目的。

2. 综合性

整个演讲活动必须具备三个条件，即演讲者、听众以及二者同处一起的时境。作为演讲者来说，要当众发表自己的见解和主张，达到影响人、说服人的目的，就要具有正确的思想观点，高尚的道德品质，较高的语言素质，良好的主体形象，得体的态势语言。演讲又是以上要素构成的综合的实践活动。

3. 直观性

演讲是演讲者和听众的双边活动。演讲者通过有声语言和态势语言把自己的思想、感情传达给听众，听众既能闻其声，又能观其形。听众对演讲者的评价也能在现场直接表露出来。一个好的演讲者能通过直观听众的反映随时补充、修正所讲的内容。演讲者通过双方感情的交流达到目的。

4. 鼓动性

作为一次成功的演讲，那是离不开鼓动性的。或者说，没有了鼓动性，也就不成其为演讲了。政治演讲也好，学术演讲也好，都必须具有强烈的鼓动性。这是因为：第一，一切正直的人们都有追求真、善、美的渴望，演讲者传播了真、善、美，自然会引起共鸣，激励和鼓舞听众；第二，演讲者以自己炽热的感情之火，容易达到动人心弦的目的；第三，演讲者的形象、语言、情感、态势以及演讲词的结构、节奏等，均能抓住听众；第四，演讲的直观性使演讲者与听众直接交流，极易感染和打动听众。可以说，鼓动性是演讲成功与否的重要标志。

5. 艺术性

思想美、文学美、语言美、形象美等可以通过演讲过程体现出来。演讲者把要表达的内容，运用语言、态势等表达方式，利用环境因素使自己的多种能力形成一个完美的整体，从而把众多听众集于一身。这样必定会产生巨大的魅力，使演讲成为一种高级的、具有极大美感的有事实价值的口语表达形式，从而使听众得到美的享受。

二、演讲的分类

演讲的类型，可以从不同的角度进行划分。

（一）按演讲内容分

有政治演讲、经济演讲、军事演讲、学术演讲、法律演讲、道德演讲、礼仪演讲等。内容决定形式，按内容分类是最基本的分类。

（二）按演讲形式分

有命题演讲、即兴演讲和论辩演讲。

（三）按演讲场合分

有集会演讲、街头演讲、战地演讲、课堂演讲、教堂演讲、议会演讲。

（四）按演讲的目的分

有娱乐性演讲、传授性演讲、说服性演讲、鼓动性演讲等。

三、演讲的作用

（一）演讲是提高口头语言表达能力的重要方法

也许你不想当一个演讲家，但任何人却都希望自己有个好口才。要想有好口才，就必须进行说话的学习与训练，而要使训练行之有效，就应当首先了解有关语言表达的某些规律、知识和技巧。要做到这一点，演讲就是一个最佳的、最有效的途径和方式。演讲的语言是经过提炼的口头语言，经常练习演讲，会改掉日常口语表达中词不达意、语言啰唆的毛病，使口语表达精练、流利、生动、富有感染力。

（二）演讲是开拓智能、发展思维品质的有效途径

我们知道，人的智能结构主要表现在观察力、记忆力、想象力、思维力、创造力这五个方面，而演讲活动对这五个方面的开启和发展，有着很大的推动和促进作用。

由于演讲目的和场合的不同，演讲的内容也就随之不同，这就要求演讲者要有敏捷的思维能力，根据特定目的、场合选择和组织材料。还要善于捕捉听众的反映，随机应变调整口头语言和体态语言，使自己的演讲适合不同场合、不同层次听众的接受能力和审美情趣，促使演讲者养成处变不惊、因势利导的应变能力。

（三）演讲是社会交际的必要技能

在现代化社会中封闭的社会空间和生活方式已被打破，人际间的横向联系大大加强。演讲作为一种思想交流、信息传播的语言艺术，已成为社会交际中一种不可缺少的技能。演讲在社会交际中的应用范围很广，大到国家间的礼仪祝词，小到新婚贺喜、生日祝福，以至于开业典礼、迎送致词、节日祝贺等都需要进行演讲。人常说“良好的人际关系，可带来良好的经济效益”，而社交中的演讲，不仅使社会生活中的人们可以更好地传达思想、交流意见，而且还是增进友谊，密切与他人（或他国）关系的“磁石”。

第二节
演讲的准备

演讲前的准备是演讲必不可少的工序。演讲家成功的秘诀之一，便是有充分的准备。

演讲的准备不可单纯地理解为熟背讲稿。这只能把一些死板的字句机械地传达给听众。不能把材料的内容融会贯通化成自己的声音，不可能打动听众。如果照本宣读，倒不如预先录音。既是演讲，听众不但要听“讲”，还要看“演”。要看的不是一架发音的机器，而是一个活人、有感情的人，他们要受感情的感染。所以说演讲准备包括很多方面。

一、要有完善的内容准备

常言道“有备无患”，演讲者只有对演讲内容做到完善的准备，才能临场冷静自制。演讲内容未准备好就仓促登台，面对那么多的听众，感到十分不自然是必然的。怎么才能克服惧怕心理？那些成功的演讲者，一般在演讲前对演讲内容的准备都是反复推敲、精心准备的，当你心中已有“雄兵百万”时，自然也会具有登台演讲成功的信心和勇气了。

演讲内容的准备，其程序大体分为三个方面：

（一）选择话题

演讲者的准备工作，第一步就是选题。选择一个听众乐于接受的演讲主题或为已确定的演讲主题选择演讲材料，是演讲者应该具备的基本技能之一。我们把选择主题和材料的准备工作统称为选择话题，并从不同的角度介绍一些方法和要求。

1. 选题要适合演讲者

（1）演讲者必须选择自己最熟悉的话题。因为熟悉才有话说，才能展开深入分析，“感人心者，莫先乎情”，演讲者自己充满了对演讲主题的“情”，才能引起听众的强烈的“感”。

例如，致力于青年思想政治工作的彭清一同志在湖南某大学演讲时讲述了这样一个故事：彭清一同志曾是我国著名的青年舞蹈演员，20 世纪 60 年代初，彭清一和他的女舞伴接受了一项出访东欧某国的演出任务。为此，他们日夜排练，运动量之大令人难以想象，但由于国家正处在三年困难时期，彭清一和他的舞伴所能享受的也仅仅是每天早餐的一个鸡蛋和一杯牛奶的特殊营养品。在一次排练中，彭清一不慎摔伤住院。住院期间，早餐的鸡蛋由一个增加到两个。彭清一深感组织的关怀，伤未痊愈就强行出院，又投入到紧张的排练当中。一天早餐，女舞伴三岁的儿子来到餐厅，看见了餐桌上的鸡蛋。在当时，鸡蛋在一般家庭中简直就是山珍海味。不懂事的儿子缠着妈妈要吃鸡蛋。这位女舞蹈演员在劝阻儿子无效的情况下，一巴掌把儿子打得哭哭泣泣地走了，彭清一目睹这一切，心里很不好受。他说：“我曾经非常尊重我的女舞伴，但今天的情景让我从心底里瞧不起我的舞伴，因为，连一个鸡蛋也舍不得让给儿子的女人太缺乏母爱了！”过了几天，女舞伴在排练当中突然晕倒，离出国只有几天了，急坏了彭清一和团里的同事们，医生匆匆赶到，诊断的结论是：过度劳累和严重营养不良，饿晕了！团里的同事含着眼泪告诉彭清一：他住院期间，每天增加的一个鸡蛋都是这位女演员偷偷节省下来的，她一心想的是让舞伴尽快恢复健康，完成演出任务。

彭清一几乎是在哽咽中结束了他的故事。他以一种至死不悔的神情对当代大学生们说：在亲情和事业、亲情和同事之间，我们这一代人选择的首先是对事业的爱，对同志的爱，这难道不是世界上最崇高、最伟大的爱吗？

演讲者选取了触动自己产生激情的最熟悉的话题，融情于理。全场 4 000 多名大学生鸦雀无声，一些女生在低低地抽泣。大学生们在动情之中接受了彭清一的演讲结论。

（2）演讲者必须选择适合自己的年龄、身份和气质，适合自己知识水平和兴趣的话题讲，这样演讲者才能自然地融入自己的思想感情，得心应“口”，措辞、语调、口气也就自然、生动、有声有色、富有活力，给人以新鲜感和亲切感，易于被听众接受。一个闻名于世的将军谈军队作战，人们公认他资格高、有说服力；若是他谈音乐，人们便会认为他资格低，可信度不强。一个不修边幅的学生去作关于整洁重要性的演讲，即使言之有理，他的话也是没有说服力的。

2. 选题要适合听众

选题要有针对性，才能深刻影响听众，极大地感染听众。由于民族不同、性格各异、职业有别、年龄差别以及生活环境和文化修养不同。演讲的听众存在着很大的心理差异、风格差异、感情差异等。选题时应根据不同类型听众的需要，根据不同民族、不同职业、不同层次听众的知识水准、兴趣爱好、风俗习惯等来确定。只有选题适合听众的心理、愿望，才能调动听众的注意力，唤起听众的听讲的热情和兴趣。

例如，某市举行庆祝“六一儿童节”大会，参加会议的有幼儿园小朋友、小学生、家长、教师和干部。庆祝大会按一般会议程序，领导致词，宣读表彰决定、颁奖，优秀教师和家长代表发言……整个会议只维持了不到半小时的安静，小朋友们开始有的哭闹，有的满场乱跑，会议秩序一片混乱。市委领导大喊“安静”也无济于事。此时，一位市长助理讲话，他当即放弃准备好的讲稿，带着小朋友朗读起他即席创作的一首儿歌。几篇儿歌后，整个会场就在热烈而充满童趣的气氛中恢复了良好的秩序。

这位市长助理演讲的成功就在于他准确把握了小孩的年龄特点，遵循了一条听众法则，即当儿童与成人混杂在一个会场时，演讲者首先应对儿童说话。

3. 选题要适合特定的场合

演讲内容要与演讲场合气氛相协调，也就是要考虑演讲的时间和空间环境。任何优秀的演讲都只能是演讲者能动地适应演讲环境的结果。即使在事先准备好的演讲当中，演讲者也可以借助现场场景“临场发挥”，把演讲主题表现得更淋漓更生动。

例如，闻一多先生曾在一次纪念“五四运动”的学生夜间集会上发表演讲，他触景生情地打了一个比喻：

我们的会开得很成功！朋友们，你们看（他指着刚从云缝中钻出来的月亮），月亮升起来了，黑暗过去了，光明在望了，但是，乌云还等在旁边，随时还会把月亮盖住……

闻先生这种现场比喻深刻而形象地表达了革命者对前途的坚定信念和对形势的清醒认识。

4. 选题要适合规定的时间

演讲者所选择的论题，必须能在限定的时间内充分加以阐述。从心理学的角度看，人的大脑在短时间内不可能同时接收许多新问题，因而演讲者也就不能在短时间内提出许多问题。这就如同一个导游，带领游客用一天时间就游览了整个北京，但这种“跑马”式的参观，既印象模糊，又毫无乐趣可言，倒不如一天只游览一两个景点，让游客留下深刻难忘的印象。

适合规定的时间，并不意味着时间长只能讲大论题，时间短只能讲小论题，而是要根据时间长短来作出恰当的安排。例如，时间短，可选择大论题中精彩的小问题来谈，让听众“窥一斑而见全豹”；时间长演讲者可将几个珍珠般有价值的小问题缀成一串项链献给听众。

（二）熟记讲稿

要做一次成功的演讲，在演讲稿写成之后，最重要的就是必须把演讲词烂熟于心。

1. 有效记忆演讲稿的方法

记忆演讲词，一般地说可分为三步。

第一步是识读，即阅读。从意义入手，把住中心思想，了解各部分的内在逻辑联系，提纲挈领、抓纲带目，既把住了内容，又掌握了结构，能进一步加深理解，在理解的基础上进行记忆。

第二步是响读。高声朗读对熟悉和记忆演讲稿十分有效。其原因在于，一是朗诵发出声音这个主动动作和自己双耳听到声音这个被动性的动作同时进行，能使视觉器官和听觉器官同时活动，增强了对大脑的刺激效果；二是它可以排除其他杂念对大脑的干扰，使思维及相关器官高度紧张、集中，使人能专心致志地记忆；三是演讲主要是口语表达，高声朗诵能使演讲对口语表达得到事先的训练，更有利于演讲口语的流利晓畅。

第三步是情读。在记忆的过程，强烈而真实的感情如同“催化剂”，能使记忆加深。演讲稿的语言，常常具有浓厚的感情色彩，能唤起演讲者的喜怒哀乐的情感，从而在语气、语调、音量、音速等方面得到体现。

可见，演讲词的记忆，一要用眼睛——阅读，二要用口舌——响读，三要动心思——情读。只有整体的综合的全方位的记忆，即“立体记忆”，才能深入大脑，打动人心。

2. 机械记忆方法简介

记忆人名、地名和历史年代时，常常使用机械记忆法。这种记忆方法，其速度、精确性、巩固性等不如理解记忆，但如果运用得当，也比较方便。机械记忆方法有以下几种：

（1）谐音记忆。例如，要记住圆周率 = 3. 1415926535897932384626……确实很难。有群调皮学生，老师为了处罚他们，要他们把圆周率背到小数点后 22 位。有位聪明的学生于是编了一首谐音打油诗，迅速地把它记下来。他是这样编的：“山巅一寺一壶酒，尔乐苦煞吾，把酒吃，酒杀尔，杀不死，乐而乐。”这首诗不仅谐音，而且构成了一个小情节，很容易使人记住。又如有人一接触到电话号码 3934，头脑里便立即出现了大雪纷飞，祥林嫂倒在雪地里的情景。原来这人迅速把数字转成了“三九逝世”。

（2）编顺口溜。例如，周恩来同志曾把我国 30 个省、市和自治区的名称编了一段顺口溜：“两湖两广两河山，五江云贵福吉安，四西二宁青甘陕，还有内台北上天。”

又如，对于四角号码字典规定的各种笔形的代号，有人就编有一则顺口溜：“横一垂二三点捺，叉四插五方框六，七角八八九是小，点下有横变零头。”掌握这个口诀，就掌握了笔形代号。

（3）运用对照。例如，日本领土面积约为 37 万多平方公里，正好等于湖南省面积（21 万平方公里）与河南省面积（16 万平方公里）之和。又如，莱茵河与易北河长度均为 1127 公里，这个长度也正是非洲冈比亚河的长度。

（4）抓住特征。例如，蒙古灭金是公元 1234 年，这个年号正好是 1234 的自然排列。又如，鲁迅生于 1881 年，这个年号正好是由 18 和它的相反的数 81 构成。

此外，记忆的方法还有很多。例如，日本高木重郎所著《记忆术》中，介绍有标钉记忆法，又称培哥法和连销记忆法。这些方法其实质还是机械记忆，这里不一一赘述。

（三）反复试读

从记熟演讲稿到演讲获得圆满成功，这中间还有很长一段距离，试讲便是其中重要的环节。“临阵磨枪，不快也光”，模拟现场进行试讲能及时发现自己演讲出现的疏漏，以便采取相应的措施，能进一步加深和巩固演讲的内容，使自己的演讲更顺畅、纯熟、优美、动人。事实上，试讲的过程，就是演讲者把自己记熟的内容外化的过程，使无声的东西变成抑扬顿挫的有声的语流，是对演讲稿进行实践修订的过程。

试讲的方法很多，即可像林肯那样对着村庄和成行的玉米反复练习，也可像孙中山那样对着镜子反复琢磨；既可面对亲朋好友反复斟酌，也可对着录音机侃侃而谈。具体采用哪种方法，要因人而异。总之，要通过试讲，明确自己的长处，善于发现自己演讲的弱点和不足，采取切实有效的措施，认真加以改正，以力求做到临场演讲时，语言规范，口齿清楚，态势恰当，富于表情，达到扣人心弦、撼人胆魄的效果。

二、要有充分的心理准备

（一）心理素质的长期培养

演讲心理素质就是指演讲者在演讲活动中自然产生并表现出来的比较稳定的个性心理特征。心理素质固然有某些先天的成分，但主要是经过后天的长期培养与训练才能形成。特别是良好的心理素质的形成更是如此。这一点早已成为古今中外许多著名演讲家的成长经历所证明。

例如，古希腊杰出的雄辩家德摩斯帝尼原先并不擅长演讲。声音太弱、口齿不清，还有点结巴，而且还有一个动不动就耸肩的坏习惯。但他以顽强的意志和刻苦的训练来弥补先天的缺陷。他为了不受干扰也不影响别人，毅然搬到乡下，把头发剃掉一半，成了阴阳头，迫使自己不外出半步。他每天连续几个小时练习发音，纠正吐字不清的地方。为了使说话的声音响亮，他把一块石头含在嘴里反复练习，磨擦使他满嘴鲜血淋淋；为了练习颤音他就不断模仿狗叫；为了改变耸肩的习惯，他在肩上悬挂双剑，以正姿势。长期的刻苦训练使他终于有了金属般的嗓子，再加上丰富的学识，他终于成为一名杰出的演讲家。

又如，美国总统林肯是个说话害羞、不善言辩的人，但他之所以能成为举世公认的著名演讲家，也是凭借他后天的努力奋斗与坚强的决心。在我国众所周知的孙中山、鲁迅、闻一多等人，也都是经过苦练才成为演讲大家的。

以上事实说明，许多优秀的演讲家都是经过长期培养锻炼而成功、成名的。他们不断的努力，不仅大大提高了演讲的艺术才能，更为重要的是培养了他们良好的心理素质。良好心理素质的不断提高一定要在演讲实践中勤学苦练。

具备良好的心理素质能有效地消除紧张情绪，就会避免因精神紧张、恐惧、不安而造成词不达意、心慌意乱，脑子一片空白的场面。情绪稳定就能从容流畅地表达思想感情，甚至激发“灵感”，使演讲生色增辉，观众为之倾倒。另外，具备了良好的心理素质，就能灵活恰当地进行临场应变，不打断连续的演讲，又不露声色地将事态消灭在萌芽状态，变被动为主动，从而实现预期的演讲目的。

（二）克服演讲时的恐惧心理

所谓怯场就是缺乏上场演讲时的勇气或者在上场之前和上场之后的一段时间里精神十分紧张，甚至出现某种程度的恐惧。主要表现为：面对听众时害羞、面红耳赤、口干舌燥、呼吸急促、心跳加快、喉咙发紧、浑身出汗、手腿发抖、低头背稿不敢正视听众、搔头摸耳、卷衣角、摸发梢、说错了吐舌头、突然忘词、半途而废等现象。

怯场心理，源于人的自我意识，保护自我的本能，这种心理现象谁都会有，是一种普通的心理反应。初次当众讲话怯场是一种很正常的现象，在美国有人曾做过一次题目为“你最怕什么?”的测验，让3 000位美国居民来回答，结果让人惊叹：人们最怕的竟是“当众说话”，至于死亡问题，只名列第六位。许多著名的演讲家都曾产生过怯场心理。

例如，美国幽默讽刺作家马克·吐温第一次演讲时口中像塞满了棉花；

美国大演讲家詹宁斯初次上台演讲时两个膝盖颤抖地碰在一起；

印度总理英迪拉·甘地初次演讲“不是在演讲，而是在尖叫”；

古罗马雄辩家西塞罗开始演讲时面色苍白，四肢和整个心灵都在颤抖；

被喻为“世纪演说家”的英国首相温斯顿·邱吉尔开始演讲时心窝里似乎像塞着一块冰疙瘩……

要想切实有效地克服怯场情绪，演讲者在演讲前必须做到：

1. 要有强烈的成功欲

拿破仑有句名言：“因为我决心要成功，所以凡是我做的事都得到了成功。”经验证明：有无成功的欲望往往影响着一个人事业的成败；成功欲望的强弱大小，同一个人未来的成就总是成正比的。在演讲中，演讲者有强烈的成功欲，对演讲效果高度关切，自然会关注演讲内容的构成、演讲方法与技巧的运用、听众的有关情况、演讲进程中的有关情况等一系列的问题，从而不断改进和提高演讲的质量。“伟大的毅力只为伟大的目标而产生。”“即使遇到较大的困难，成功欲望强的演讲者绝不气馁，只要全力以赴准备完备，这时走上台演讲，就绝不会怯场了。”

2. 要有充分的信心

充分自信，是演讲成功的另一秘诀。强烈的成功欲可以触发心理动机，然而希望成功并非自信成功。自信是对自我素质和能力的信任，自信心是演讲者的重要心理支柱。自信心既可以坚定演讲者的意志，增强其自制力，又能充分发挥演讲者的创造性，以至于较好地进行临场发挥，所以，美国作家爱默生说："自信是成功的另一秘诀。"值得注意的是，这里所说的自信，是指建立在熟悉演讲基本规律、了解演讲时空环境和对自己演讲的基本内容有充分的把握基础上的科学的自信，而不是那种对自己、对实际、对知识、对听众都缺乏应有的了解的非理性的盲目的自信。

【教学互动】

请同学们举例说说是如何暗示自己充满信心的？

演讲者首先要对自己的演讲题材和演讲效果充满自信，要在精神上鼓励自己去争取成功。法拉弟演讲时暗示自己"听众一无所知"；哲学家奥欧里斯暗示自己："我们的想法可以创造自己的人生。"演讲者可以用如下的几句话反复暗示："只要勇敢地走上讲台就没事了。""我已做了充分的准备，不会错的。""听众有他们自己的事，不会对我的演讲太在意的！""潇洒地表达吧，我能成功。""紧张是胆小鬼的行为""我已走到了最恶劣的地步，不会再有更糟的事了，充满信心吧！"在如此自信的状态下，走上演讲台，怯场自然就化解了。

3. 了解听众，熟悉环境

演讲者初到一处演讲，对听众、对会场都不熟悉，如果一无所知，登台就讲，发现有异处，必然引起怯场。因此，讲前最好向主持人了解一下，问问听众的人数、文化程度、职业特点、兴趣爱好，对一些问题持什么态度，再问问会场的大小、环境如何等等，这样，心中有了底，避免客观环境和对象的变化给自己造成的心理压力。

但有些心理和生理的因素如果能加以注意，也有助于克服怯场。比如：由于紧张情绪会使人体内产生大量的热能，在你站起来讲话之前，就设法使肌肉交替地紧张或松弛，让脚使劲地踏地，直到感觉到腿上有许多热能要释放出来，然后再使它松弛，直到紧张不复存在为止。或者双手先是紧握，然后再松弛，使能量消耗殆尽。

卡耐基说："克服恐惧症的最好方法，除了练习还是练习。"初学演讲的人，由于缺乏临场经验，一旦登台必然要怯场，一个训练有素、技巧娴熟的演讲家，由于有丰富的临场经验，所以，不管什么样的时境下，听众多少，也都能很快适应环境，进入角色。可见，丰富的实践和训练是克服怯场的最好方法。正如跳伞运动员从几千米高空第一次跳下来一样，经过多次跳伞实践之后，他就不再有胆怯的心理了。因为他在多次的实践和训练中，掌握了跳伞的技能，熟悉了应付各种复杂情况的办法，由必然王国进入自由王国，也就无所谓了。孔子说："吾七十则随心所欲，不逾矩"，讲得就是这个道理。演讲也同此理，屡登讲台，已成沙场老将，在丰富的实践中，掌握了演讲的规律，就会挥洒自如，左右逢源，怯场自然就不存在了。归根到底，充分的准备和大量的演讲实践才能消除怯场情绪。

第三节
演讲的表达技巧

演讲是一门综合艺术，是一种既“讲”且“演”，以“讲”为主，以“演”为辅，既是听觉的，又是视觉的，兼有时间性和空间性艺术活动特点的综合的现实活动。作为演讲的表达手段主要有：有声语言、态势语言和仪表风度。

一、有声语言

演讲，首先是一种听觉艺术。有声语言是演讲者与听众交流信息的最重要的工具和最重要的渠道，它包括语义和语音两个方面内容。

（一）语义表达

在演讲中，演讲者的思想精深，学识丰富及炽热情感，都首先要靠语义的表达来体现。演讲语言就语义的表达来说，其基本要求必须做到以下几点：

1. 准确贴切

准确贴切是指演讲语言要有科学性，遣词造句能够贴切地表情达意，如实地反映客观事物的实际面貌。没有准确的语言，科学性就无从谈起，更不用说用演讲去宣传真理了，因此，演讲语言最基本的要求就是准确贴切地阐述事物，表情达意。准确贴切更重要的也是更难的是对所表达对象的思想内容要有正确而深刻的认识，能在反映事物时一语破的地点出事物的本质，并作出中肯精当、恰如其分的表达，这则是修辞上的要求了。

演讲语言要准确贴切，就应做到：①演讲语言必须符合客观事物的实际；②正确地选词造句。③词以达意为目的，不追求形式上的华丽。

2. 简洁明快

所谓语言的简洁就是用最少的字句准确地表达所要陈述的内容。简洁明快的突出特点是：①表达的内容简短明了，集中概括；②表达的线条清晰，主干突出；③表达的句式结构精约，短句多、节奏感强。莎士比亚有句名言：“简洁是智慧的灵魂，冗长是肤浅的藻饰。”“言不在多，达意则灵”，这是演讲必须记住的要诀，有人认为话讲短了就没有分量，其实不然，演讲语言的力量不是取决于它的数量，而是取决于它的质量。

例如，喜剧电影大师卓别林 1971 年被授予奥斯卡荣誉奖时，面对台下不断的掌声和欢呼声，眼含热泪，十分动情，他只说了一句话：“此刻，言语是多么多余，那么无力。”

又如，里根前妻简·怀曼因在《约翰尼·贝林达》中成功地扮演了一位聋哑母亲而获奖，她的话简短而有趣：“我因为在影片中一言未发而获奖，我想我现在最好还是再一次缄口不言。”

更为别致的要数第 31 届奥斯卡最佳作曲奖得主弗里德里克·洛伊的演说，当时他刚动过心脏手术。他说："我从我那颗有点破碎的心的深处感谢大家。"1952 年奥斯卡最佳女主角奖得主雪莉·布思由于跑得太急，上奖台台阶时绊了一下，差点摔倒，于是她借题发挥道："我经历了漫长的跋涉，方达到事业的高峰。"

3. 通俗平易

俗话说，话需通俗方传远。演讲既然要宣传人、影响人、教育人，讲出的话就应当通俗平易。因为演讲的时候，语言稍纵即逝，如果不通俗明白，听众听不清楚、不理解，那就影响了演讲的效果，阻碍了演讲者与听众的思想交流，古今中外的著名演讲家无不是用通俗易懂的语言进行演讲的，大家不妨看看毛泽东同志的所有演讲，有哪一篇不是通俗平易而内容又博大精深呢！

为使演讲语言做到通俗平易，应从以下几个方面去努力：

（1）多用口语化的语言。要口语化，即说起来"上口"，听起来"入耳"。口语并不是要对日常口头用语进行复制，而是把它们进一步加工提炼，做到逻辑严密，语句通顺。

（2）多用规范化的语言。除了在特定方言区作演讲外，一般演讲都要求用规范化的语言，即大多数人能听懂的普通话，使用词语也要规范，尽量不用听众不熟悉的文言、方言和生僻词语、专业术语。

（3）多用大众化语言。成语、谚语、歇后语等，都是群众口头常用的大众化语言。这些语言内涵丰富、语言精练，是人民群众经验和智慧的结晶。在演讲中恰当地使用这些语言，不仅使演讲语言显得生动活泼、富有表现力，而且使听众感到亲切自然、通俗易懂。

例如，"……行得正，走得直，身正不怕影子斜，虽然他们受到了一些人的诬蔑，虽然有时不被理解，但我们相信，路遥知马力，日久见人心。他们的辛苦，他们的付出是会得到人们理解的。"这里两处用了谚语，顺情入理，很有说服力。

又如，"我虽然是一个普通的农民，有些人对我们农民冠以'土包子''傻冒'之尊称，他们门缝里瞧人——把我们看扁了。但在这里，我要大声疾呼：……"这里运用歇后语，生动形象。

（4）多用质朴的语言。质朴的语言不堆砌华丽的词藻，不铺陈夸张，乍听平平常常，语不惊人，细品则包含朴素的真理，让人感到坦诚率直、真实可信，更易征服人心。

4. 形象生动

形象生动是指演讲的语言运用能绘声绘色、活灵活现地表现思想感情和客观事物，这是演讲语言艺术化的标志。演讲内容的情理美，必须通过演讲的语言美来表达，而形象生动正是语言美的一个重要方面，是最能赢得听众的手段。形象生动的语言是最富表现力的语言，在演讲中要多使用这类语言，使演讲获得成功，使听众产生美的感受。

要使演讲语言形象生动，各种富有表现力与感染力的修辞格的运用是必不可少的。

演讲中常用的修辞格有：

（1）比喻。描绘事物或说明道理时用同它有相似点的别的事物或道理来打比方，这种修辞格叫比喻。

比喻能准确地讲解知识，形象地表达感情。在演讲中比喻技巧的运用是很广泛的，它不仅可以用于演讲的局部，也可以用于短小演讲的整体。

例如，有一位演讲者在授奖大会上的答谢演讲中比喻到：

在一个很大很大的瓜地里，有无数的西瓜。它们有很多很多，有的很大，而且很好。有一个西瓜恰好生长在路边。于是，它很容易地被发现了。和瓜田里其他许多西瓜比起来，这个生长在路边的西瓜或许并不算大，并不算最好。但是，由于它被人发现了，所以受到了一连串的表扬："好瓜！好瓜！"

那么，这个西瓜应该怎么想呢？如果它在赞扬声中飘飘然起来，真以为是"老子天下第一"，那么，它便是一个大傻瓜；如果它以为自己的成长完全是凭自己，而忘记了园丁们的培养、浇水、施肥，那么它也是一个大傻瓜；如果它在赞扬声中保持清醒，继续生长，力追同伴，那么，它才是一个真正的"好瓜"。

我，就是生长在路边的，已被人发现的很大的瓜田里的瓜。

这篇演讲通篇运用比喻，且比喻新颖，说理深刻，让人难以忘怀。

（2）排比。把结构相同或相似、语气一致、意思密切关联的句子或句子成分排列起来，使语势得到增强，感情得到加深，这种修辞格叫排比。

排比是一种常见的修辞手法，在演讲中，排比的作用不仅能产生语言形式上的匀称和声音韵律上的往复美，而且能给听众以深刻的印象。这种句式不仅气势壮阔、情感充沛，而且表现力极强，无疑会为演讲锦上添花。

例如，美国黑人民权运动著名领袖马丁·路德在华盛顿示威游行集会上的演说，几乎全是由大型的排比句和排比段落组成的：

"我们来到这个圣地还为了提醒美国，现在已到了非常的紧急的时候；现在既不是贪图安静，也不是服渐进主义止痛约的时候；现在是把民王的诺言变成现实的时候；现在是从种族隔离的黑暗荒凉的山谷爬上阳光普照的种族平等道路的时候；现在是把我们的民族从种族不公平的流沙中解放到兄弟般关系的坚硬岩石上的时候；现在是为了所有上帝的孩子把公平变成现实的时候。"

这里连用六个以"现在是……的时候"为标志的分句排比，排比中又包含比喻，因而大大增强了演讲的情感、气势和艺术魅力，使得这个反对种族主义的演讲具有更磅礴的气势和鲜明的爱憎情感。如果读者怀着真挚的情感来演说这段讲稿，就会发现自己的声调会不自觉地提高，语速也会加快，音量也会放大。

（3）反复。为了突出某种意思，强调某种思想和情感，特意重复运用某个词语或句子的一种修辞手法。

例如，在《我是军人》中，描述军人的哥哥带病抢救两名落水儿童不幸牺牲后的这段文字："孩子们得救了，作为绿色军营中的一名硕士研究生的哥哥却走了，只留下短短的四个字：'我是军人'，就永远地，走了，爸爸哭了，妈妈哭了，被救的孩子哭了，孩子们的爸爸妈妈也哭了。市委书记来了，市长来了，哥哥学校的领导来了，自发组织的群众也来了，哥哥却走了，只留下短短的四个字！"

一段文字，三处反复，描述哥哥牺牲的时候，用委婉词"走了"反复，"走了……永远地，走了”，缅怀之情，缠绵悱恻。抒发悲痛之情的时候，用“哭了”反复，四次出现，渲染出极度的哀痛。四个“来了”的反复，又带来了领导、群众的一片关怀，热浪滚滚，抚慰哀伤。一个个的反复，层层叠叠的烘托，把演讲推向高潮，感人至深。

（4）设问。无疑而问，自问自答以引导听众注意和思考问题，这种修辞格叫设问。

例如，《“人生支柱”是什么？》演讲的开头：

“有这样一个问题在我脑海中萦回，是什么力量使爱因斯坦在名扬天下后仍继续攀登科学高峰呢？是什么力量使张海迪在死神缠绕之时仍锐意奋进呢？这大概是当代青年特别是我们大学生中讨论最多的问题之一，也是我今天演讲的题目。所谓人生支柱就是在人的生活和斗争中起决定作用的精神力量……”

设问的运用掀起了语言的波澜，使得语势起伏不平、跌宕多姿，既引起听众的思考，又促进了演讲者与听众之间的沟通和交流。

（5）反问。反问也是无疑而问、明知故问，但它只问不答，寓答案于问话之中。这种修辞格叫反问。反问比设问表达思想更为强烈，它能激发听众的感情，给其造成深刻的印象。因此在号召式的演讲中，很少有不用反问的。

例如，佩特瑞克很喜欢用反问把听众的情绪推向高潮：“战争实际上已经爆发。兵器的轰鸣即将随着阵阵北风而不绝于耳！我们的兄弟们此刻已开赴战场！我们岂可以在这里袖手旁观，坐视不动！请问一些先生们到底心怀什么目的？他们到底希望得到什么？难道无限宝贵的生命，无限美好的和平，最后只能以戴镣铐和受奴役为代价来换取吗？……”

（6）对比。对比是把两种不同的事物或一事物的两个不同方面放在一起进行比较的一种修辞格，演讲中恰当地运用对比手法，能使形象突出，能较全面地表现演讲者的观点，深刻地揭示事物的本质特征。

例如，英国政治家赖白斯在伦敦参事会上所作的劳动情况的演讲，就巧妙地运用了对比手法。他在演讲中突然停顿，取出金表，一声不响地站在那里看着听众，在场者对他的举动迷惑不解。他一直停顿了1分12秒之久。就在听众几乎都坐不住的时候，他突然大声说道：“诸位适才所感觉的局促不安的72秒长的时间就是普通工人垒一块砖所用的时间。”

赖白斯在这里确实匠心独具、高人一筹。他巧妙地利用这种停顿进行了一次生动的时间对比，形成弦外之音、言外之意，收到了独特的修辞效果。

除以上几种外，还有反语、比拟、借代、对偶、双关等，只要运用恰当，就能为演讲增辉添色。

（二）语言表达

1. 嗓音洪亮、圆润，不求夸张

圆润悦耳的声音能愉悦听众，喑哑、刺耳的声音会刺激听众，依此，演讲者的嗓音便可能关系到演讲的成败。但演讲毕竟不是表演，它应该使人感到亲切、自然、接近生活。它可以进行艺术加工但不允许过度夸张。

2. 吐字清晰、有力，连贯流畅

听演讲与阅读不同，阅读可以反复，听演讲则不可以，声音一过即逝，想再听一遍已不可能。因此，演讲者要让听众听明白，容易接受，其有声语言就不但要宏亮，而且还要清晰、有力和自然流畅。因此，演讲中的有声语言，少有日常口语中那种频繁的音变、简省和连音现象，少出现轻声、儿化等情况，强调语流的自然、连贯、流畅与符合人们的听话习惯。

3. 节奏分明、适度，变化有序

演讲有声语言的节奏，即轻重、缓急、抑扬、顿挫，应该是有起伏的。随着演讲者的感情变化，演讲高潮的涨落，节奏起伏也会有所不同。但演讲中的这种节奏对比和表演中的节奏对比不同，它较为接近自然状态的口语节奏。

4. 感情充沛、真挚，身心投入

演讲的有声语言应该饱含激情。无论是喜是悲，是恨是爱，演讲者只有全身心地投入，才能使演讲具有感染力，而这时，演讲者的有声语言也必定会是声情并茂的。

有关语音的表达训练在前面的章节中已有叙述，在此不再赘述。

二、态势语言

演讲作为一种艺术最大的因素是取决于有声言语和非有声言语（即态势语）的交融体现。即除了吐字清楚、声情并茂外，还要举止大方、态势潇洒。美国心理学家艾帕尔说：“人的感情表达由三个方面组成——55%的体态、38%的声调及7%的文字。”这说明了态势语的重要。

初学演讲者很难取得演讲最佳效果的主要原因是非言语技巧表达的生硬或者根本不符。非言语表达是指用来配合有声语以表达思想、丰富感情的眼神、表情、姿态和动作，它可以弥补有声语的不足，把演讲表达得更加生动。教育家陶行知曾说：“演讲如能使聋子看得懂，则演讲之技矣。”这正说明态势语言在传神达意方面具有极其重要的作用。演讲者应尽力掌握态势语言的表达技巧，使深刻的语言、得体的表情和灵活适当的体态融为一体。

态势语言的主要内容有面部表情、手势动作、身体姿态三个方面。

（一）面部表情

在态势语言中，人的面部表情丰富多彩，面部表情是最能传情达意的。“面部表情是多少世纪培养成功的语言，是比嘴里讲得更复杂到千百倍的语言。”（罗曼·罗兰语）面部表情是人的内在思想感情在外貌上的显示，它是人的思想感情最灵敏、最复杂、最准确、最微妙的“晴雨表”。

为了更好地表达思想感情，运用面部表情时，应做到以下几点：

1. 善于用“眼睛”说话

心理学研究表明，在人的各种感觉器官可获得的信息总量中，眼睛要占80%以上，人内心的隐秘、胸中的奔突总是自觉不自觉地在不断变幻的眼神中流露出来。它犹如一面聚焦镜，凝聚着一个人的神韵气质。泰戈尔曾经说过："一旦学会了眼睛的语言，表情的变化将是无穷无尽的。"

演讲者要学会用眼神与听众交流，去启示、引导听众，从而加深听众对演讲内容的理解，但眼神的运用一定要随着演讲内容和感情的变化而变化，既不可始终无动于衷，一动不动地直视，也不可滴溜溜地乱转。因为每一视线都有其固定的意义，如，视线向上，是思考、傲慢的表示；视线向下，是忧伤、愧悔、羞怯的表示；环顾左右则是神情慌张、心绪不宁的表示。

演讲者在运用眼神时，应与思想感情的变化一致，使听众从丰富多彩的目光变化中，深刻地领悟到演讲所表达的主旨。

【课上练习】 态势语言训练

［**练习目标**］通过训练使同学们学会用"眼睛说话"的表达技巧。

［**练习方法**］用"眼睛说话"表达下列意思：

（1）表示忧伤、羞怯、惭愧；

（2）表示思考、傲慢；

（3）表示为人正直、胸怀宽广；

（4）表示神情慌张、不冷静；

（5）表示志向远大；

（6）表现轻薄浅陋；

（7）表现自信自强；

（8）表现正气凛然。

2. 善于灵活地驾驭自己的面部表情

面部表情与眼神是密切相关的。其实，眼睛的传神常常与面部其他部分的活动相配合进行的。眼神离开了面部其他部分的活动，其表情达意作用就必然会受到影响。面部表情非常丰富，许多细微复杂的情感，都能通过面部种种表情来传情，并且能对有声语言表达起解释和强化作用。

脸面的颜色、光泽、肌肉的收缩与舒展，以及脸部纹路的不同组合，便能构成喜怒哀乐等各种表情。眉飞色舞是喜，切齿圆睁是怒，蹙额锁眉是哀，笑逐颜开是乐。口角向上表愉快，口角向下表忧烦；冷漠轻蔑时嘴紧闭；诧异惊讶时口大张。同样是笑，微笑、憨笑、苦笑、奸笑，在嘴、唇、眉、眼和脸等方面都表现出许多细微复杂的差别。演讲者要善于观察面部表情的各种细微差别，并且要善于灵活地驾驭自己的面部表情，使面部表情能更好地辅助和强化有声语言表达。

运用面部表情，要求自然真实，喜怒哀乐都要随着演讲内容和思想感情的发展需要而自然流露，切不可"逢场作戏"，过分夸张，矫揉造作，那样会令人感到虚伪滑稽。也不可毫无表情，冷若冰霜，使人感到枯燥压抑。演讲者的面部表情与有声语言表达要协调一致，要能准确鲜明地反映自己内在的思想感情。面部表情和有声语言的表情达意应同步进行。如果演讲者的颦、笑、蹙、展游离于演讲内容之外，与内心感情变化脱节，那便会使人感到莫名其妙，无法理解。同时，演讲者为了有效地传递信息、交流感情，要尽量避免傲慢的表情、讥讽的表情、油滑的表情和沮丧的表情，这些表情都会使听众产生不良的影响，形成离心效应。

（二）手势动作

手是人体敏锐的表情器官之一，手势是态势语言的主要形式，使用频率最高。由于双手活动幅度较大，活动最方便、最灵巧、形态变化也最多，因而表现力、吸引力和感染力也最强，最能表达出丰富多彩的思想感情。寓意深刻、优美得体的手势动作，能产生极大的魅力，激发听众的热情，加深听众对演讲的内容的理解，使演讲获得成功。

1. 手势活动的区域

手势活动有三个区域：胸部以上为上区，常常用来表示积极、理解、宏大、激昂等情感和内容；胸部到腹部为中区，多表示比较平静的思想和情绪，一般叙事说理的手势都在这一区域；腹部以下为下区，多表示憎恨、鄙夷、不屑、厌烦等内容和情感。

2. 手势活动的种类

从手势表达思想内容看，手势动作大致可分为以下四类：

（1）情意手势。情意手势用以表达情感，使抽象的感情具体化、形象化，使听众易于领悟演讲者的思想感情。如挥拳表示愤怒，摊开双手表示无奈等。闻一多在痛斥反动派暗杀李公朴先生时，愤怒地用力拍击讲台，这一动作深深地表达了他悲愤交加的心情已急剧上升到了顶点。与其他类型手势相比，情意手势在演讲中运用最多，表现方式也极为丰富。

（2）指示手势。指示手势用以指示具体对象，它的特点是动作简单，表达专一，基本上不带感情色彩，指明演讲中涉及的人或事物及其所在位置，从而增强真实感和亲切感，指示手势比较明了，比较容易做。

（3）象形手势。象形手势是摹拟事物的形状以引起听众的联想，给人一种具体明确的印象。在一次演讲比赛中，一个演讲者讲到自己由于身患重病没钱医治，一个个素不相识的朋友给他寄来汇单、物品。在讲到一个年仅 5 岁的小女孩那天到医院给送来一个大梨时，他热泪盈眶，双手合抱，虚拟出一个大球形，好像这梨子就是代表了人们的真情实意。这手势信息含量很大，升华了感情。

（4）象征手势。象征手势用以表现某种抽象概念，以生动具体的手势和有声语言构成一种易于理解的意境。例如，讲“一颗红心献人民”时，双手做捧物上举姿势，自然构成一种虔诚奉献的意境，给听众留下鲜明的具体形象。

从手势的运用形式上看，又可分为：手势动作、手指动作和拳头动作。这些手势语言具有多种复杂的含义，应该细心辨识和掌握。如常用拇指和小指，分别表示赞扬与鄙夷；单手手掌向前推出，显示信心和力量；双手由分而合表示亲密、团结、联合；握拳表示情感异常激烈，等等。

总之，演讲的手势可以说是“词汇”丰富，千变万化，没有一个固定的模式。演讲手势贵在自然，切忌做作；贵在协调，切忌脱节；贵在精简，切忌泛滥；贵在变化，切忌前紧后松或前松后紧。

3. 手势通病举例

演讲手势常出现的通病有以下几种：

（1）生硬。初上演讲台的人往往手足无措，不知该怎样做手势。有的请人辅导，在讲稿上说明“此处点头”“此处挥手”。一上台心慌意乱全忘了；或者夸张过度，看起来很不自然。其实，初学演讲的人手势宜少不宜多。最好在自己生活习惯中选出一些常用的手势而不要生硬地加上许多自己平时根本不做的手势。换句话说，最好是做减法而不要做加法，有时甚至可以不做手势。当然，也不能全身僵直、两手紧贴裤缝。我们可以借助一些可视材料使我们自己放松，又使自己在听众看起来觉得很自然。例如手里拿上卷纸（倒不一定是自己的讲稿）或一叠卡片（倒不妨是自己的演讲提纲）。带上卡片或手里握着讲稿，心里会有镇定的感觉。演讲者拿着卡片、握着讲稿，也顺理成章，看上去很自然。手里有了东西，不做手势，别人不会苛求，要做手势，也可变化自如，收到某些特殊的效果。

（2）粗俗。手势动作也有文野之分。我们提倡演讲手势文雅大方。以最简单的手势用以示意“我”来说，就可能有许多种，有以手轻抚胸口的；有以食指指自己鼻子的，还有以拇指自指的。三者相比，以第一种最为文雅，而第三种以大拇指翘起，手势与夸赞相同，颇有些“老子天下第一”的味道，所以给人以粗俗之感。第一种手势以右手轻抚胸口，这个手势与表示谦虚和诚意的手势相类似，所以给人以文雅之感。一般来说，表达同一个意义的手势不止一个，我们应该有选择地采用。

（3）琐碎。我们主张手势明确、简洁，不要使用含意不清的小动作。特别是一些下意识动作的简单重复，更应注意避免。例如有的人在讲台上喜欢用手指撕衣角，有的喜欢翘一个手指，还有的人习惯性地摇晃身体、抖动腿部。这些“小动作”没有明显的含意，却破坏了演讲者的形象，是不足取的。

4. 手势动作运用原则

许多演讲者常常会为演讲中如何恰当地运用动作而感到困惑。有时在一段话中使用了过多的动作，有时又整段整段没有任何手势、动作。因此，如何在演讲中运用恰当的手势动作，也是一个值得研究的问题。

（1）“抓住关键词语”原则。必须把手势动作用在关键性的、需要特别强调的词语上，这样就等于把这些词语的信息量增加了一倍——在听觉信息之外又加上了视觉信息。这就起到了画龙点睛的作用。如果没找到地方，把手势动作用在并不需要强调的词语上，就会适得其反。

例如，如下一段演讲词做演讲练习：

记得我童年的时候，母亲对我说，我们家是最正宗的上海城里人啰！

在做“运用手势”练习的时候，某同学把“我”（以手抚胸）的手势放在“母亲对我说”的词语上。而原来的演讲者却把同样的手势放在“我们家”的地方。两相对照我们就可以看出演讲者要强调的并不是这句话对谁说或者什么人说，要紧的是强调自己祖居上海，所以，把手势放在“我们家”上是突出了重点，突出了关键词语。

(2) 要注意演讲词的基调和背景原则。

例如，训练者在一段演讲录像中摘录了下面这句话做手势练习：

我们面对着世界还用不着说声抱歉！

有位同学大约是从“抱歉”立即联想到“礼貌语言”，于是运用了一个十分优雅的带着微笑说“抱歉！”的姿势，仿佛不小心踩了别人一脚似的。对照一下“原版”，演讲者所做的手势却大相径庭：他在“面对世界”上做了一个右手外翻的动作，接着收回右手并顺势拉向左上方，在“抱歉”时从左上方斜切到右下方，三个动作一气呵成，表现出一种干脆利落的“否定”。因为孤立地看，可以认为“抱歉”是道歉的意思，然而在这句话里，从句子的基调也就是这一词语所处的背景来看，就不是“道歉”，而是“我们不应该妄自菲薄”的含意。演讲者就是从这个基调出发来做这个“断然否定”的大幅度手势的。

(3) 手势动作的成套、整体配合要与演讲词的结构相适应原则。在演讲词的一些排比句中，常常要求有成套的手势动作与之配合。我们仔细研究了一些比较成功的演讲录像，发现每当高潮时，手势、动作十分连贯，形成了一套手势配合一段演讲词促成一个高潮的情况。

例如，下面这段演讲词：

朋友们，当今的祖国确实迫切需要我们对她的爱。对她改革中的痛苦要双手去爱抚，对她改革中的失误要以爱的心境去理解；而对于她的开拓和创业要以爱的行动去参与！

演讲者在说“对她的爱”时，缓缓抬起双手。然后在“爱抚”时做抚慰状，在“理解”时收回双手置于胸口，在“参与”时举起右手带起右臂向前向上表示“有所为”。这一抚一收一举配合着两个排比句层层递进，起到了加深印象、提示内容的作用。三个手势连贯而有变化，配合得比较成功的。

(三) 身姿动作

在演讲中，演讲者不可能纹丝不动，演讲者的身姿动作在演讲中有影响听众的移情作用。恰到好处地移动身姿，不但有助于演讲内容的表达，而且可以显示演讲者优美的风度。

演讲者的身姿移动，表示不同的含义，向前移动，多表示进取、肯定、希望、坚信等积极意思；向后移动，多表示退让、否定、犹豫、畏惧等消极意思；向左、向右移动，可以活跃讲台气氛，有时还可以显示演讲的节奏和层次。

正确的身姿移动，应遵循三个原则：目的明确、移动恰当、幅度不宜过大。在演讲中，充分发挥态势语言的作用，可以使讲与演有机统一、相得益彰。

总之，使用态势语言要求做到：准确、适时、优美、适度、精练、适宜。

三、仪表风度

演讲者是以其自身出现在听众面前进行演讲的。演讲者一上台，听众就可以通过视觉观察演讲者的仪表和风度，形成非常深刻的“第一印象”，它直接影响着听众的听讲效果。

仪表是指人的身材、容貌、服饰、姿态等外在因素，以及由这些因素综合体现出来的气质和风度。而风度就是人们对仪表美的一种衡量尺度，是人们在长期社会生活和交往中逐渐形成的具有个人特色的举止和姿态。这些举止和姿态正是人的思想、品德、性格、气质等内在素质的外在反映。事实上，仪表与风度是一种无声的态势语言，它一定程度上反映了人的内心世界，良好的仪表和风度，能产生强大的吸引力，牢牢吸引听众的注意力，赢得听众的关注和尊重，形成融洽和谐的气氛。

在演讲中需要掌握的仪表风度原则有以下几个方面：

（一）适合身份

演讲者在演讲台上是希望得到听众的共鸣，但他应该是与听众交流思想的人而并非请听众欣赏演技的演员，因此，虽然允许演讲者做一定的修饰，但不宜过多修饰。应该使听众感到演讲者就是生活中的人而不是戏剧中的某一个“角色”。如大家熟悉的表演艺术家李默然同志，他一登上艺术舞台，总要根据他所扮演的角色进行性格化和艺术化的妆饰，然而当他作为演讲家登台演讲的时候，他只要将现实自身的穿着略加妆饰一下就可以了。

（二）适宜场合

所谓适宜场合，指的是仪表风度要与出现的时间、地点相宜。演讲者的服装款式与色彩应力求与现场气氛相谐。如有位女青年做四次演讲，根据演讲主题不同，她分别选择了不同服饰。她讲“社会主义好”，穿西装，显得庄重严肃；讲战斗英雄事迹，穿军干服，表示稳重肃穆；在参加题为“青春、理想”的演讲比赛时，穿T恤衫，显得活泼爽朗；而参加小说分角色演讲，她却穿上白衬衫，并结上领带，显得潇洒而又大方。她的这种做法很值得借鉴。

（三）适应听众

演讲成功与否的一个重要因素是能否引起听众共鸣，只有令听众从心底产生共鸣，他们才能心悦诚服。而引起共鸣的条件之一便是听众与演讲者的共同点。思想观点的共同点固然十分重要，而仪态方面的共同点也是不可忽视的。在走上演讲台之时，演讲者应该把听众的年龄层次、文化层次，乃至民族特征、地域特征做一个调查。然后再考虑听众的心理要求，决定如何修饰自己。面对着年轻的听众，不要穿得太古板；面对老年听众则别穿得过于新潮；听众是南方开放地区的，你不妨打扮得洋气一点……总之，演讲者必须认真研究自己的听众，努力在各方面与听众贴近，这就是“适应听众”的含意。

演讲就是靠上述这些手段，组成一个综合的、统一而完整的表达系统，达到演讲的目的。在这种综合的传达系统中，缺少任何一个因素也构不成演讲活动。

第四节
临场应变技巧

一、演讲者自身发生失误情况的处理

（一）忘记演讲词

忘却，是演讲者的大敌。要尽力避免它的出现，就应该认真准备，将演讲稿烂熟于心，用自己的语言讲述自己的思想；在登台演讲时一定要集中注意力，排除各种干扰。这些做法，都有助于避免出现忘却。这里我们要详细介绍的是，一旦出现忘却怎么办？显然欲盖弥彰、愚弄听众的做法是万不可取的。但站在讲台上乱讲一气也是不妥的。从兜里拿出演讲稿翻找，这样既中断了演讲，又耽误了时间，也不雅观，甚至会引起听众反感。为了使演讲能顺利地进行，最终取得较好的效果，有以下三种方法可供使用。

1. 插话衔接法

当你一旦忘却的时候，立即插入一两句与演讲内容有关的问话。利用短暂的时间，加速回忆下面要讲的内容。比如讲着讲着忘却了，这时切不可停顿，你应当面向广大听众问一问：“同志们，前面这一部分我不知道大家是否听清楚了？”话音落后，你就可以扫视全场，而就在扫视的瞬间，就完全可以想起下面应当讲的内容了。一旦想起，你就可以说：“好，既然大家听清楚了，我就继续讲下去。”

2. 重复衔接法

所谓重复衔接法，就是一旦忘却的时候，要把最后这句话再加重语气重复一遍。这样，往往能使断了的思维链条再衔接起来，使演讲顺畅地继续下去，比如前段演讲最后一句话是：“我理解了他们的爱吗？我懂得爱他们吗？”而后段前句话是：“从那以后我变了。”一旦前段讲完了而后一段的前句话又忘了，这时，你可以有意地加重语气，重复讲一遍前段最后的那句话“我懂得爱他们吗？”往往就在重复的这一瞬间，便想起了后段的第一句话“从那以后我变了”。这样，演讲就可以继续下去了。

3. 跳跃衔接法

演讲者常常出现的忘却，并不是把后面的全部忘却了，而仅是把一段的第一句或整段忘记了。这时只好随方就圆，忘却了就忘却吧，哪里没忘，就从哪里接着讲下去。这就是跳跃衔接法。用这种方法虽然丢掉了几句话，甚至一个段落，但它总不至于因中断而破坏了演讲的气氛，涣散了听众的注意力，影响整个演讲的效果。如果丢掉的话语比较重要，演讲期间又想起来了，可采取在收尾前补充的办法。比如可以这样说：“这里值得一提的是……”就可以把忘掉的重要段落补充进去了。

上述这些亡羊补牢的办法虽然有一定的效果，但这些方法总是被动的，是不得已而为之的。所以，还是希望每位演讲者做好充分的准备，未雨绸缪，使自己的演讲一气呵成为最好。

（二）说错演讲词

比起怯场和忘却，讲错话是更为常见的一种失误。临场经验比较丰富的演讲者，一般都很少出现怯场和忘却，而讲错话却是任何一位演讲家也在所难免的。如因记忆不准确而说错了某个数字或年代，甚至张冠李戴，或由于讲述太快而丢词落句，或因用语不当或一时激动而说了错话，或者说得不得体等等。出现上述情况，要根据其失误的性质、程序采取相应的措施。

1. 一般性错误

如丢了个词，或者讲错个字，或者不符合句法等。如果不影响问题的阐述，听众又不能听出来，也就不必纠正；纠正了反而适得其反。如果是关键性的词语、句子，那就不能随便放过了，应必须给予纠正，当然也没有必要声明“这句话我讲错了”；最好的办法是按照正确的话再讲一遍，听众也就明白了。这样虽有重复之嫌，但总算纠正了错误，以免贻误他人。李燕杰同志在一次演讲中，由于失误，说错一句较为关键的话。话音未落，他便觉察了。话音刚落，他就自问自答地说了一句：“这句话是对的吗？不对。”然后，他又按正确的说法说了一遍，听众一点也没有意识到是李燕杰讲错话了。

2. 原则性错误

有时由于演讲者缺乏全面的考虑，在演讲中可能造成较大失误，这需要及时地给以补救。

例如，邵守义在某大学演讲，校领导都坐在台上邵的左侧。当邵讲道：“我们有些领导者是没有口才的，他们在台上哼哼哈哈，讲得汗流浃背，下面听众却如坐针毡，难熬难耐”时，台下竟想不到爆发出掌声、吹嘘声，大学生们的眼光都集中在邵左侧的学校领导身上，表现出一种幸灾乐祸的神情。说者无心，听者有意，大学生借邵说的话，用掌声来讥讽他们的领导，使邵置于极为难堪的境地。

当时邵是怎么办的呢？

在掌声尚未全落的时候，邵马上接着讲：“是的，我们有些领导者确实没有口才，但这样能全怪他们吗？我曾记得，解放战争期间，我们的一些领导，一些指挥员都是有口才的，可是后来由于极左路线的干扰，人们不敢随便说话了。五七年‘反右’后，人们不敢说真话了；‘大跃进’后人们开始说假话、说大话了；‘文革’期间我们的领导者不要说丢开稿子讲话，就是照稿子念也是战战兢兢，唯恐念错一个字，否则就要被打成‘三反分子’。长期以来，我们的一些领导由于不敢说话，自然也就少说话，少说话又怎么能有口才呢？这不能全怪他们。现在好了，党的十一届三中全会以后，人们的思想解放了，敢于畅所欲言了。年轻的朋友，你们处在一个大好的时期，我衷心地希望你们和我们的一些干部，努力培养自己的口才吧，用自己的悬河之口，为‘四化’大业助威、呐喊吧！”语音刚落，又响起了一阵掌声，这是善意友好的掌声，同时也为台上的领导解了围。

二、听众反应冷漠情况的处理

在演讲中，或由于时间、环境的原因，或由于演讲内容的原因，或由于演讲方法的原因，演讲引不起听众的兴趣，会场上就要出现困倦、溜号、交头接耳，甚至开小会的不利局面。这时演讲者切不可一意孤行地讲下去，一般应采取以下对策：

（1）运用幽默吸引听众。这一点，孙中山先生的经验可供学习。

1924年孙中山先生到广东大学讲三民主义，由于礼堂不大，听众又多，空气不好，有些人昏昏欲睡。孙中山先生为了提起大家的精神，便插上一个故事说：“我小时候在香港读书，见过有一个搬运工人买了一张马票，因为没地方可藏，便藏在刻不离手的竹竿里，牢记马票号码。后来马票开奖了，中头奖的正是他，便欣喜若狂地把竹竿抛到大海里，满以为今后不再靠这支竹竿生活了。直到想起领奖手续，才知道要凭票到指定银行取款，猛然想起马票放在竹竿里，便拼命跑到海边去，可是连影子也没有了……”听完这个故事，大家议论纷纷，有的大笑，谁也不打瞌睡了。孙中山先生接着说：“民族主义就是这根竹竿。”用这样一句话，很自然地回到演讲主题上来。可见，由于时境原因，听众困倦了，那就讲一个既富有寓意又紧扣主题的、生动有趣的故事，便可以振奋听众精神，引起听众的兴趣和注意。

（2）如果听众对你讲的某部分不感兴趣，那你必须当机立断，迅速压缩这部分内容。

（3）设置一些悬念，激发听众的兴趣，调动听众的情绪。

（4）提问。如“这是为什么呢？”“这个问题应怎么解决呢？”用这样的提问，促使听众产生积极的思维活动，引起听讲的兴趣。

（5）提高演讲的声音。

（6）突然短暂地停讲。

（7）恰到好处地敲击桌子。

当然，关键还在于演讲内容的新颖充实和演讲技巧高超。

三、演讲内容与别人重复的处理

有时在一个演讲会上，几个人的演讲内容相同，自己要讲的内容别人先讲了，这时就不能再按原稿讲了，因为没有比重复更令人枯燥乏味的了。这时紧急处理的方法有：

（1）根据自己的思想、学识和经验，根据演讲会的宗旨和听众的实际情况及需要，立即重新选择主题并围绕主题迅速组织材料，做一个有别于前面讲的内容的新的演讲。这样才能使听众感兴趣并得到满足。

（2）从准备的讲稿中，选取一部分，引出新意，深化开去，重新组织演讲稿。

例如，有一位临场经验丰富的演讲者去参加一个演讲选拔赛。在他之前已有3位选手讲了有关理想、人生的题目，听众有些厌倦，场上秩序有些混乱。这位演讲者面对这种情况，便迅速整理了一下思路，把原来的演讲题目改为《军人的理想》，场上很快平静下来。接着他又重新设计了一个开头："有的人把理想挂在嘴上，夸夸其谈；有的人把理想悬在心里，朝令夕改；我们军人把理想拴在脚上，走一步，理想实现七十五厘米，走两步，理想实现一米五，走到祖国需要时，理想的热血将洒遍九百六十万平方公里的美丽国土……"别致的标题加上新颖的开头，使他的演讲避免了重复，而又别开生面，受到听众热烈欢迎，并获得这次演讲的第二名。

四、会场出现喧哗和喝彩情况的处理

（一）会场出现喧哗和喝彩情况的原因

出现这些问题，原因大致有两种：一是演讲者的问题：或是演讲太长、内容抽象、言词枯燥；或是出现观点性、知识性、逻辑性及语言上的失误和差错。演讲者必须本着知错必改的态度，立即改正，风波自然就平息了；如果置若罔闻，仍然我行我素，就必将造成大错。二是听众的问题：有时部分听众出于偏见，有意寻衅捣乱。

（二）对此情况处理方法

（1）演讲者大可不必惊慌，要抱着"吹嘘尽管吹嘘、演讲还是照样进行"的态度，越发庄重、沉稳，给听众一种心胸豁达的印象，过一会儿，吹嘘者自觉没趣，便也就销声匿迹了。某大学新生报到第一天，系辅导员组织召开新生座谈会，内容是自我介绍。来自农村的牛敏，刚说了句"我姓牛，来自乡下"，不知谁小声说了句"乡下小牛进城喝咖啡了"。许多人笑了起来，牛敏先是愣了一下，但很快镇定下来说："是的，我是来自乡下的小牛。我进城来'啃'知识，以便回乡下耕耘。我'吃的是草，挤出来的是奶和血'，我愿永做家乡的'孺子牛'！"同学报以热烈的掌声。

（2）演讲者运用一些巧妙幽默的语言，也可达到控场的目的。这里必须指出的是：不管面对什么情况，演讲者切不可意气用事。一旦和听众造成严重的对立情绪，演讲就难以进行了，甚至造成不良的后果。这一点是必须注意的。

五、演讲时间临时改变的处理

演讲一般事先都有预定的时间，但有时前面的演讲者拖延了时间，或是听众由于特殊原因不能安心久坐听演讲，这时演讲者就必须迅速调整自己的演讲：或根据原主题在不丢失精妙的前提下适当地压缩一些内容，或运用一些概括语句，使篇幅减少而观点保持完整。有时为使听众安心听讲，也可事先声明一下压缩后所需的大致时间，给听众吃颗"定心丸"。这时一定要通盘安排，既不可"虎头蛇尾"，也不可不顾听众情绪，一味拖延时间。

六、听众持对立观点情况的处理

对持不同看法的听众，即使他们是错的，演讲者也不可直接否定或批驳斥责，因为这会刺伤其自尊心或惹其勃然大怒，以致越发不可收拾。这时应采用迂回战术：或先找出一个双方都赞成的共同立场来说；或先肯定对方一些合理的地方，然后再一步步地亮出自己的观点并充分加以阐述；或采用征求意见的方法，由浅入深，慢慢疏导，做到"好雨""润物细无声"，以收到水到渠成的最佳效果。使用这些委婉的说法，不仅能产生良好的"说服"效果，而且可以显示演讲者富有文化教养。

在演讲中可能出现的情况很多，常常难以预料。演讲者应该在实践中注意总结经验、教训、认真而艺术地发表演讲，并纯熟地掌握一定的应变方法。这样，面对一切出乎意料的事变，就能灵活、自如地处理好。

本章小结

※ 演讲就是在特定的场合中，运用有声语言为主（"讲"）、态势语言为辅（"演"）的艺术手段，发表个人见解以阐述道理、感召听众的语言实践活动。

演讲的特点：现实性、综合性、直观性、鼓动性、艺术性。

※ 演讲的准备包括两个方面：要有完善的内容准备；要有充分的心理准备。

演讲内容的准备大体分三个方面：选择话题、熟记讲稿、反复试读。

演讲的心理准备包括两个方面：心理素质的长期培养、克服演讲时的怯场情绪。

演讲的选题要适合演讲者；要适合听众；适合特定的场合；适合规定的时间。

要想切实有效地克服怯场情绪，在演讲前必须做到：要有强烈的成功欲和充分的信心；了解听众、熟悉环境，归根结底要有充分的准备和大量的演讲实践才能消除怯场情结。

※ 演讲的表达手段：包括有声语言、态势语言、仪表风度三方面。有声语言表达包括语义和语音两个方面内容。语义表达要求做到准确贴切，简洁明快、通俗平易、语言质朴、形象生动。语音表达要求嗓音洪亮、圆润，不求夸张；吐字清晰、有力，连贯流畅；节奏分明、适度，变化有序；感情充沛、真挚，身心投入。态势语言表达主要有面部表情、手势动作、身体姿态三方面。

思考与实训

一、填空题

1. 演讲是就在特定的场合中，运用________为主、________为辅的艺术手段，发表个人见解以____________________________的语言实践活动。

2. 演讲的选题要适合________；要________；适合________；适合____________。

3. 态势语言表达主要有__________、__________、__________三方面。

4. 有声语言表达包括__________和__________两个方面内容。

5. 演讲手势贵在____________，切忌做作；贵在____________，切忌脱节；贵在__________，切忌泛滥；贵在__________，切忌前紧后松或前松后紧。

二、判断题

1. 演讲可以进行艺术加工但不允许过度夸张。 （ ）

2. 象形手势用以表现某种抽象概念，以生动具体的手势和有声语言构成一种易于理解的意境。 （ ）

3. 眼神是态势语言的主要形式，使用频率最高。 （ ）

4. 强烈的成功欲可以触发心理动机，然而希望成功并非自信成功。 （ ）

5. 在态势语言中，面部表情是最能传情达意的。 （ ）

三、简答题

1. 什么是演讲？演讲具有哪些特点？
2. 演讲的准备工作有哪些？
3. 演讲语言表达的基本要求有哪几点？
4. 如何克服演讲中的怯场情绪？
5. 运用面部表情时必须注意哪些问题？为什么？

四、实训练习

【模拟训练】

情景1：

（1）演讲者在讲到“我们只要能团结起来，就一定能把班级活动搞好”时，双手由合而分，脸上现出笑容。

（2）在教室里，当演讲者讲到结束语“让我们扬起理想的风帆，向着光辉的未来前进！”时，双脚向前跨一大步，双手向前上方两边有力地伸出。

（3）演讲中讲到灾区人民正在苦难之中，等着人们前去援救时，演讲者不禁流下泪来，声音哽咽，一时说不出话来。

（4）演讲者微笑着说：“是骏马，就要在崇山峻岭中奔驰；是雄鹰，就要在悬崖峭壁上展翅；是蛟龙，就要在惊涛骇浪中翻腾。一个有志青年，就要为中华的崛起而读书。”说到最后一句，做了个右手向前上方伸去的动作。

问题：以上几例演讲者态势语言运用是否恰当？为什么？然后让同学们进行现场演示自己设计的态势语。

情景2：请同学扮演下面这些“站相”。

（1）两脚并拢，昂首挺胸。

（2）两脚叉开呈“稍息”姿态，一只脚还不停地抖动。

（3）摆弄衣角、纽扣，低头不敢面向听众。

（4）耸肩中不停地晃动。

（5）摸鼻子擦眼睛。

问题：指出这些“站相”给人的感觉。

第八章 演 讲 稿

【知识目标】

1. 明确演讲稿是演讲获得成功的重要保证
2. 了解演讲稿的作用

【能力目标】

1. 掌握搜集材料的途径和方法，以及材料升华的一般方式
2. 掌握演讲稿提纲拟写的方法

第一节 演讲稿的概述

一、演讲稿及其特点

（一）演讲稿的概念

演讲稿，顾名思义，就是为演讲而准备的文字材料。演讲稿是演讲的依据，是对演讲内容和形式的规范和提示，它体现着演讲的目的和手段、演讲的内容和形式。它是演讲获得成功的重要保证。

（二）演讲稿的特点

演讲稿既有与其他文章写法相同的一般规律，又有自身的独特之处。演讲稿属于应用文体，但它不是一般的应用文，而是一种高级而特殊的应用文：即它既具有一般议论性质的应用文体的特征，同时又具有文艺作品所采用的多种艺术手法、感情色彩浓厚等特点。

它不同于公文与司法文书的书面文章，而是一种口语化的文章；它又不同于一般的口头语言，而是一种成文性的口语。演讲稿具有以下三个特点：

1. 针对性

演讲是一种社会活动，是用于公众场合的宣传形式。它为了以思想、情感、事例和理论来晓喻听众、打动听众、“征服”听众，必须要有现实的针对性。所谓针对性，首先是作者提出的问题必须是听众所关心的问题，评论和论辩要有雄厚的逻辑力量，要能为听众所接受并心悦诚服，这样，才能起到应有的社会效果；其次是要懂得听众有不同的对象和不同的层次，而“公众场合”也有不同的类型，如党团集会、专业性会议、服务性俱乐部、学校、社会团体、宗教团体、各类竞争场合，写作时要根据不同的场合和不同的对象，为听众设计不同的演讲内容。

2. 可讲性

演讲的本质在于“讲”而不在于“演”，它以“讲”为主，以“演”为辅。由于演讲要诉诸口头，拟稿时必须以易说能讲为前提。如果说，有些文章和作品主要通过阅读欣赏，领略其中意义和情味，那么，演讲稿的要求则是“上口入耳”。一篇好的演讲稿对演讲者来说要可讲；对听讲者来说应好听。因此，演讲稿写成之后，作者最好能通过试讲或默念加以检查，凡是讲不顺口或听不清楚之处（如句子过长），均应修改或调整。

3. 临场性

一般文章经最后定稿，发表时便原封不动了。而演讲稿无论准备得多么充分，在演讲前都不能最后定稿，口头发表时也常常不能一成不变。因为演讲是在一定场合面对听众发表的讲话，在临场时听众往往会作出一些使演讲者事先没有预料到的反应，因此，在演讲时就要根据临场的实际情况对演讲稿作出相应的变动，以使演讲者始终掌握临场的主动权。所以有经验的演讲者写稿时，都是事先估计临场的多种反应，并尽可能地多做几种准备，以便临场应变。

二、演讲稿的作用

有些演讲是不写演讲稿的，如即兴演讲、列提纲演讲。但这些都需要演讲者具有相应的多方面的修养及丰富的演讲经验，特别是即兴演讲，演讲者必须具有敏捷的“打腹稿”的才思，否则绝无成功的可能。而那些能作精彩的即兴演讲的演讲家们，往往也都有着从写演讲稿到列提纲演讲再到即兴演讲的历程，而且他们在作重要的演讲前，只要时间允许，为了万无一失，也都要精心撰写演讲稿并反复推敲。

具体地说，演讲稿的积极作用主要有以下四点：

（一）保证演讲内容的完善

演讲稿是演讲内容正确、全面、深刻和具有逻辑性的基本保证。口语不像书面语，说者不能像写者那样有足够的时间来考虑思想内容、逻辑结构、表达方式等，甚至作三番五次的修改。口语从思想转为语言的过程很短，因而口语中常会出现内容凌乱、思想模糊、重复啰唆或说话中断、难以为继等问题。要想有效地避免这些不足，就需要预先布局谋篇，写好演讲稿来保证演讲的质量。

（二）保证演讲者临场自如

撰写演讲稿，是初学演讲者在演讲前的一项非常重要的准备。写好演讲稿，演讲者对所讲内容及形式胸有成竹，演讲时便可消除心理上的顾虑和紧张，不必临时组织演讲思路，以致惊慌失措。

（三）能加强语言的规范化和表现力

演讲稿用口语，但又写成了文辞，其语言经过一个由说到写、由写到说的反复过程，因而可以使语言同时具有口语“上口”的优点和书面语规范化的特点。经过语法、修辞方面的推敲，演讲者在演讲中就可避免用词不当、词不达意、带口头禅等弊病，使演讲口语更加规范化，同时也使语言更有表现力。

（四）能帮助演讲者恰当地掌握时间

没有演讲稿的演讲者，往往在演讲中时间掌握不当。如前半部分大肆发挥，发现时间所剩无几时，便大删大减，以致虎头蛇尾，比例失当。而写好演讲稿，试讲时就能及时调整，演讲时便不会出现前松后紧的现象。

三、正确处理演讲稿与演讲的关系

演讲前要不要写演讲稿？演讲时带不带演讲稿？这似乎是一些初学演讲者碰到的难题。有些初学者认为，演讲稿无非就是演讲前下点儿功夫写成的一篇“作文”而已，念熟甚至背诵过，如果允许带就上台照着念，否则就照原样背出来。演讲稿就起这点儿作用吗？这就涉及到了演讲中一个重要问题，即如何正确处理演讲稿与演讲的关系。

演讲稿，是为演讲而准备的文字材料。由于演讲的类型和方式以及演讲者的水平等因素的差异，对演讲稿的要求会有所不同。一般说来，严肃郑重的常规性演讲，如公务报告、学术研讨，由于各自的政策性和权威性、科学性和真实性等的严格要求，都必须事先备有“全稿式”讲稿，并且可以或者必须在台上照稿宣读；而英模报告、经验交流等类型的演讲，则既可以准备全稿，以便做到胸有成竹、从容上阵，在有限时间里抓住问题的关键，揭示问题的实质，也可以只写出梗概或基本观点，临场充分发挥、灵活应变。至于“兴之所至，有感而发”的一些特定场合的即兴演讲，虽然由于时间的紧迫“没有准备或没有充分准备”，但也应在情况允许的范围内迅速打出“腹稿”或列个提纲，以免上台后临场慌乱。

初学演讲者往往人为地割裂了演讲稿与演讲的有机联系。要么把心思全放在演讲上，只考虑着上台后如何去“演”去“讲”，对演讲稿为演讲服务的重要性认识不足，即使有充分的时间也不愿去撰写演讲稿，或者写了也当成可有可无的“道具”，显示出心态上的浮躁；要么倾尽全力在“写”上下功夫，成语、典故、格言连篇累牍，忽略了从演讲稿到演讲之间语体上的有机转换，失去口头语言应有的通俗、朴素、简短、流畅等特点，失去了演讲的可听性，上台后唯稿是从，不敢越雷池一步，结果把演讲变成“作文朗读”或“作文背诵”。我们认为，作为初学演讲者，不但应认真撰写演讲稿，还应充分把握演讲稿的写作要求，努力达到演讲稿为演讲服务的目的。

第二节
演讲稿的主题和材料

一、主题和材料

主题是演讲的灵魂，它决定演讲思想性的强弱、制约材料的取舍和组织，影响到论证方式和艺术高度。关于选题的问题在前面的章节有所阐述，这里重点谈谈搜集材料的途径。

材料是观点形成的基础，只有大量地广泛地搜集材料和占有材料，才能使演讲获得成功。善于搜集材料对演讲非常重要，有许多有趣的故事值得借鉴。

例如，美国第16任总统林肯，经常戴一顶当时流行的高帽子，随时将所见、所闻、所感的材料记在碎片、旧信封及破包装纸上，然后摘下帽子，放进里面，再把帽子戴上，闲暇之时，便分门别类，加以整理，抄进本子以备用。他的特点是搜集材料十分及时。维德摩迪是美国19世纪的大演讲家，他准备了许多大信封，封面上标着醒目的标题，倘若遇到好材料，便及时抄录下来，放入适当题目的信封内。这可算是开分档储存有用材料之先河。他们的成功演讲与平时“做有心人”，注意及时地搜集材料有密切关系。

二、材料的搜集和处理

（一）搜集材料的途径和方法

搜集材料的途径很多，概括起来，主要有两方面：

1. 直接材料

所谓直接材料，是指演讲者自己的经验和思想。常言道：“事事留神皆学问。”在日常生活、工作、学习中，处处留神观察，认真体验，便能获得许多材料。亲身经历，所见所闻所感是真切动人的最好材料。另外，亲自调查得来的材料，也属直接材料，由于这种材料出现频率较高，司空见惯，有时容易被忽略，因此，必须养成勤记录勤整理的习惯。这种材料虽然不是自己的经历，但由于经过亲自调查，对事件产生的背景、经过、结果清清楚楚，讲起来便头头是道，得心应手，极易赢得听众。

2. 间接材料

所谓间接材料是指从报刊、书籍、文献或广播、电视上获得的材料。搜集间接材料靠得是多读书、多读报、多读有关文献、多读有关文件，长期地刻苦学习，要作读书笔记、作摘录、作卡片、复印等，这本身就是储备知识、增加材料。最好能够背诵一些名文、名诗、名句，有人说能背诵一篇好文章或一首好诗，一生受用不尽，正因为如此，美国的演讲家格鲁内尔才说："许多技艺娴熟的演讲家都使用引文来为自己的演讲增加色彩，增加趣味性，使演讲生动活泼，妙趣横生。"

搜集材料是一项琐碎的基础工作，必须坚持不懈，持之以恒，同时也要得法，不管是获得直接材料还是获取间接材料，都要做到广泛采撷，精于筛选，善于归档整理，使之条理化、系统化。这里要特别引起注意的是要善于利用搜集的材料进行归纳、研究、分析，发掘出新意，提出自己的观点和见解。

（二）材料的处理使用

材料的处理实质上就是对材料的升华。所谓升华，就是演讲稿中在叙述材料的基础上，恰当地对材料的本质内涵加以分析、概括、提炼、延伸，并通过富于理性色彩的语言表述、渲染，以便将听众的思想引向一个更深邃的境界。

升华的一般方式有以下几种：

1. 由点到面的扩展

演讲的事实材料是灵活多样的，诸如一次个人经历，一个完整故事，一段人物特写，甚至人物的片言只语，这些个别的却很典型的材料，就是升华事理之"点"。由"这一个"事实的叙述推及包含这一类的全部或部分事实内涵的概括，就是由点到面的升华方法。

例如，傅缨的演讲《铭记国耻——把握今天》中对由点到面的扩展运用：

（叙述材料）吉鸿昌悬挂写有"我是中国人"标语的木牌，走在一片蓝眼睛、黄头发的洋人群中。

（升华内容）正是这样千百万个赤子，才是我们民族的脊梁、祖国的希望；正是他们，在自己的"今天"，用满腔的热血，冒着敌人的炮火，谱写了无愧于时代的《义勇军进行曲》，才使得我们今天的共和国国歌响彻神州，那么气势磅礴，那么雄壮嘹亮；正是他们，才使得我们今天的炎黄子孙一次又一次地登上世界最高领奖台，并使那音量越来越大，那旋律越来越强！

有了这样的升华，演讲时就能燃起听众热爱祖国的感情，产生较强的感召力。

2. 由表及里的深化

有些蕴含着深层意义的事实材料，不经点破，听众也许理解不透你所要表述的主旨；而一旦经过提示与深化提炼，就如同从沙砾中发掘出闪亮的金子，从贝壳中发现耀眼的珍珠，催人感奋，启人思考。这种由外表行动或客观存在事实的叙述，升华为内在思想或深层含意的表露方法，就是"由表及里"的深化。

请看江苏青年教师电视演讲赛中《救救水牛——救救孩子》中的一例：

（叙述材料）一个城市的学生来到农村，看见一头水牛在河里嬉水，误以为是失足落水，连连惊呼："救救水牛！"

（升华内容）我想，我们老师天天都在鼓励孩子们读书，这本是无可非议的。但把学习变成了没完没了的测验考试，变成对分数的盲目顶礼膜拜，变成对书本以外的世界漠不关心，以至于把孩子与多姿多彩的现实生活及五光十色的大自然完全隔绝，这难道不是教育对生活的背离吗?!

就在这声声的诘问中引导听众思考当前教育上存在的弊端，唤起人们强烈的使命感和责任感。

3. 由此及彼的引申

由某一事件作触发点或媒介，延伸联系到另一类相关事物的事理，就是由此及彼的引申。

请看梦吟的演讲《我爱上了储蓄工作》中的一例：

（叙述材料）一个女工来储蓄所哭诉她的1 400元的活期存单被盗、被冒领的经过。

（升华内容）1 400元呀！也许，在许多人眼里，只是一个微小的数目，但对这位女工而言，饱含了她多少辛勤的汗水，寄予了她多少热切的期望啊！也许，她是为可爱的小宝宝积下的“智力基金”；也许，她在筹划着年迈双亲的晚年生活；也许，她病危的丈夫正等着这笔钱去解脱死神的纠缠。然而，在一瞬间，这许多“也许”却变成了蓝光闪过后的一堆废墟。那一声声揪人的哭诉，审判着我的良心；那对银行的失望，刺激着我的职业意识。

这一连几个“也许”，是合理的猜测和推断，是由此及彼的引申，它能够唤起听众的联想，使这一事实更加振憾人心。

第三节
演讲稿的结构

一、演讲稿的提纲

写演讲稿最好是先列个提纲，说得通俗一点就是先“搭个架子”。它是通过提要或图表的方式，把整个演讲的中心思想、主干结构和布局等简单明了地展示出来。进而，通过它，演讲者可以认真研究和推敲整个演讲稿的主题是否正确，材料是否妥帖，层次是否清楚，结构是否完整，详略是否得当，段落是否均衡等等。如果发现了这些毛病，可以及时改正。列提纲，还可以培养演讲者的观察问题、思考问题、分析问题的能力，迫使演讲者必须深入思考、全面研究问题，这样，有利于思维的条理化、严密化和科学化。所以，我们提倡演讲者在写演讲稿之前，应先列个提纲，并仔细地斟酌和修改，从而为写好演讲稿创造有利的条件。

怎样列提纲呢？可根据个人的具体情况而定。大体来说，有以下两种：

(一)概要提纲

概要提纲比较简单，它以极简练的语言，扼要地概括出演讲的主干结构和段落大意，看上去一目了然。这种概要比较省时、省事。这种提纲虽简单，但只要是深思熟虑构成的，也会对撰写演讲稿大有帮助。

以恩格斯《在马克思墓前的讲话》为例，它的概要提纲是这样的：

1. 开场白

2. 主体部分

(1)马克思在理论上的重大贡献。

(2)马克思伟大的革命实践。

(3)马克思对无产阶级革命事业的卓越贡献。

3. 结束语

(二)详细提纲

详细提纲比较具体、细致，甚至把每个细条目都写上去了，基本上是演讲稿的缩影，有利于演讲者对整个演讲的掌握。列详细提纲虽然费事，但写稿时却较省事。

下面仍以《在马克思墓前的讲话》为例，它的详细提纲是这样的：

1. 开场白：提出中心论点

(1)马克思逝世的时间和经过。

(2)马克思的逝世是无产阶级不可估量的损失。

2. 主体部分

(1)马克思作为“科学巨匠”在理论上的伟大贡献，主要包括：①马克思发现了人类历史发展的规律。②马克思还发现了现代资本主义生产方式和它产生的资产阶级社会特殊的运动规律。③马克思在他所研究的每一个领域（甚至是数学领域）都有独到的发现。

(2)马克思作为革命家在革命实践方面的贡献，主要包括：①参加打碎旧的国家机器的斗争，参加无产阶级解放事业的斗争。②编辑报纸、撰写书籍和参加工人运动。

(3)马克思对无产阶级革命事业的卓越贡献，主要包括：①敌人对马克思的嫉恨和诬蔑。②马克思对敌人的蔑视和斗争。③无产阶级和劳动人民对马克思的尊敬、爱戴和悼念。

3. 结束语

马克思的英名和事业永垂不朽！

二、演讲稿的结构

演讲者要想较好地表达思想，就一定要使演讲稿有一个严整而完美的结构。

(一)开头

演讲的开头又叫“开场白”，它应该短小精巧、新颖诱人，古人云：“善于始者，成功已半。”演讲的开头，在通篇演讲中处于领先的特殊位置，在演讲者和听众之间架起一座沟通思想感情的桥梁，为演讲的成功开辟道路。出手不凡的开头，能唤起听众的兴趣和求知欲，产生巨大的吸引力，紧紧抓住听众的兴头，使听众非听下去不可。好的开头，能为全篇演讲定下基调——是庄重严肃，还是喜庆欢乐，抑或诙谐幽默，往往一开始就给人以清晰的印象。精巧的开头，画龙点睛，勾勒提要，能自然顺畅地引领下文，把听众带进声情并茂的演讲情景中，造成有利于接受演讲的心理定势。然而，要做到开头出语新奇，语惊四座，并非一朝可得。初为演讲者，在开头时常常不是出言陋俗、陈词滥调，就是堆砌词藻、言不及意，要么就驾空抒情，入题太缓，甚至不切题旨。

开头的方法很多，然而，万变不离其宗，即吸引听众，即刻抓住其注意力，打动他们听下去。常见的有下列几种：

1. 落笔入题，开宗明义

这种方式是开门见山、直截了当地揭示主题。其优点是干脆利索，中心突出。但用这种开头，要求内容有一定的深度和新意，才能不显得平淡、平庸。

例如，钱继辉《下一个》演讲开头：

有记者问球王贝利：“哪一个最精彩?”贝利回答说：“下一个!”努力追求“下一个”是优秀运动员和各行各业先进人物的共同品格。

2. 提出问题，发人深思

其优点是能唤起听众的兴趣和注意力，引导听众积极地思考问题，自然地参与到演讲议题中，缩短演讲者与听众的距离，但所提问题要饶有趣味，发人深思。

例如，获得复旦大学举办的《青年与祖国》演讲比赛第一名的杨高潮，面对嘈杂难静的场面，刚讲了个开头就扭转了混乱局面。

他说：“我想提个问题。”

台下听众立刻被他这种新奇的开头形式吸引。

他顿了顿，继续说：“谁能用一个字来概括青年与祖国的关系?”

这时，台下议论纷纷，情绪活跃。

他立即引导说：“可以用‘根’字来概括这种关系。”接着，他讲述上海男人喜欢用“根”字的原因，并归纳说：“我们青年有一个共同的姓，就是‘中华’；有一个共同的名，就是‘根’。‘中华根’应该是中国青年最自豪、最光荣的名字!”话音刚落，全场顿时掌声雷动。这样的提问开头，新颖别致，出人意料，让人耳目一新，激起听众浓厚的兴趣。

3. 故事开头，引出正题

用故事开场，其生动性、形象性和趣味性能对听众产生极强烈的吸引力，可用亲身经历的事，也可用中外著名事件等。但讲故事要善于挖掘其内涵，并生发开来，易引申到演讲的主题，同时应短小精悍。

例如，四川周光宁《救救孩子》的演讲开场白：

去年5月24日的《新民晚报》披露了这样一个事实：一个四年级的学生，每天要带父母剥光了的鸡蛋到学校吃。有一次，父母忘了把鸡蛋剥壳，差点弊坏了孩子，他对着鸡蛋左瞅右看，不知如何下口。结果只好将原蛋带回，母亲问孩子怎么不吃鸡蛋，回答很简单："没有缝，我怎么吃！"

周光宁通过小学生不会剥鸡蛋这样一则新闻开头，把听众带入他的演讲主题：全社会都要重视培养孩子们独立生活的能力和战胜困难的勇气。

又如，一篇《恋爱观》的演讲，开头也是讲述了一个故事：

隔壁住着一对年轻的夫妇，常年争吵，"战斗不息"，左邻右舍常常收听不花一分钱的"战斗故事片录音剪辑。"那么这对夫妇有没有停战的可能性呢？有，以下三种情况停战：刚发工资三天内；男的或女的一个人在家时；晚上十二点钟以后。

可见，恋爱以至结婚，对有的人来说，是幸福的花朵，犹如一池甘美的泉水；而对另一些人来说，则可能成为苦恼的深渊。那么，我们在座的每一个青年，怎样才能使爱情婚姻伴随着我们充实的生命和事业生辉呢？

这个开头很成功，既生动幽默有吸引力，又与要阐述的问题联系紧密，过渡十分自然。

故事式开场白容易调动听众的注意力，对语言技巧的要求也较简单，故初学演讲者特别适合选用故事式开场白。

4. 名言警句，统领题旨

富有文采的哲理名言，永远具有吸引人的魅力，用其开场，可以使演讲纲举目张。但所引名言，既要哲理性强，耐人寻味，又不能太深奥难懂，为人熟知用滥的哲理名言也不宜使用。

例如，《生命之树常青》的开头：

伟大的诗人歌德曾有这样一句话："生命之树常青。"是的，生命是阳光带来的，应该像阳光一样，不要浪费它，让它也去照耀人间。

5. 结合现场，联络感情

这种开头能沟通演讲者与听众的情感，尤其在陌生的演讲场合和外交活动中经常使用。它可以是赞美一番演讲所在地的文化、传统、历史人物、巨大变化或听众的成就，优良的思想、风格等等，也可以是在观点对立的听众面前先寻找对方所认可的共同语言来开场。但说赞扬话要自然、严肃，掌握分寸。

例如，1863 年美国葛底斯堡国家烈士公墓落成时，眼前的人群、麦田、连绵不绝的坡地，激起了前国务卿埃弗雷特心中的波澜，他望着眼前壮丽的景色，开始了他近两个小时演说的开场白：

"站在明净的长天之下，从这片经过人们终年耕耘而现在还安静憩息的广阔田野放眼望去，那雄伟的阿勒格尼山脉还隐约地耸立在我们前方，弟兄们的坟墓就在我们脚下，我真不敢用我这微不足道的声音来打破上帝和大自然所安排下的这意味无穷的寂静……"

这段话把壮阔的景色与对烈士们崇敬的心情溶合在一起，极大地吸引了听众，历来被人称作是他"一生中的精心杰作，标志着他的演说达到了炉火纯青的地步。"

6. 展示实物，引申开去

拿出一些实物，如图画、照片、统计表等物品，展示给听众看。先给听众一个感性的直观印象，然后借助实物，提出和阐述自己的见解。这种开头，必须能由实物引申开去，有利于较好地帮助阐述演讲主旨。

例如，一位日本教授在给大学生做演讲前，面对台下叽叽喳喳、谈论不休的大学生们，他没有急于宣布他的演讲主题，而是从口袋里摸出一块黑乎乎的石头扬了扬："请各位同学注意看，这是一块非常难得的石头，在日本，只有我才有这一块。"当同学们都伸长了脖子想看个究竟的时候，这位教授才说明，这块石头是他从南极探险带回来的，并开始他的南极探险演讲。

7. 巧设悬念，引人入胜

好奇心和求知欲是人类的天性。人们在天性驱动下探求知识的时候往往会全神贯注，而这恰恰是演讲者所需要的状态。因此，演讲者应当学会制造悬念，在听众面前摆出一些悬而未决的问题，刺激他们的好奇心和求知欲，从而使听众集中精力于自己演讲的具体内容。

例如，关于抽烟，我想了很久。为什么吸烟的害处尽人皆知，而世界上的烟民却与日俱增呢？那一定是因为抽烟会给人带来好处。有什么好处呢？经过长时间的深入调查，我发现抽烟有三大好处：第一，抽烟的人不会遭狗咬，狗一见抽烟的人就自动逃窜；第二，抽烟的人家里永远安全，小偷不敢进抽烟的人的家门；第三，抽烟的人永远年轻，永远不会变得老态龙钟。

大家可能要问，抽烟的人为什么会有这三大好处呢？因为：第一，抽烟的人多驼背，狗一看见他那弓腰驼背的样子，准以为抽烟的人正在捡石头打它哩。它能不赶快逃窜吗？第二，抽烟的人总是咳嗽不停，小偷以为他还没睡着哩，哪里还敢贸然进屋偷东西呢？第三，抽烟的人短命多，所以永远年轻。

总之演讲开头应简短切题、有魅力，力求演讲一开始，就给听众造成一种良好的心理定势。

（二）主体

主体是演讲稿的主干部分，既要紧承开场白，又要内容充实、主旨鲜明，并合乎逻辑地展开论述，而且还要设置好演讲高潮，以使听众产生心灵共鸣。所以，主体部分的安排要从突出主题、巧布详略、分明层次与衔接段落等方面来考虑，由于演讲内容的不同，演讲稿的写法也不一样。常见的布局法有以下几种：

1. 时序式

按照时间的顺序进行布局。常用于介绍个人成长过程和他人先进事迹的演讲。

例如，

共产党员——淡薄名利重信仰

杨铁军

说起自豪，有的人因为自己腰缠万贯挥金如土而自豪；有的人为有一个地位显赫的爸爸而自豪；还有的人甚至为有一身漂亮的时装而自豪。我无意于评判这种自豪的价值，但我认定，做一名中国共产党党员最自豪！

那是八十年代的最初四年，我在地方大学读书。当时，各种思潮粉墨登场，激情有余而理智不足的学子们耳闻目睹的是党的肌体的累累伤痕，从盲从跌向茫然，“信仰危机”冲击着校园。有的同学为“祖宗三代没有一个共产党员”的演说拍手称快，有些人则为了所谓的“自我完善”宣布要永远留在党外。一时间，在不少的年轻人心目中，党的光荣失去了光芒，党的伟大失去了形象。在这种思潮面前我也在思索：党内有“挂牌”的党员，党外也有没入党的“先进”，许多人入党不就是为了图名、图利、图实惠吗？与其空有其名，不如做一个无名有实的“党外布尔什维克”吧。

然而，毕业分配时发生的事情，第一次震动了我。临毕业前，上面分给我校 5 个参军名额，我童年的梦想就是想穿身绿色军装，连我的大名都刻上了这种向往。消息传来，我放弃了走上内地一所大学讲坛的机会，也没有留恋那家省级科研所深奥的大门，毅然决然第一个报名应征。没想到的是，部队首先录取的却是三名党员毕业生。难道是我的决心不大，成绩不好？不，不是的。事后我才知道组织上的考虑：军人，意味着奉献和牺牲，从地方大学生中选招军人，是党员的优先录取，因为只有党员才最有资格到最艰苦、最危险、祖国最需要的地方去。虽然我一再要求，屡次申请，最后成了 5 名人选中的最后一个，被批准入伍了，我却第一次领悟到：原来共产党员是和艰苦、危险，是和奉献、牺牲联系在一起的。

我参军来到乌鲁木齐陆军学校。摸爬滚打的训练，直线加方块的生活，一天下来腰酸腿痛。来看我们的大学同学开玩笑地说我们成了“失足青年”。我们一腔热血开始冷却了：学士杨铁军成了战士杨铁军，地方大学生当上军营小学生，这种选择值得吗？就在这时，我们学员队队长的一件事又一次震动了我。我们队长的妻子生活在四川农村，不幸患有尿毒症，处在生命垂危之中。多少次在病床上，她那让泪水打湿的双眼，期盼着丈夫回来照顾，多少回夜梦里，我们队长呼唤着妻子的名字，恨不得插翅飞回去。可一早醒来，他依然精神抖擞地带领我们出操、上课、训练。一次，他妻子来信说，成都一家医院已通知准备为她做肾脏移植手术，要找一颗条件相符的活人的肾脏是多么不容易呀，可这节骨眼上，学员学习演习正进入高潮，这么重的任务离不开队长。于是他打电话告诉妻子坚持几天。可等演习结束，他风尘仆仆赶回家里的时候，那颗本该移植给妻子的肾脏已超过了最长成活期限——没用了，他的妻子失去了一次极难获得新生的机会。消息传来，我们这些曾经自命清高的地方大学生都哭了。我们的党为什么那么有力，我们的军队为什么那么坚强，不正是因为有像队长这样一大批无私奉献的共产党员的支撑吗?! 对照队长的事迹，联系身边许许多多共产党员的追求，我为我自己曾经要做一名“党外布尔什维克”而感到无比羞愧。就在那个不眠之夜，我第一次郑重地写下了入党申请书。

不久，选拔优秀学员到云南前线参战的消息传到我校，我没有犹豫，立即书写血书请求参战。我深深地知道牺牲自我是痛苦的，但换回的却是有血有肉的真正价值。作为一名立志追求共产主义的战士，就是要在这关键时刻去经受血与火的考验！我提出了我的参战理由：1. 我学习训练成绩优异；2. 身体强健；3. 我没有对象，不存在后顾之忧……，也许是那三条理由赢得了竞争，校党委终于批准我参战了。就在临出发开赴前线的头一天，队长正式通知我被批准入党了。没有滚滚而来的热泪，没有庄严隆重的场面，但我感到又获得新的生命，我终于能以一个共产党员的自豪，踏上了保卫祖国的征程了。

在云南前线的日日夜夜里，我曾带领侦察排 4 次摸近敌人阵地，为全团进攻战斗提供了准确的情况；也曾在敌人疯狂的炮火下和全排战士坚守阵地 47 个昼夜。当全排荣立集体三等功，我也佩戴上军功章的时候，我怎么也忘不了那些把共产党员的光荣永远锲刻在祖国南疆的年轻战士，更忘不了在后方医院里那两名总共剩下一条腿的年轻战士——是他们，在敌人的炮弹砸向阵地的时候，勇敢地扑在了军校实习战友的身上。在医院里我和战友们望着他们空洞洞的打了结的裤腿，想到他们还很漫长的人生旅途，呜咽着问："你们为啥要救我们?"战士的回答平静而又平凡，却像重锤敲在我心中，"不为什么，排长，你们大学生国家培养不容易。我是共产党员，应该的。"

"我是党员，应该的。"多么朴素的语言，又饱含着人生的自豪！

我自豪：我们这个党不是只为一己私利的狭隘集团，而是人民利益的忠实代表；是那金色的铁锤、镰刀把三座大山推倒；是那鲜血凝成的红旗，指引向现代化进军的航道！加入这个党，不是获取特权的筹码，而是追求真理的阶梯，就像一滴水投入了大海的怀抱，就像一名战士听到了进军的号角！这，就是我——一人共产党员的自豪！

这个演讲是按时间顺序排列的。共介绍了"我"的五段经历：一是介绍了"80 年代的最初四年，我在地方大学读书"的经历；二是介绍"毕业分配时"的经历；三是介绍了"我参军来到乌鲁木齐陆军学校"的经历；四是介绍了"我"报名"云南前线参战"的经历；五是介绍了"在云南前线的日日夜夜"的经历。

2. 并列式

阐释若干个问题，这几个问题之间的关系是平等的、并列的，甚至是相对独立的，这几个问题，往往是一个大问题的几个侧面。

例如，

让我们拥有天真

曲延安

朋友们：

一提天真，有人会不屑一顾："那不是小孩子气嘛！"然而，在现实生活中，正是这种天真太少了，才使我们的某些生活方程式变得像迷一样难解、费解，甚至无解。

莫把天真视作幼稚，天真是欢乐的使者。笑则舒畅地笑，不是"鲜花中隐匿着毒蛇"；说则坦诚地说，不是"王顾左右而言它"；哭则尽情地哭，不是硬挤出的"鳄鱼的眼泪"；喊则痛快地喊，不是"犹抱琵琶半遮面"；做则勇敢地做，不是"足将进而趔趄"。不用顾忌那难以猜测的目光而封闭心灵，不需考虑被人抓小辫子而噤若寒蝉，不必担心飞短流长而装模作样。要相信，只要人人都存有一些天真，友谊终会酿成醇酒，鲜花定将组成桂冠，冰雪必然孕育春风。

莫把天真与成熟对立，天真是心灵的阳光。人生征途上致命的紧要之处毕竟鲜见，更多的是日常生活中你来我往、此去彼至的交际和接触。"诸葛一生惟谨慎"未免太累太累；"吕端大事不糊涂"才不失为做人的准则。大事坚持原则，微事不妨豁达，人生就应该这样顺其自然。那么，何必把自己捆绑、包裹、禁锢、囚锁、束缚得如"木乃伊"?!

我想，你一定不愿意这样。但是“我已是大人了”使你欲言又止、欲进又退；“遇事只说三分话，未可全抛一片心”则使你前瞻后顾，进退维谷。朋友，拆掉心理上防御的篱笆，让心与心坦率地对话吧！痛快宣泄、明净爽朗、无所保留、不存芥蒂、冰清玉洁、肝胆相照，甚至不妨忘乎所以一番，不妨“难得糊涂”一次，不妨被人说“小孩子气”——只要你拥有天真！

莫把天真轻易放弃，天真是幸福的泉水。我们已经活得够累的了！难得年龄与阅历的增加就是意味谨慎、顾虑、功利、孤独、提防、戒备、冷酷……？干嘛非得只有到了浴室里才彼此赤裸裸地平等相视？不要把适当的谨慎变成过分的防范，不要把思想的成熟变成心理的圆滑。每个人都曾有过童心无忌的无邪之乐，让我们不要轻易、随意丢失那一片可爱的童心，一任天真率直之所指，活得轻松些、透明些、自然些，追求纯真的心理结构，做一个真正的、大写的、超功利的人！

拥抱天真吧，追回天真吧，去共同创造一个纯洁晶莹的世界。那么，即使是只有一片羽毛、一声柳哨、一个会心的微笑、一丝温馨的祝福、一束期待的目光，也就够了！

这个演讲，共阐述了三个问题：“莫把天真视作幼稚，天真是欢乐的使者”、“莫把天真与成熟对立，天真是心灵的阳光”、“莫把天真轻易放弃，天真是幸福的泉水”。这三个问题，是“天真”的三个侧面。它们之间的关系是平等的、并列的。

4. 深入式

阐释若干个问题，这几个问题之间的关系是递进的、步步深入的，甚至是一环套一环的（由一个结论推出下一个结论）。

例如，

人才在哪里

李安邦

当今中国，要改革，要开拓，关键在于发现和使用人才。没有人才，就好像庙里没有和尚，什么经也念不成。因此，开拓事业，首先要开拓人才。人才在哪里？有人抱怨，自己单位“千里马”太少！某某厂矿人才缺乏……人才真的这样缺乏吗？——不，古人曰：天涯何处无芳草。在中国960万平方公里的大地上，人才，何其多也！只是你尚未觉察到这一事实而已！

《光明日报》曾刊登过一篇令人震惊、令人惋惜而发人深省的文章。1983年，包头市一位名叫陆家義的中学物理教师，成功地摘下了数学王冠上的又一颗明珠——斯坦纳系列。这是一道世界著名的数学难题。然而，遗憾的是，最早发现陆家義这位数学天才的，竟然不是我国数学界，不是中国人，而是一位名叫门德尔松的加拿大教授！在此之前，陆家義曾无数次把自己用心血写成的论文投寄给国内有关方面，但不是石沉大海，便是被认为没有价值而原样退回。就这样，一块真金被丢弃，一个人才被埋没，时间竟然长达20年之久！——诸位，人生能有几个20年啊！最后，陆家義迫不得已，只好把论文寄给美国一家有名的数学杂志。出乎预料，这家杂志仅仅一个月就给他回信了，回信的人就是门德尔松教授。信中，教授高度赞扬了陆家義的论文，是当今世界上，在组合设计方面最重大的科研成果之一。而与此同时，我国有关方面却正在邀请门德尔松教授到中国讲组合学。门德尔松教授接到邀请后，曾吃惊地问道：“请我来讲学？讲组合学？你们中国不是有陆家義博士吗?”请注意，他的称呼是“博士”。而我们的陆家義此刻仍然是一个鲜为人知的中学教师而已！——多亏了门德尔松教授！陆家義终于被“发现”了！只可惜这个发现来得太迟了！1984年夏天，这位拼搏了20年，耗尽了毕生心血的中学教师，由于过分劳累，在一个昏暗的夜晚，终于抛下了妻室儿女，留下几百元债款，以及抽屉里没有写完、也永远写不完的论文，不甘心地离开了这个尚未发现他的世界。他走得太匆忙、太早了。他才48岁啊！倘若在门德尔松教授之前，我们能发现这位数学王国里的天才，使他获得起码的工作环境，或许，这一悲剧是可以避免的吧！

这件事，令我震惊，令我惋惜，让我思考良久：中国是没有人才么？不。然而，中国的人才，为什么自己不能发现，而偏偏要等别人发现？中国的人才，为什么要死了以后才被发现？——蒋筑英、罗建夫，加上陆家義。为什么不在活着的时候，被认识、被发现、被关怀、被……我们为什么那样“重死”而“轻生”啊！

无数事实告诉我们，中国的大地上，不是没有人才，而是人才济济——只是没被理解，没被认识，没被发现而已。

怎样去发现呢？——这个问题，只能对那些愿意去发现人才的人讲，而对于那些妒贤嫉能一类的人，是毫无论说价值的。这首先涉及一个人才标准问题。不同的时代，对于人才的认识、理解和标准是不尽相同的。封建统治阶级的人才标准是“忠孝仁义”，是“顺我者昌，逆我者亡”；10年文化大革命中“四人帮”一伙的人才标准是“交白卷”，是敢造反。而历史发展到今天，有的单位，对一些有作为、有胆识、有创见的所谓“有争议”的人才，常常是或视而不见，或嗤之以鼻，宁愿把他们打入冷宫，永不启用，相反，对一些“好好先生”、唯唯诺诺，只会惟命是从而无任何创造能力的人，却觉得用起来得心应手，似乎只有这些人方能称之为人才。其实，要想发现人才，选拔人才，首先要改变传统的人才观，树立起客观的、新型的、具有80年代特色的人才标准。这个标准应该是：具有优良的道德品质和情操，专业知识水平较高，能为社会文明、进步，为人类幸福生活创造性地劳动的人。具有这些条件的人，就是我们今天中国改革所需要的人才。

当然，正确的人才标准，党中央早就提出了，关键是怎样去发现人才。事实上，要想从现实中挖掘出真正的人才，必须有一定的胆识和勇气，就这个意义上讲，能够发现人才的人，本身就应该是人才。他要有不怕担风险，不怕得罪天王老子，不怕摘去“乌纱帽”的气魄才成。因为，假如你能揭示蕴含在一个人身上的潜在能力，能预示一个人的发展价值，这本身就是一种伟大的发现能力。当年，中国女排教练袁伟民看中了今天女排的优秀二传手杨锡兰，想把她调入国家队。但有人以“杨的技术可以，但个性太强”为由不同意，袁教练知道后反驳说：一个人有没有个性，是能否成才的重要因素之一。袁伟民冲破阻力，大胆地把杨调进国家队。而杨锡兰经过艰苦训练，不负众望，用她精湛的球艺和良好的组织能力，与全体中国姑娘一起，为祖国赢得了荣誉。

80年代的今天，我们是多么需要像袁教练这样独具慧眼、有远见卓识的伯乐啊！

我们所处的时代，是一个人才竞争的时代，四化强调速度，改革强调效率，人才的发现，也同样需要加快速度，提高效率。

不久前，我国上映了一部很受欢迎的电视剧《新闻启示录》。剧中，一个留美研究生从美国打长途电话到南亚大学人事处，询问自己回国后，能否到南亚大学工作。接电话的人事处毫不犹豫地当即答应了这位留学生的要求。同志们，一个电话，几分钟，就把一个人才抓到了手——节奏之快，手续之简单，恐怕是我国人事制度上罕见的，罕见到近乎天方夜谭的程度。当然，这是文学作品中理想化了的，与现实生活还有相当的距离。君不见，现实生活中，哪一张人才调动表上，不得盖上几个、甚至几十个大红印章呢？调动一个人，时间之长，少则三五个月，多则三五年，速度之慢，手续之繁，简直是一场消耗人的生命的马拉松竞赛，多少人才的时间、精力、才华被白白地浪费在这马拉松之中啊！此情此景，怎能不令人痛心啊！

我以为，造成这种状况的原因，在于一些人事部门、特别是一些单位的负责人，还没有树立起现代化建设所需要的人才观。他们把人才当作自己的私有财产。他们口头上讲的是"组织需要"，实际上常常是个人意志第一，我想要，则不管你在我手下能不能发挥力量和才能；我不想要，不管你有多大才能和工作怎样急需，横竖不让你进。我劝这样的领导者，还是好好学习一下邓小平同志的话："善于发现人才，团结人才，使用人才，是领导者是否成熟的主要标志之一。"须知，你不成熟不要紧，事业可要因此而蒙受损失呢！古人常常感叹：千里马常有而伯乐不常有。如果我们有着千个、万个、千百万个伯乐式的领导，各行各业都有健全的人事制度，那么，我们还用得着担心千里马被埋没、被弃置不用吗？

最后，我想再一次问——人才在哪里？在哪里？我的回答是：人才就在960万平方公里的土地上，在10亿人民中间，在当今改革的激流里，在你们——我亲爱的广大听众之中！

"我劝天公重抖擞，不拘一格降人才。"让我们努力去挖掘、去理解、去关心、去培养、去使用人才吧！人才，就在我们身边！

这个演讲，从《光明日报》刊登的包头市某中学物理教师陆家羲的事例入手，得出一个结论："中国的大地上，不是没有人才，而是人才济济——只是没被理解，没被认识，没被发现而已"。由此引出下一个问题：怎样去发现人才。在回答"怎样去发现人才"这个问题时，又引出了"人才标准问题"、发现人才的"胆识和勇气"问题、发现人才的"速度"和"效率"问题。最后得出一个结论："人才就在960万平方公里的土地上，在10亿人民中间，在当今改革的激流里，在你们——我亲爱的广大听众之中。"

4. 对比式

正与反对比，好与坏对比，新与旧对比，古与今对比等。

例如，

丰碑与粪土

阳 光

'95神州大地，有两个名字传播最广，一个是孔繁森，一个是王宝森。他俩同为领导干部，却以不同的胸怀震憾着千千万万个心灵：孔繁森为了党的事业两度进藏历时十载，他淡泊名利，求真务实，踏险履艰，恪尽职守。他爱民胜父，心系藏胞，扶危济困，情暖高原。孔繁森以他的党性修养和人格力量在人们心目中构筑起一座丰碑。而王宝森呢？他身为京官，却为私利和享乐滥用职权，大肆侵吞、挥霍、挪用巨额公款，他道德败坏，不知廉耻，声色犬马，生活糜烂，他那腐朽的思想、堕落的行为只能被人们视如粪土，并添上一口绿痰。

在电视剧《编辑部的故事》中，余得利有句至理名言：“钱，不是万能的，但没有钱是万万不能的！”确实，在市场经济条件下，钱这个充当一般等价物的特殊商品对人的影响实在是太大太大了。就让我们透过钱这面镜子，来观照孔繁森与王宝森的灵魂世界吧！在孔繁森同志逝世之后，人们发现他身上只有8.6元，清点他的遗物值不上500元，他的家庭还欠款19000元。人们不禁要问，身居高位的孔繁森为什么会穷？他的钱用到哪里去了？是的，孔繁森本不该这么穷，只是面对生活还不富裕的人民群众，他自愿降低了自己的生活水平，他把节省下来的完全属于自己的那部分钱和物，几乎全部捐献给了藏族同胞。当钱仍不够用时，他甚至不惜卖血来补贴救助藏族孤儿。在孔繁森的心目中，个人的金钱、健康、鲜血乃至生命比起党与人民群众的血肉联系来说是微不足道的。对比之下，王宝森展现的是另一派“风光”，他拜倒在金钱之下，把党和人民赋予的权力变为攫取金钱、谋取私利的手段和工具，以致堕落成为建国以来级别最高、数额最大的经济罪犯。他贪图享乐，一掷千金，挥霍的公款达人民币8433万元，港币达2716万元，美元近7万元。他不仅把自己的腰包塞满了，把家族的腰包塞满了，把情妇的腰包也塞满了。他那道德沦丧、挥霍人民血汗的腐败行为，怎能不激起人民群众的愤慨？

孔繁森与王宝森的鲜明对比，说明了树立正确的世界观、人生现的重要性，江泽民同志最近指出：“我们的干部和党员，一定要把人为什么活着这个问题弄清楚，如果只是为自己、为家庭而活着，那个意义是很有限的，只有为国家为社会为民族为集体的利益，奋不顾身地工作着，毫无保留地贡献出自己的聪明才智，这样的人生才有真正的意义，才是光荣的人生、闪光的人生。”

非常荣幸，长期以来我工作在宣传教育的岗位上，这是一个发现真善美、宣扬真善美的岗位，也是一个净化人的心灵的岗位。每年我深入基层，接触到在征管一线的国家财政税务干部时，常常耳闻目睹许多“光荣的人生”和“闪光的人生”，心灵受到洗礼。就拿全省税务系统劳动模范、永兴县国家税务局金龟税务所专管员李易福来说吧。他是个半边户，5个子女无一就业，妻子又因患病无力耕作，家庭生活十分困难，从1989年税务局发放制服后，他再没给自己买过一件衣服，添过一条裤子，他的全部衣服放在一个破旧的纸箱里只能装到半截。在食堂吃饭，他打回一份菜经常要分作两餐甚至三餐吃，为的是省下钱给老伴治病，让孩子读书。李易福缺钱，但他无数次拒绝了纳税户送上门的钱物，经手让几百万元的税款足额及时地缴入国库。在生活上，他是清贫的，但在荣誉上却十分富有。32年来他勤奋廉洁，35次立功受奖，荣誉证书装了整整一个抽屉。像李易福这样的先进人物在税务系统还有很多很多，他们不正是我们身边的孔繁森吗？学习他们的精神，更多地宣传先进典型，推动国税系统的文明建设，我和宣教处的全体同仁将不遗余力。

追求进步，完善道德，是社会发展的主流。让我们一起深刻思考该选择和保持什么样的人生观吧。不同的人生观将会把人引向不同的境界：我们若崇尚孔繁森式的追求，就会不以善小而不为，就能一点一滴塑造出完美的心灵和品格；我们若是羡慕王宝森那样的“潇洒”，则会以恶小而为之，最终一步一步滑向邪恶的深渊。在两种人生观的拔河赛中，我相信在座的每一位都会站到正确的位置加油使劲。

最后，让我们用一段话共勉吧：“牢固树立马克思主义的世界观、人生观、价值观，不是一朝一夕的事情，不是一劳永逸的事情，也不会随着党龄增长、职务上升而自然获得。我们的同志必须经常增强党性锻炼，在改造客观世界的同时，改造自己的主观世界，一辈子为人民的利益努力工作。”这是江总书记的殷切希望，也将是我们毕生的追求！

因为，我们即使竖不起一座丰碑，但也决不能成为一堆粪土！

这个演讲，除题目“丰碑”与“粪土”进行对比外，开头“孔繁森”与“王宝森”进行对比，第二自然段和第五自然段继续拿“孔繁森”和“王宝森”进行比较，第四自然段拿“李易福”与“孔繁森”进行比较。观点鲜明、感情强烈，可以收到很好的效果。

5. 总分式（分总式）

先总说后分说，或先分说后总说，或先总说再分说后总说。

例如，

论“有骨气”

周晓丹

同学们，你们还记得吗？曾经，有八国联军的炮火轰开了中国的大门；曾经，有一块写着“华人与狗不得入内”的木牌插在中国的土地上。在中国含悲受辱的时候，无数个有骨气的中国人站出来了，他们用铮铮铁骨筑成了推不翻、炸不毁的“长城”，用热血谱写了中国的悲壮历史。人民没有忘记他们，前些日子，我读了《有骨气的中国心》这本书就记下了闻一多、钱学森……等爱国者的傲骨。通过爱国者的一桩桩事迹、一句句豪语，我们可以看出——有骨气首先体现在“威武不能屈”，也就是为了人民利益，为了捍卫祖国尊严而敢于挺身而出，反抗欺压。闻一多是有骨气的，在反动军阀政府奴颜媚骨准备签订丧失国格的《二十一条和约》时，是他，冒着“招来横祸”的危险，发动同学起来抗议，迫使反动政府拒绝签字；在反动政府肆意残杀革命者时，是他，在烈士的追悼会上，将特务骂了个狗血喷头。凛然宣布：“我前脚跨出去，后脚就不准备再进来！”这，是何等的骨气！正是因为有了这种骨气，中国人民才能将昏庸无能的统治者掀下“宝座”；正是因为有了这种骨气，中国人才推翻了压在背上的三座大山。有骨气是对敌人使用的折不弯、摧不毁的傲骨，而不是傲气。对自己的祖国，有骨气的人民又是多么热爱。闻一多对祖国怀有深沉的爱。他在国难当头的时候写道：“我没有睡着，我没有睡着，我心中的灵火还在燃烧，我的火焰越烧越旺，我为我的祖国烧得发颠。”闻一多用自己生命的火焰烧沸了爱国者的血液，烧出了中国人的骨气，烧出了黑夜里的光明。

有骨气还体现在“富贵不能淫”。荣华富贵只能迷惑少许走狗，又怎么能使有骨气的人放弃他的信仰和追求呢？不是吗？在重金收买面前，共产党员没有丝毫动摇。在处于“美国领导地位的火箭专家”的荣誉面前，钱学森却放弃了完全可能获得的金钱、地位，毅然回到了新中国。有骨气的人不应该被表面的富贵所迷惑。由于社会主义国家暂时的落后，有些人没有认识到社会主义制度的优越性，资产阶级自由化曾一度存在于他们的头脑中，使资本主义国家有机可乘，打着“自由、民主”的幌子，妄图对社会主义国家进行所谓的“和平演变”。对于这些骗人的花招，有骨气的中国人应当看清资本主义社会人与人之间只有金钱关系的实质，不被富贵迷惑，而要将自己的才智献给国家，使祖国繁荣昌盛。

有骨气不仅体现在“威武不能屈、富贵不能淫”上，还体现在“贫贱不能移”上。“贫贱不能移”曾经使千千万万贫困的中国人跟着共产党走出了一条光辉的解放道路。“贫贱不能移”曾经使飘零异国的吉鸿昌，在中国饱受苦难、贫穷落后、中国人民受歧视的时候，将写有“我是中国人”字样的木牌挂在胸前，因为他坚信贫贱只是暂时的，中国会富强的。中国的贫贱不曾使他改变自己的信念。然而，值得深思的是，在商品经济较为发达的今天，华夏的大地上却曾经刮起一股崇洋风，一些人无论什么都想进口的甚至一窝蜂地围着外国人要兑换券。可摆在他眼前的却是——“我没有兑换券”。这对那些崇洋的人们是多么辛辣的讽刺！这与吉鸿昌成了多么鲜明的对比！社会的发展需要我们过几年紧日子，“崇洋媚外”的思想早该扔到垃圾堆里去了。方志敏说过“清贫、朴素、洁白的生活正是我们革命者能够战胜许多困难的地方。”我们早应该拿起“贫贱不能移”这个武器来抵抗崇洋的思想了。

综上所述，可知“威武不能屈，富贵不能淫，贫贱不能移”，这是有骨气的体现。有骨气使史可法在城池失守，清兵拥至之时，视死如归，瞠目高叫：“吾誓与城同殉！”有骨气使鲁迅“横眉冷对千夫指”；有骨气使中国雪去“东亚病夫”之耻；有骨气使我们长城不再是匍匐的。而如今，有骨气的中国人更应该满怀热情去建设祖国，让东方巨龙腾飞于世界上空。

这个演讲，先分说“有骨气首先体现‘威武不能屈’”、“有骨气还体现在‘富贵不能淫’”、“有骨气不仅体现在‘威武不能屈、富贵不能淫’上，还体现在‘贫贱不能移’上”，后在结尾时总说“综上所述，可知‘威武不能屈，富贵不能淫，贫贱不能移’这是有骨气的体现”。

总之，演讲的成功在很大程度上是依靠正文内容和表达顺序，依靠主体内容的精彩和丰富来吸引广大听众的，所以演讲主体要自始至终地围绕着同一个主题选择材料，使主题鲜明突出，同时还要考虑到演讲的口头表达的需要。结构上不要过于死板，要有一定的灵活性。材料的安排要考虑到情感的节奏，即通过由浅入深的论述，层层推进听众的情感。安排的材料还应将典型的突出事例详写，一般性的材料作为辅助略写，详略相间，生成情感上的张弛回旋，使得内容安排既紧凑严密又跌宕起伏，表述的层次既眉目清晰，又错落有致，给听众以生动、新鲜的感觉，不能只是平铺直叙地往下说，如流水账一般。应该在讲话的开头之后或结尾之前，适当设置一两次高潮，着意筑起突兀的奇峰，用出奇制胜的办法和非同寻常的语言，如巧妙的修辞、精辟的论述、强有力的逻辑推理，充满激情的语言，说出最精辟、最感动人的要点。高潮的语言应当是警语，义深、言奇、语简。如朱镕基在当选总理后的记者招待会上讲到：“不管前面是地雷阵还是万丈深渊，我都将一往无前、义无反顾、鞠躬尽瘁、死而后已。”至今为人们津津乐道，念念不忘。

（三）结尾

俗语说：“编筐编篓，全在收口。”对演讲来说也是如此，在写演讲稿时，要精心组织这段话，或者把自己认为论证最有力的话留到这里，使它发挥更大的威力。演讲稿结尾的风格有两种：一种是刚强有力的结尾，语言斩钉截铁，言已尽而力无穷；另一种是含情脉脉的结尾，语言情意缠绵，言虽尽而意犹存。

1. 意尽笔止，自然收篇

这种结尾，意尽言止，戛然收笔，显得简洁明快，给人以简明扼要之感。

例如，闻一多的《最后一次的演讲》结尾：

我们不怕死，我们有牺牲精神，我们随时像李先生一样，前脚跨出大门，后脚就不准备再跨进大门！

2. 总结全篇，提示主题

这种总结，以简明扼要的语言，对讲述的内容进行一下总结，以加深听众的印象，能起到画龙点睛的效果。

例如，刘伟勋在《当代中国改革之我见》的演讲中，就采用了这种方法结尾：

"阿基米德说要举起地球那毕竟是伟大的空话，因为他不可能找到真正的杠杆和坚实的支点，而我们却找到了真正的'杠杆'和'支点'。只要全国人民掌握了这个'力学原理'，在党的领导下，拧成一股劲，我们就一定能完成改革大业。一定能举起中国的未来！这就是我，一个大学生的改革观。"

3. 展望未来，鼓舞斗志

这种结尾用充满信任和期望的语言富有鼓动性，将听众的情绪推向高潮。

例如，美国马丁·路德·金的《我有一个梦想》的结尾：

"这是我们的愿望，我们将带着这个愿望回到南方。有了这一愿望，我们就能从绝望的群山中凿出一块希望之石；有了这一愿望，我们就能把喋喋不休的争吵灌制成一曲和谐美妙的交响曲；有了这一愿望，我们就能一起工作，一起娱乐，一起入狱，一起捍卫自由。坚信吧，总有一天我们会自由……"

作者运用排比、比喻等手法，激情澎湃，于演讲的结尾造成一种气势，激起听众的情绪，使之产生共鸣，具有很强的鼓动力量。

4. 哲理明言，发人深思

这种结尾言简意明，多有韵律，使内容显得充实丰满，具有哲理性和启发性。

例如，李燕杰的《国家、民族与正气》的演讲，其结尾是：

青年朋友们，爱我们的国家吧，爱我们的民族吧。同心协力，把我们的民族的正气，把我们中华民族奋发图强的爱国主义精神极大地发扬起来！最后，用几句名人名言作为结束语：

谁不属于自己的国家，他就不属于人类！

爱国主义的力量多么伟大呀！在它面前，人的爱生之念，畏苦之情，算得是什么呢？

我无论做什么，始终在想着，只要我的精力允许我的话我就要首先为我的祖国服务。

真正的爱国主义不应表现在漂亮的话上，而应表现在为祖国谋福利，为人民谋福利的行动上。

李燕杰的这篇报告寓理于事，攫取力强，最后采用名人名言结尾，恳切热情，紧扣演讲题旨，升华主题，字字句句掷地有声。

5. 诗歌抒情，意境深远

这种结尾情感丰富，意境深远，语言优美，可以使演讲显得曲雅而富有魅力。但诗所蕴含的意义必须与演讲的内容一致，且要短小易懂，同时要饱含感情去演诵。

例如，李燕杰的《德识才学与真善美》演讲结尾，就引用了四句诗作结尾语，使北美、欧洲的留学生听后流下了热泪：

不管母亲多么贫穷困苦，
儿女对她的爱也绝不含糊。
我只喊一声“祖国万岁！”
更强烈的爱在那感情的深处！

6. 幽默含蓄，耐人寻味

这种结尾，意思虽未明言，但饶有趣味，发人深省，听众在欢声笑语中禁不住要去思考、去领会演讲者含而未露的深刻用意。

例如，鲁迅的《绘画杂论》演讲，演讲中痛斥了当时中国市侩主义者所喜欢的“病态的女性”的绘画是一种畸形的审美观，指出这种绘画“除了技巧的不纯熟外，它的内容尤其卑劣”。其结尾是：

今天我带来了一幅中国五千年文化的结晶，请大家欣赏欣赏。（说时鲁迅一手伸进长袍，把一卷纸徐徐从衣襟上方伸出。打开看时，原来是一幅病态十足女人的月份牌，引得听众哄堂大笑，令听众在笑声中对“五千年文化结晶”作品进行深思。在笑声与掌声中结束了演讲。）

总之，结尾的方法很多，但都应简短有力，结尾最忌虎头蛇尾或画蛇添足，避免陈词俗套和语言干巴。

本章小结

※ 演讲稿的三个特点是：针对性、可讲性、临场性。

演讲稿的作用：要正确处理演讲稿与演讲的关系。

※ 搜集材料的途径主要有两方面：直接材料和间接材料。

材料升华的一般方式有：由点到面的扩展、由表及里的深化、由此及彼的引申。

※ 演讲提纲有两种：概要提纲、详细提纲；

※ 演讲稿开头常见的方法有：落笔入题，开宗明义；提出问题，发人深思；故事开头，引出正题；名言警句，统领题旨；结合现场，联络感情；展示实物，引申开去；巧设悬念，引人入胜。

演讲稿主体常见的布局法有：时序式、并列式、深入式、对比式、总分式（分总式）。

演讲稿结尾常见的方法有：言尽笔止，自然收篇；总结全篇，提示主题；展示未来，鼓舞斗志；哲理明言，发人深思；诗歌抒情，意境深远；幽默含蓄，耐人寻味。

思考与实训

一、填空题

1. 演讲稿的三个特点是：__________、__________、__________。
2. 搜集材料的途径主要有两方面：__________和__________。
3. 材料升华的一般方式有：__________、__________、__________。
4. 演讲提纲有两种：__________、__________。
5. 演讲稿开头常见的方法有：__________；__________；__________；__________；__________；__________；__________。
6. 演讲稿主体常见的布局法有：________、__________、__________、__________、__________。
7. 演讲稿结尾常见的方法有：__________；__________；__________；__________；__________；__________。

二、简答题

1. 演讲稿的特点是什么？
2. 材料升华的一般方式有哪些？
3. 常用的开头、结尾方式各有哪些？

三、实训练习

（一）【案例分析】

新时代的流行色

陈月异

青少年朋友们，说起流行色，你恐怕会联想到大街上姑娘们漂亮的衣裙，商场橱窗里眩目的广告，甚至一盒巧克力的包装。赤橙黄绿，姹紫嫣红，千变万化，时时刷新。啊，不不！我所讲的流行色，可不是这种赏心悦目的色彩形象，而是当今时代人们的精神风貌。

当今的时代，是探索的年代，竞争的年代，改革的年代。我们的时代要求人们顽强奋击、勇于冒尖。我们欣喜地看到，一大批有理想有抱负的青年，凝聚着自尊、自信、自强、自立的时代精神，在社会需要的时刻，挺身而出，接受挑选，并且在各自的岗位上作出了贡献。这种精神，不正是当今时代，应该大力推广、大力倡导的“流行色”吗？可有些人却不这样看，不是吗？我哥哥因为参加了厂长竞选，却由此招来了“狂妄自大，好出风头”的恶名；还有，我认识的一位纺织公司的年轻经理，他精明能干，颇有经济头脑，然而，就因为太有主见，尽管作出了成绩，却还是遭到了“此人太不谦虚”的指责。

谦虚，朋友们，怎样看待谦虚？“虚己者进德之基”，这是宽袍大袖的中国方孝孺说的；“智慧是宝石，如果谦虚镶边，就会更加灿烂夺目”，这是吃饭用刀叉的俄国人高尔基说的。这些，无疑都是赞美谦虚的格言。谦虚是东方民族的传统美德，是人们不安现状，永远进取的基石，也是当代青年需要继承和发扬的光荣传统。可问题是，在现实生活中，有些人扩大了谦虚的外延，改变了谦虚的内涵，甚至使人感到“谦虚”成了缺乏自尊和自信的表现，给人奴性十足的感觉。我以为这种被扭曲的“谦虚”，只不过是无能的表现罢了，是应该彻底摒弃的。

“天才可去补苍了！”我对曹雪芹的谦词大不以为然。“天生我才必有用！”我更欣赏李白的这一诗句。在生活的舞台上，我们应该始终充满自信，充分表现自己。对此，我有一个小小的体会：去年十月，省学联的一个检查组光临我校，校领导决定搞一个“一分钟信息发布会”，并且出乎意料地让我主持。开始，我有些犹豫：这种全校性质的活动，理应由学生会主持，我只是一个小小的班宣传委员，我去主持会议，大家会不会说我好出风头，不够谦虚呢？但我很快正视了自己，自信有这个能力，我不是正希望有个机会来显示自己的才华吗？于是面对着学联领导和全校同学，我用英语道了开场白：“风声、雨声、读书声，声声入耳；家事、国事、天下事，事事关心……”同学们踊跃地发布信息，个个兴高采烈，我也坦然自若，轻松愉快。我成功地主持了这次会议，并且得了一个“人才”的美称。

也许有人会说：这不是表现自己吗？可我要说：表现自己又有什么过错呢？大千世界，万事万物不都在表现自己吗？孔雀开屏，白鹤亮翅；一粒种子总要发一片芬叶，一株小草总要顶一朵花蕾；就连没有生命的矿物质也有自我表现的呀，金子要发光，硫磺有气味。更何况人们呢？不正是由于万物的充分表现才使得大千世界辉煌灿烂的吗？如果我们屈尊地保持那种夸张变形的谦虚，临阵畏缩不前，凡事后退一步，尽管你有经天纬地之才、万夫不挡之勇，也只能自我埋没，自我淘汰。所以，科学巨匠阿基米德说：“给我支点，我可以把地球撬起来。”革命导师列宁说：“给我们一个革命家的组织，我们就能把俄国翻转过来。”

长期以来，含蓄内向被认为是中国人的惯有性格，而锋芒毕露则往往不易被人理解。正因为如此，为了表示自己的谦虚，我们不得不压抑自己的个性，扭曲自己灵魂。当有人称赞我们有才能时，我们心里很高兴，而嘴上却总是加以否认，然后再贬低自己一番。当某人被委任某种职务时，他总是先背上几句通用的台词：我某某才疏学浅，能力有限……等等。这种夸大了谦虚的怪现象，究其根源是，两千多年来，“无为不争”“中庸之道”的封建意识，浸透了我们整个民族心理，至今这种旧的观念仍然影响着一些人。他们的思维模式是封闭的太极图式的：一元二体，互相转化，周而复始，蕴动于静。它把人的思想锋芒和创造力往内里压缩，然后再在外围加上一个框框，这便是所谓的含而不露，谦逊自守。显然，它已成了我们时代的桎梏。在开放改革的今天，我们需要的是十字式的开放思想模式，它是向外的、进击的，从中心点向四方辐射、延伸。它强调人的自我意识，没有边界、没有止境，能充分发挥人的想象力和创造力。

青年朋友们，我们肩负着历史的重托，是千里马，就应嘶风长鸣；是龙种，就应冲腾起舞。当今的世界有着千变万化的流行色，而只有这自尊、自信、自强、自立，才是我们精神世界的流行色。我们要争当出头鸟，竞作弄潮儿，把我们的青春、热血、大智大勇，自觉投入新时代的熔炉里去，为中华的第三次腾飞发光发热吧！

问题：《新时代的流行色》是篇命题演讲稿，请认真阅读，谈谈本文立意、写法有什么新颖和创见性？

（二）【演讲稿写作训练】

1. 实训目标：通过训练掌握演讲提纲和演讲稿拟写的方法。

2. 实训内容：按照演讲稿的特点和写作要求，从自己最熟悉的材料中选题、命题，分别进行拟提纲、写讲稿的练习。

3. 成果要求：

（1）列提纲

（2）写讲稿

（3）教师评分。

4. 成果考核：

演讲稿写作训练成果评分表

评估指标	评估标准	老师评分	实际得分
知识掌握情况（30分）	学会列提纲；善于搜集资料；掌握演讲稿的布局谋篇方法。（每小点10分，分三个等级，5分以下；6~7分；8~10分）		
能力体现情况（30分）	材料丰富、知识面广；语言表述准确、生动；观点新颖并能自圆其说。（每小点10分，分三个等级，5分以下；6~7分；8~10分）		
成果（展示）完成情况（40分）	主题明确；演讲稿开头新颖；主体内容充实；结尾简短有力（每小点10分，分三个等级，5分以下；6~7分；8~10分）		
总成绩 ∑100			
老师评语	签名：　　年　月　日		

第九章 演 讲 训 练

【知识目标】

1. 了解命题演讲的含义及其特征
2. 熟悉即兴演讲的含义及其特征、快速思维方法
3. 了解论辩演讲含义及其特征、形式

【能力目标】

1. 掌握即兴演讲中快速思维的基本方法并灵活运用即兴演讲中的控场技巧
2. 掌握并灵活运用论辩演讲各种技巧和论辩中应注意的问题

第一节 命 题 演 讲

一、命题演讲的概念

命题演讲是根据既定的题目或限定的主题范围，事先作了充分的准备的演讲。开幕词、闭幕词、报告会，各种集会上的讲话，乃至课堂上演讲等都属于命题演讲。

命题演讲大致可分为两大类型：一类是全命题演讲，即根据邀请者或主办者事先确定的题目进行演讲。这种演讲对演讲的主题和内容都有作了较严格的限制。另一类是半命题的演讲，即根据邀请者或主办者限定的主题范围，题目由演讲者自定。这种演讲的限制虽不及前一种严格，具有一定的自我性，但演讲的内容同样必须符合主办者有关主题的要求。目前我国举办的演讲赛中，大多数的命题演讲多采用后一种形式。

二、命题演讲的特征

（一）形式完美

命题演讲是在明确了演讲题目后，有较充足的时间用于锤炼观点、选择材料，对讲稿进行周密的设计、构思、预讲等。经过充分的准备，演讲者能对自己的演讲尽量做到观点正确缜密，材料充实典型，语言清晰生动，态势自然传神。在演讲时顺应听众的心理和情绪，按照“规范”和“提示”，做到恰到好处的临场发挥，达到预期的目的。

（二）内容完备

命题演讲是有充分准备的。演讲稿是经过认真的撰写，因而演讲的各要素处理得当、编排有序，组成有机和完整的系统。它陈述的不是点点滴滴、支离破碎的见解，而是经过深思熟虑以后形成的完整的有层次的观点体系，以及与之相匹配的大量事理，并借助逻辑论证过程，形成整体力量。因而，看问题应周祥全面、精当恰切，无片面性，具有较强的说服力。

三、命题演讲成功的条件

这一点包括：演讲前的准备、演讲稿的写作、演讲时的表达技巧、临场应变技巧等，这在前面的章节中，已做了具体的阐述。

第二节
即 兴 演 讲

一、即兴演讲及其特征

（一）即兴演讲的含义

即兴演讲就是演讲者在事先无准备的情况下就眼前场面、情境、事物、人物临时起兴发表的演讲。

（二）即兴演讲的特征

即兴演讲是即境生情，缘情而发的一种独特的演讲形式，具有其自身的特征。

1. 情境的现场性

即兴演讲无事先准备，演讲者一般都是就地取材，从现场上的“场面、情境、事物、人物”引发话题，又围绕现场的主题展开，因此，即兴演讲具有很强的现场感。

2. 应用的广泛性

在各类演讲中，即兴演讲是应用最广泛的一种，凡有人群的地方都伴随着即兴演讲活动。

3. 形式的多样性

即兴演讲的形式自由多样，可以是现场自由发挥，也可以是限题回答式；可以是一人独讲式，也可以是多人轮讲式；可以是有问有答式，也可以是个人自叙式，这些多种多样的形式，充分体现即兴演讲灵活自由的优势。

4. 篇幅的短小性

即兴演讲没有充分的准备时间，不可能长篇大论，另外，时间长了，因准备不充分往往会出现漏洞，也有时与演讲场面的气氛不协调等，因此，即兴演讲要求短小精悍。

二、即兴演讲的快速思维

阿拉伯人有一句谚语："舌头是心灵的翻译家。"即兴演讲所以能快速实施，一个最根本的得力点是快速思维，因此要研究即兴演讲，首先必须研究快速思维。

（一）即兴演讲与思维的关系

即兴演讲的过程是一个由内部语言转化成外部语言的过程。生成内部语言的过程就是一个思维过程。它的内在能力在于快速组织内部语言，思维贯穿在即兴演讲的全过程。思维品质的提高，有助于语言能力的发展；语言能力的提高，又促进思维品质的发展。思维低下又制约语言能力的发展；语言能力低下，同样制约思维的发展。科学统计表明，词汇量少的人往往智力低下。思维能力是衡量智力的一个主要标志。思维贯穿在即兴演讲的全过程，它是突然开始，连绵不断地展开，演讲结束，思维方告一段落。从现象看，思维与演讲似乎是同步进行的，实际上它比演讲快得多，因而思维在即兴演讲中是极为快速、极为紧张的。即兴演讲与命题演讲一个根本性的区别也在这里，命题演讲的一系列思维活动在上台之前就基本完成，演讲中的思维主要是对现场信息反馈的处理，比起即兴演讲来，命题演讲的思维负荷轻多了。即兴演讲比命题演讲难，就难在这种快速思维上。

（二）快速思维的基本方法

1. 激发思维的兴奋点

生活常识告诉我们，当人处在兴奋状态中，思维活动最活跃。因此，尽快地进入兴奋状态，也许是即兴演讲成败的关键。

兴奋是刺激的结果。它有两种：一种是物质刺激，产生兴奋，引起思维，但这种思维缺乏明确的指向，因而常常语无伦次或胡言乱语，如酗酒等。另一种是精神刺激，即情感、理智、美感刺激，由此产生的兴奋，引发的思维，常常会沿着一定的方向有规律地延伸开去，即定向思维。一个即兴演讲者站起来以后，如果不立刻找到这种刺激，那么他的演讲就很难说有成功的把握了。

（1）情景刺激。举办演讲，根据演讲的内容，都会对场地作一定的布置。譬如，讲台上摆上鲜花，墙上悬挂会标，等等。当人们置身在这种气氛中，能没有感觉吗？听众的情绪、会场气氛、场地布置、场外情景，都有可能成为刺激源。

例如，某师范大学党委副书记××，曾经召开过一次座谈会。当步入会议室时，他发现学生正很严肃地坐在台下等待他的上台讲话，于是他灵机一动，讲了这样一段话：“同学们，我建议最好把今天的座位调整一下，摆成一个圆圈，这样，我就成了这个圆圈上的一点，那么，我们就有了共同的圆心和相等的半径，我们就心心相印了。”他这样一说，台下的学生都会心地微笑了，座谈的气氛一下就活跃起来了，显然引发他思维的刺激是会议室座位的摆法。

（2）理智激发。会议的主题，别人的讲话，旁人的议论，一句格言，一首诗，等等，同样可以成为刺激源。

例如，在上海市“钻石表杯”业余书评授奖大会上，《书迅报》主编贲伟先生作了如下一段即席讲话：“今天，我参加‘钻石表杯’业余书评授奖会，我想说的一句话是：钻石代表坚韧，手表意味时间，时间表示效率。坚韧与效率的结合，这是一个人读书的成功所在，一个人的希望所在。谢谢大家。”

这篇即席演讲十分得体，他是从会议主题上获得刺激源的，把钻石、手表、读书三者拆开，根据他们各自的特征，再引伸出新意。

（3）自我引发。即从自己的亲身经历中，从自己的见闻中寻找刺激源，也许是更加行之有效的。

例如，著名的女作家谌容访问美国，到某大学作演讲，对于热心学生纷纷提出的问题，她都给予直率的回答。突然，有人提问道：“听说您至今还不是共产党员，请问您对中国共产党的私人感情如何？”谌容敏捷地回答道：“你的情报很准确，我确实还不是中国共产党员。但我的丈夫是个老共产党员，而我同他共同生活了几十年尚无离婚的迹象。可见，我同中国共产党员的感情是多么深的。”这随机应变的一席话，使提问者无话可说了。

2. 扩展语点

即兴演讲的快速思维也表现在如何加速扩展语点。

戴尔·卡耐基在《口才训练妙诀》一书中，介绍过两种训练方法，我们不妨一试：

（1）卓别林曾经与另外两个朋友玩过一种训练即席演说的游戏。三人各取一张纸条，每个纸条上各写一个演说的题目，譬如“灯罩”、“梅花”、“大雨”等等，把纸条混和在一起，三人轮流抽取，抽到什么题目，立即就这个题目发表一分钟的演说。

据当时参加过这种游戏的一个朋友说：“长期玩这种游戏的结果，使我们三个人的反应变得异常敏捷，学到了应付各种复杂题目的知识和技巧。更为重要的是，面对任何场合，我们都很快把自己心中的想法、知识整理起来，也就是说，我们学会了‘站起来思考’的方法。”

（2）连锁技巧的游戏。这是一种具有刺激性的方法。要求第一个人尽量以幻想的形式说出一段话，譬如，第一个人说："前几天，当我驾驶直升飞机时，发现了一群飞碟向我靠近。我正想降落时，一架最靠近我的飞碟对我开炮射击，当时我就……"铃声响了，时间已到，下一个接着这个话题往下说，如此循环下去。

这种在毫无心理准备的状态下训练即兴讲话能力的方法非常有效。经过这种训练，可以应付各种场合的即兴演讲，可以收到所期望的效果。

【课上练习9-1】 **扩展语点的连锁技巧训练**

[**练习目标**] 培养学生加速扩展语点达到快速思维的能力

[**练习方法**] 以座位每一列为单位开展训练，第一位同学要尽量以幻想的形式说出一段话，每位同学限时2分钟，下一个接着这个话题往下说，如此循环下去。

三、即兴演讲的控场技巧

一篇短短的即席演讲，要能有效地调动听众的情绪，使之既得到教益，又能获得美感享受，不能不借助控场的技巧。

（一）巧设比喻，耐人寻味

我们先看一个实例。

辽宁孙玉刚同志从辽阳调任抚顺商检局局长，一上任就发表了一番讲话，说"带了三件东西"：一只碗，一张纸，一颗心。说到"碗"时，他说："平时，碗口总是向上，什么意见都能装"；"形成决议，碗口即朝下，包括我在内，谁也不能轻易翻动"；"还要用它装满'水'，举起来，大家看端得平不平。"说到"纸"时，他说："决不能用它打收条、欠条，我要用血汗写下今后的历史，交上合格的答案。"一连用了三个比喻，把一个领导者的身份、态度、今后的打算，说得生动形象，耐人寻味，一下就把领导与群众、台上与台下的距离接近了。

巧设比喻，在演讲中是常见的手法，但作为即兴演讲，一般不作长篇大论，说不定借一个比喻就把话说完了。要能引起听众的兴趣，起到控场的作用，首先就要使听众听得懂，理解得到，其次要有"嚼味"。这样就要求从日常生活中熟知的事物中取喻，蕴含要丰富、深刻，否则就不能激起听众的兴趣。

（二）妙语联珠，四座皆惊

见解独到，又能用恰当的语言形式表达出来，是特别吸引人的，甚至令人倾倒。北京湘仁同志在老同学聚会上一番讲话，其中一段是这样说的："刚才东道主史君问我喝点什么饮料，我说，来杯咖啡吧。咖啡，加点方糖，甜中有苦，苦中带甜。二者混杂在一起，有一股令人难忘的味道。我想，它正好与我们这一代人的遭遇相似，与我们对人生感觉的回味相同。"接着他回顾了他们这批同学离开学校20年来的奋斗经历。这里难得的是就地取材，从喝咖啡，谈出了对人生的见解，尤其恰当地概括了一代人的经历，无论从见解、从语言组织、从思维的机敏都是难能可贵的。他说出了他的同学想说而说不出、能说而说不好的那些话。即兴演讲，虽不要求句句精当，但总得有那么一句两句能够使人有所受益的话。

（三）情真意切，令人感奋

没有感情的演讲是苍白无力的。叙事，尤其是叙述自己的经历或亲眼目睹的事，不能过于客观地陈述始末，应当带有感情，借用一种说法是，应当把当时的“感情再生出来”。说理，就必须情理相生。抒情，应当情理兼备。总之，必须把自己所思、所感、所爱、所憎传导给听众。著名的表演艺术家李默然同志说：“演讲者不动情，听讲者当然不会引起共鸣”，“只要你真正地动感情了，观众保证被你打动，不管是多大声音，哪怕是很轻微的，观众也会被你震慑的。”

（四）诙谐幽默，令人愉悦

诙谐是说话有趣，引人发笑；幽默是有趣或可笑而意味深长。二者之间，有些似是而非，也很难有严格的分界线。它们最显著的外露特征是笑，而这笑，也并非滑稽和玩笑那么强烈，倒是有如“蒙娜丽莎”式的笑，显现的是一种深远、隽永和耐人寻味。同时在这笑里，人们可以发现严肃、美好、善意及崇高的内质，从而可受到启迪和得到升华。即兴演讲要讲得生动活泼些，诙谐幽默是不可缺少的要素，特别是用于社交、礼仪上的即兴演讲更是如此。即便是政治演讲，也不能老是板着面孔说教。给人以艺术的享受，本身就是演讲的任务之一。

例如，1990 年春节晚会上，台湾著名演员、人称“光头谐星”凌峰的一度讲话，就是一例。他说：“我是以长得难看出名的……本人的长相很中国。中国五千年的沧桑和苦难都写在我的脸上。”最后说到准备唱一支《小丑》时，他又讲了一段话：“我认为每一个人都在扮演许多的小丑，有的时候是在孩子面前；有的时候是在父母面前；有的时候是在爱人面前；有的时候是在领导面前。我呢，是在观众面前。给大家带来一首《小丑》——掌声有没有就无所谓啦!”

这是一段妙趣横生的地道的即兴演讲，就那么几分钟，就博得了观众一次又一次的掌声，一阵又一阵的笑声。他讲的是实话，别人不好说他丑，他自己偏偏说出来了；别人能说出的，他又夸大了；别人想不到的，他不但说出来了，而且说得很妙，不但令人愉悦，使人发笑，而且笑过之后，还有余味。这样的即兴演讲本身就是一种艺术，岂止是起控制作用，简直是给晚会陡增了一层浓烈的喜悦气氛。

（五）淡化开头，余音绕梁

一般地说，演讲都很讲究开头，即所谓“响开头，趣主体，蓄结尾”。然而即兴演讲有一定的特殊性，尤其是毫无准备的即兴演讲，当演讲者突然站起来的时候，气氛一般都比较热烈，听众的情绪正处在“热点”中，如果这时演讲的开头也很响亮，以

“热点”对“热点”，反而热不起来，而且很难持续下去。有经验的演讲者，常常利用听众的这个“热点”，首先不去考虑开头，而去考虑一个响亮的结尾，形成逆向思维，对开头作冷处理。整个演讲呈现出一个“淡开头，趣主体，响结尾”的格局。听众的情绪由“热”转向冷，又渐渐升温，最后呈现热烈的气氛，从而达到有效地控制听众情绪的目的。

例如，安徽省铜陵市曾与德国马尔巴赫市结为友好城市，铜陵市一位领导同志出访这个城市，在一次晚宴上，他就作过这样一次即兴演讲。他从中德两国不同的吃饭习惯说起，再借德国结婚下雨是个好兆头的风俗，说：“开普勒市长1985年访问铜陵时适逢下雨；今天我们签字雨婆婆又再度光临，如果说协议标志着一种结合的话，这雨将是我们两市的好兆头。”从而渐渐把话题拉向说话的主旨。最后，他端起葡萄酒杯，借席勒（注：席勒诞生在该市）著名诗歌《欢乐颂》中的一段诗句作结：“巩固这个神圣的团体，凭着这金色的美酒起誓；对于盟约要矢志不移，凭着星空的审判者起誓。”

这是一篇典型的“淡开头，趣主体，响结尾”的即兴演讲。

第三节
论　辩　演　讲

一、论辩及其特点

（一）论辩的概念

论是立论、证明，即确立自己观点的正确性，辩是辩解、辩驳，即指出对方观点的谬误性。论辩就是双方在某一问题上因意见不同而引起的面对面的为自己辩护、反驳他人的一种语言交锋，论辩实质上就是一种竞争，它是知识的、智力的、口才的综合竞争。

在人与人的交往中，无处不有关于立场、观点、方式等的争论。正是这些争论，可以“明是非之分，审治乱之纪，明同异之处，察名实之理，处利害，决嫌疑。”在当下，我们正步入知识经济的时代，每个人都需要包装自己，推销自己，并让别人接受自己。所以要想做成功的人必须具有“辩才”。

据一些学者对上海举办的第一届全国青少年科学创造发明比赛和科学讨论会中获奖的100名青少年的调查，其中喜欢抒发个人独到见解、喜欢与人争辩的占84%。由此可见，这些青少年之所以比别人聪明，喜欢争辩是一个重要原因。

（二）论辩的特点

论辩是会话的延伸，是有场语言的最高境界，除了具备各种口语表达的特征之外，它还有以下几个鲜明特点：

1. 对抗性

（1）观点的对立。辩论双方的观点有着明确的分歧，甚至是截然对立的。论辩者既要千方百计地证明自己观点的正确性，又要针锋相对地批驳对方的观点，并迫使对方放弃自己的观点。没有观点的对立就没有辩论。

（2）语言的直接交锋。辩论双方要面对面地进行争论，各抒己见，努力论证自己的观点，批驳对方的观点，呈现出一种攻与守的对抗状态。

2. 严密性

辩论既然是持不同观点的双方的唇枪舌剑，那么每一方都必须尽量使自己的观点正确、鲜明，论据充分有力，阐述合乎逻辑，使对方无懈可击；同时还要善于从对方的言语中找出纰漏破绽，打开论辩的突破口。这些都决定了辩论要讲究论证的严密性。否则，说理不周，破绽百出，就会使自己陷入窘境，遭到失败。

3. 机敏性

辩论双方既要陈述自己的观点，巩固自己的阵地，又要明察对方的策略，应付对方的明枪暗箭。在激烈的交锋中，来不及沉思默想，要取得辩论的胜利，就必须机敏智慧，讲究策略，随机应变。

4. 临场性

不管是哪种类型的辩论，都是辩论双方同处于一个辩论现场。虽然辩论之前可进行充分的准备，但对方的情况也不可能估计得完全准确，只能在辩论现场听取了对方的发言之后适时调整战略，随机应变，临场发挥，采取灵活的方式取胜。如果任何一方不注意洞察和应对辩论现场的风云变幻，一味地按照事先准备的辩词来应付局面，是不能取得辩论胜利的。

二、论辩的形式

论辩一般分为两大类：一是自由争论，即人们在交往中，对不同事物有不同看法的争辩，是一种最有效的论辩形式。二是专题辩论，即有组织、有程序、有目的的辩论。自由论辩常有如下几种形式：

（一）决策论辩

就是在人们行动之前，参与决策的人们围绕目标选择、方案（手段）选择所展开的不同意见的语言交锋。任何一个重大的决策必须经过激烈的争辩并产生深远的影响。春秋战国时的合纵连横，三国时期的联吴抗曹，中国共产党选择农村包围城市的道路等等，都是经过了长期的激烈争论而确定下来的划时代的战略决策。即使是一个地区、一个单位，乃至一个家庭，做不做某件事，采用哪些步骤和方法，也会发生争论。正确的决策，是广开言路、集思广益的必然产物。

（二）外交论辩

这是国与国之间在交往过程中，就某些问题所展开的辩论。它以维护和捍卫本国尊严和权益为原则，是原则性与灵活性的有机结合。既针锋相对，又委婉迂回；既严肃认真，又不失礼节；既有双边会谈，又有多边斡旋。古往今来，有很多名人名篇脍炙人口，其思想和技巧都值得我们学习和探究。

（三）法庭论辩

这是依据一定的法律程序，诉讼双方在法庭上就调查的事实和证据如何认定，是否构成犯罪或罪轻罪重等问题所进行的论证与反驳，是诉讼活动的一个重要组成部分。诉讼双方的辩论虽然是对立的，但辩论的目的却是一致的，即通过辩论，使审判人员进一步审清事实真相，以便依法判处，既维护法律尊严，又维护双方的合法权益。这种论辩必须以事实为依据，以法律为准绳，就事论法，事法结合。

（四）答辩

这是就别人的提问进行的答复和辩解。常见的有就职答辩、专题答辩、答记者问、论文答辩等。这种答辩虽然有一定的准备，但由于提问的多样化、复杂性，常常使答辩者猝不及防，这就要求答辩者必须具备良好的心理素质、高尚的道德修养和渊博的知识涵养，同时还要具备敏捷的判断能力和思维能力。

（五）学术争鸣

是科学研究工作者就某一学科领域中意见不一致的问题，在学术研讨会上畅所欲言，阐述各自的学术观点的论辩。其目的是为了集思广益，剔除学术中错误的东西，把科学研究引向深入。这种论辩是科学价值最高的一种，其论辩各方，都是在某领域有一定的研究和见地的学者和专家。它要求辩论者既要勇于坚持真理，又要保持争鸣的确定性，更要排除人身攻击。

（六）辩论比赛

目前流行的辩论比赛，基本上是一种表演性的辩论。赛场上尽管双方舌战异常激烈，但他们各自所捍卫的观点，并非本意，是一种高智力游戏，正反双方是由抽签决定的，同时要遵循一定的规则。然而这种辩论是有益的，能锻炼人的思维能力、应变能力和机智的表达能力。正因为如此，辩论赛在国内外受到普遍重视和欢迎。它具有鲜明的规则性、对等性、临场性和整体性的特点。

三、论辩演讲的技巧

（一）控场技巧

论辩必须在友好、和谐、宽松的气氛中进行，这不仅有利于双方充分发挥才智，更有利于对真理的探求。论辩最可怕的结局莫过于不欢而散。

遵循下列原则构成了论辩控场的有效机制：

1. 道德原则

论辩是为了交换意见、交流信息、加强对论辩的多层面理解，而不是像培根所批评的那样：“有些人在谈话方式上，只图博得机敏的虚名，却并不关心对真理的讨论。”论辩双方应持诚恳、谦虚、互相切磋、取长补短的态度。只有这样，才会胜不骄、败不馁，才不会计较个人得失，才会树立起良好的“辩德”形象。

2. 心理原则

论辩者一般存在两种心态：一是潜意识对抗心理；二是自尊和“自我实现”的心理。这就要求论辩者在论辩当中，少用武断语而代之以委婉的语气。温和语气的力量胜于雄辩。尽可能不要伤害和激怒对方，如果对方激动起来，不要针锋相对、火上加油，最好的办法是沉默。沉默也是一种谈话艺术，沉默可以恢复心理平衡。当自己受到指斥或者攻击时，也能克制和容忍，以便暂时顺应对方的心理满足。

3. 审美原则

论辩是一种艺术，具有审美价值。见解精辟，论辩机智，妙语连珠，风趣幽默，这些都能给人以美的享受，使人折服。除此之外，举止大方、方雅，且有风度美，同样能使人易于接受。有效的控场，是保证论辩顺利进行的重要前提，决不可以掉以轻心。

（二）证明技巧

论辩首先要证明，即证明自己的主张、观点、立场、态度的正确，使之无懈可击，这是论辩获胜的先决条件。

1. 论点的选择

论辩中的证明是十分复杂的，关键是论点的选择。

论点的包容量要适中。太大了，证明不了；太小了无法展开。论点要严密，既要符合客观实际，又要有一定的理论深度，切忌露出破绽；表述要简练鲜明。

通常的办法是择定中心词，然后加以限定。譬如“在北京现有的条件下，乘车难是多种因素造成的，绝不是人多于车。”这是1986年“北京走向二〇〇〇年电视辩论赛”北京大学的论题。这个论题的中心词是“多种因素”，前面再加一个限定：“在北京现有条件下”，既用包容的方式否定了对方的论点，同时又强调了一个前提。

2. 论据要充分

论据要充分，尽可能把论点所能包容的各个方面的材料都收集到，既有现实生活中活生生的，又有古代公式的；既有正面的，又有反面的；既有事实论据，又有理论论据。旁征博引，无所不及。论据要有力，要典型、生动，有针对性，还要真实可靠，否则就容易被对方攻破。

3. 论证有逻辑

论证要具有逻辑性。一般说来，论辩中的论证分三个阶段。第一阶段，全面阐述观点；第二阶段，辩论；第三阶段，总结归纳。第一阶段和第三阶段，是在没有争论的情况下进行的，可以按自己事先设计好的方法进行论证，最难把握的是第二阶段，即双方意见交锋。虽然这是以反驳为主，但实际上还是通过反驳来加强立论。反驳是达到证明的一种手段，不注意这点，论辩是不会有结果的。

（三）进攻技巧

1. 先发制人

我国古代兵法中有句名言："先发制人，后发制于人。"双方舌战，当一方握有充分论据，抓住有利时机，在另一方意想不到的情况下，首先采取行动，突然袭击，扰乱其心绪，打乱其阵脚，先声夺人而制胜。这也是论辩中常用的方法。

例如，"西安事变"和平解决之后，张学良没有听从共产党的劝告，亲自送蒋介石回南京，结果被蒋介石扣押起来。东北军中的青年军官得知张学良被蒋介石扣押，便把本应针对蒋介石的仇恨，发泄到东北军的高级将领身上，还错误地认为共产党没有把张学良救回来，对此也很有意见。他们在暗扣了几名东北军高级将领之后又杀气腾腾地闯进周恩来同志的临时住所。

在这紧急关头，周恩来镇定自若。他霍地站起来，猛一拍桌子，先发制人地说："你们要干什么？你们这是要救张副司令吗？你们的行动恰恰是帮了蒋介石的忙！是蒋介石所欢迎的！你们以为这样干就可以救你们的张副司令回来吗？不！这恰恰是害了张副司令！因为你们的行动破坏了团结，分裂了东北军！你们是在犯罪！"

周恩来先发制人，仅用了几句话就使对方流泪认错，取得了良好的效果。其原因就在于周恩来的先发制人，有三点可以使对方心服：一是先，不容对方分说，一顿严辞，首先在精神上占了上风；二是厉，镇定自若，毫无畏惧，句句铿锵，字字有声，在气氛上挫了对方锐气；三是理，不但严辞，而且义正，既以势压人，又以理服人。

2. 窥短击虚法

参加辩论双方宛如两军对垒，唇枪舌剑，充分表现出辩论者的勇气和智慧，但是"智者千虑，必有一失。"在辩论中，辩论的双方或一方通常会出现一些失误。因此，机敏地捕捉战机，利用对方的失误，出其不意地进攻，是取得成功的关键。有利的战机可以从以下几个方面来捕捉：

（1）捕捉对方认识上的错误。由于种种原因，人们不可能思想统一，认识一致。人们这种认识上的差异，在辩论中表现为激烈的思想交锋。利用认识上的失误进行攻击是辩论成功的最佳时机。

例如，有一次，著名的战斗英雄史光柱在朋友家里遇到一位年轻的大款女士。财大气粗的赵女士问史光柱："史先生，如今的名人就是有钱人，无论什么人，只要出了名，就能拥有无数金钱。你为什么不利用你在世人中的影响和知名度，去做生意呢？当今这世道，各人顾各人，你英雄没有钱又能怎么样？万物都是虚设的，惟有钱才是真实的，钱可以通人、通神、通鬼。"

史光柱听了赵女士的高谈阔论后，没有正面回答她的问题，也没有直接批评她的错误观点，而是笑了笑，略加思索，便问赵女士："小姐，假如你在夜深人静的野外路旁，突然遇到几个歹徒的袭击，你拼命地挣扎最终没能逃脱歹徒们的围追堵截。他们把你抓住之后，要抢劫你、欺负你。这个时候，传来了清晰的脚步声，你怎么办？"

"这还用问，我肯定要大喊'救命呀'。"赵女士脱口而出。

史光柱平静地说："不过你要明白，远处的人们不一定来救你，因为他们知道歹徒手里有刀，很危险。"

这时，赵女士有点发愣了，史光柱点燃了一支烟，接着说："首先用你自己的话来说，事不关己，高高挂起，过路人未必会来冒险救你；其次嘛，既然钱可以通人通神通鬼，那么歹徒们也可以甩出一大沓神力无边的钞票，来打发那些本来就不想冒险管闲事的人们。"

赵女士听了，脸红了起来，仿佛一下子明白了许多。

不难发现，战斗英雄史光柱用设问的方式引导赵女士谈出个人看法，利用其认识上的错误，然后一步一步亮出了英雄自己的看法。

（2）捕捉对方逻辑上的错误。辩论离不开逻辑推理。因此，捕捉对方逻辑上的错误，也是进攻的良机。第一，要抓住对方概念使用不当和自相矛盾的错误；第二，抓住互相矛盾的判断；第三，抓住逻辑推理不正确，因果之间没有必然联系的错误。捕捉并一针见血地指出对方逻辑上的错误，能使对方处于非常被动的境地。

例如，爱国将领冯玉祥任陕西督军时，一次得知美国人安德思和英国人高士林私自闯入终南山打猎，捕获两头珍贵的野牛。冯将军马上把他们召集到西安责问："你们到终南山打猎，曾和谁打过招呼？领到许可证没有？"

这两位外国人耸耸肩，狡辩说："我们打的是无主野牛，所以用不着通知任何人。"

冯将军一听非常气愤，严厉地说："终南山为陕西的辖地，野牛是中国领土内的东西，怎么会是无主的呢？你们不经批准私自打猎，就是犯法行为，你们还不知道吗？"

这两个外国人振振有词："我们这次到西安，贵国外交部发给的护照上不是准许携带猎枪吗？可见我们行猎已得到贵国政府的准许，怎么是私自行猎呢？"

冯将军马上反问："准许你们携带猎枪，就是准许你们任意行猎吗？若是准许你们携带手枪，难道就可以在中国境内随意杀人吗？"

高士林还继续狡辩："我在中国 15 年，所到的地方从来没有不准打猎的。再说，中国的法律也没有不准外国人在境内打猎的条文呀？"

冯将军又据理驳斥："中国法律上没有不准外国人打猎的条文，难道有准许外国人打猎的条文吗？你 15 年没遇到过官府的禁止，那是他们睡着了。现在我身为陕西的地方官，我却没有睡着。我负有国家和人民交托的保土卫权之责，我就非禁止不可！"

在这场针锋相对，事关祖国权益、民族尊严的辩论中，冯将军先发制人，一开始就通过质问亮出自己的观点：不经中国政府允许，私自行猎是错误的。外国人对冯将军的斥责进行了三次反驳，但每一次都遭到冯将军的迎头痛击。第一次他们提出：我们打的是无主野牛，用不着通知任何人。冯将军立刻抓住"无主"二字，立刻指出：野牛是中国领土内的，不能说是无主。第二次他们提出：护照上写着准许携带猎枪，因此就是准许打猎。冯将军用类比的方法反问道："若是准许携带手枪，就可以在中国境内随意杀人吗？"第三次他们提出：中国法律没有不准外国人在境内打猎的条文，因此就得准许他们打猎。冯将军紧紧抓住他们推理上的错误，据理驳斥：中国法律没有不准外国人在境内打猎的条文，难道就有准许外国人在境内打猎的条文吗？冯将军机智灵敏，言辞犀利，对对方的行径及时反击，终于驳倒了对方的无理狡辩，伸张了正义，维护了国家权利和民族尊严。

（3）捕捉对方表达上的错误。在紧张的辩论中，对方往往会出现“急不择语”或“择语不慎”的情况。利用对方表达上的失误，也是进攻的好机会。

例如，在北大首届辩论赛中，国政系与历史系就“仓禀实而知礼节”展开辩论。正方历史系在论证物质与文化的关系时，提出：“在德国这样经济发达的国家，产生了巴赫、贝多芬、门德尔松等伟大的音乐家……”

反方国政系立即抓住正方的论据中出现的“贝多芬”发出反击：“正方错了，贝多芬恰恰是在贫困交加的情况下才写出了《命运交响曲》这样辉煌的作品的!”

正方错上加错：“那他也必须在吃饱的情况下才能进行创作呀!”

反方步步紧追：“那么请问贝多芬是在哪一顿吃饱了之后才写出《命运交响曲》的?”

在司法审讯中，常见一些有经验的审讯者巧设圈套，让罪犯露出破绽，出现常识错误，在其阵地上打开缺口，从而瓦解其坚固的阵地。

有一个这样的例子：

在一个黑暗的夏夜，一个衣服湿透的人跑到刑警大队，向侦察员李翔报案：

“刚才我走到一座桥上，被一样东西绊了一下，跌到了河里，幸好我会游泳，一会儿就爬上了岸。走到桥上仔细一瞧，原来是个人，脖子上有两道伤口，浑身是血。我摸摸他的身子，还有点微温，估计他被害不久，我就赶来报案了。”

“你怎么知道他脖子上有两道伤口?”李翔接着问。

“我从口袋里摸出火柴划亮一瞧……”

“别说了，杀人凶手就是你。”李翔接着说。

这个案例中，罪犯使用贼喊捉贼的伎俩，企图嫁祸于人，为自己开脱罪责。但他还是露出了狐狸尾巴。这是因为，他先说自己跌入河中（口袋里的火柴就会湿透划不着），后来他又说划亮了火柴看见两道伤口，这是互相矛盾的。由此可见报案人就是凶手，侦察员抓住了对方表达上的破绽，主动出击，一举便置对方于死地。

善于捕捉战机必须具有广博的知识、敏捷的思维和良好的口才，这种综合的能力，是我们取得辩论成功的关键。

3. 巧藏问机法

构成这种方法的要点在于条件与条件之间必须是一个充足而必要的关系。有什么条件就必然产生什么结果。结果荒谬，条件也必然是荒谬的。而这个条件正是对方的论点或论据，因而才使这种反驳具有很强的逻辑力量。

另外还有一种方法是将引申归谬法加以发挥的扩大显微法。如前加拿大外交官切斯特·朗宁，生于湖北襄阳，父母是美籍传教士。朗宁出生时喝的是中国奶妈的乳汁。当他竞选省议员时，反对派诽谤他是喝中国人的奶长大的，身上一定有中国血统。朗宁毫不迟疑地反驳说：“据有关人士透露，你们是喝牛奶长大的，所以你们身上一定有牛的血统。”

这种方法就是洞彻论敌命题中隐蔽的荒谬点，扩大其范围，加深其深度，强调其性质，使其荒唐之处暴露无遗。

4. 推理法

就是辩论的一方将不同的前提条件都穷尽，并将这些穷尽的前提条件加以引申，得出的结论都是对方难以接受的，而又要逼迫对方在难于接受的结论中进行选择，使对方处于进退维谷的困境。

例如，古代有个国王，自吹已听遍了世上所有的故事。为了显示他的“知多识广”，便向全国发布了一道圣旨：谁能讲一个我没听过的故事，我就把我的独生女儿嫁给他，并赏赐给他很多钱。消息一传开，天天都有很多人给国王讲故事。可是国王每听完一个故事，总是把头一摇，说：“唉！早听过了。”大家都无可奈何。有一天，一个农夫来到国王面前，说：“我讲一个绝妙的故事，我敢保证，您一定没听过。”国王看着这个穿着破旧的农夫，并不把他放在眼里。但当他看见农夫那坦然自若、信心十足的表情时，不得不装出耐心来听。只听农夫不慌不忙地讲道：“很久很久以前，您的祖父欠了我的祖父一大笔钱；到了您的父亲手上，这笔钱加上利息，就欠得更多了，您父亲还不起，就答应用他的孙女来抵一部分息；到了您的手上，您不但欠我很多很多钱，还欠了我一个女儿。”农夫讲完，满脸堆笑地问道：“陛下，这故事您听过没有呢？”国王脸色陡变，呆若木鸡，懊悔不迭。但他的许诺已家喻户晓，为了维护国王的威信，他迫不得已，只好把公主嫁给农夫，并赐给他很多金钱。

农夫只是不自觉地运用了二难推理这一逻辑方法。如果我们能够从理论上认识并掌握这个方法，就可以变自觉为不自觉，在辩论的实践中充分发挥这一逻辑武器的作用。运用这个方法的关键在于抓准论辩的焦点。焦点就是双方争论的集中点。聪明的农夫不是像其他人那样只顾自己讲故事，而是把“听没听过”作为焦点——国王承认听过这故事也罢，回答说“没听过”也罢，他都能达到预期的目的。

5. 反驳法

即在论辩中，先承认某一结论，再摆出事实推理，进而否认这一结论是谬误的。使用这种方法，常常是迫于某种情势，遇到不宜正面出击的难题，只好避其锋芒，将纠缠不清的问题辩清楚。

例如，《艺文类聚》中载：春秋时，晋文公有一次吃烤肉，发现烤肉外边缠有一根头发，大怒，指斥厨师失职。厨师面对杀头的危险，连忙认罪：“臣罪有三：其一，我切肉的刀锋利如宝剑一般，肉被切断，可是没有切断头发；其二，我用铁锥串起肉来烤，反复翻动，却没有发现头发；其三，肉被烤得赤红，烤熟，可是外面的头发却不焦。”晋文公听后，猛然醒悟，才免了他一死。事后调查，原来是有人陷害厨师，将头发缠在烤肉上。

这是一段很巧妙的反驳，巧就巧在用证明的方式达到了反驳的目的。这虽然是一种声东击西、歪打正着的手法，但针对性很强，必须与对方构成矛盾命题，非此即彼。

间接反驳的另一种方式是从反面入手，调换一下角色。指出在相反的情况下，必然得出另一个结果，而论敌又不愿接受相反情况的结果，那么论敌推论的结果便不攻自破了。

例如，在20世纪80年代，针对“雷锋精神是否过时”这一论题，广州军区的组织部干事郑宏彪同志和大学生举行了一次对话。一位女大学生提出："我感到雷锋精神在80年代已经过时了，你怎么看？"郑宏彪没有正面回答，而是来了个"易位"反驳。他说："假如你在大街上走，被车撞伤倒地，不能动弹，一些人从你身边走过去，嘲笑你，而我，走上前把你扶起，送到医院。在这种情况下，你是喝令我走开，说这种精神过时了，还是从内心感激我呢？"对于女大学生提出的问题，郑宏彪没有开口大谈雷锋精神的现实意义，而是运用了一个假设，诱导对方角色易位，"扮演"了一个在危难之中需要帮助者，使她亲身设想自己的处境。这样，郑宏彪不费吹灰之力就将社会上流行的一种顽固的错误观点驳倒了。

6. 戏谑反击法

即用有趣的引人发笑的话，开点玩笑，来反击论敌的言论的一种方法。在论辩的激烈阶段，双方的言辞难免带一点感情色彩。若一方带有讽刺、揶揄的言辞，而另一方以戏谑法应付之，此时往往会产生奇妙的现场效果：它不仅可调剂气氛，于严肃中增添幽默，还能改变形势，于防守中实施反击。下面我们介绍几种：

（1）顶针法。就是通常所指的"就话说话"。其特征是反应迅速并以对方言词之尾作为本方造句的开头，回敬对方。

例如，在一场"毕业生择业靠的是个人的能力还是社会关系"的辩论中，双方展开了激烈的较量。

反方辩手说："当前的形势清楚得很，老子英雄儿好汉，老子无能儿混蛋！哪个有职权的人不是把自己的儿女安排得好好的，对方辩友不要执迷不悟了。"

不料正方辩手只是顶针一句："我们是'执迷不悟'，不知对方辩友执迷不悟地坐在这里干什么？"

这种戏谑令人咋舌，刮目相看，赢得了满堂喝彩。这类有趣的例子常能见到。比如一方出言不逊说："我方必须提醒对方，你们犯了一个严重的错误。"对方悠然应答："错误莫过于自以为正确。"又如，一方故作姿态，声称："阁下之言，使人遗憾。"对方心平气和曰："憾事何止一桩。"这种方法使用恰当，可以妙趣横生，化险为夷，效果极佳。

（2）拈连法。即"改话说话"，是将对方使用的词语加以改造，变成我方的武器用来攻击对方。

例如，在一场"男穿花"的竞赛辩论中，正方声称："男穿花是时代的潮流，体现了当代人新的审美意识，是骄傲的'白马王子'！"反方立即应答："依我方看来，这不是白马王子，倒是'花马王子'。"这一句噎得对方如骨哽喉，获得轰动效应。

（3）反语法。也称"反义说话"，即将对方原来的意思反过来说，还击对方。它虽然使用简便，易于掌握，但毕竟不能直说，应曲折有致，掌握火候。

例如，在一次辩论中，一位辩手情绪失控，忘了言词的分寸，竟盛气凌人地质问对方："你怎么连这样简单的道理都不懂呢？"对方回答："我只懂一个简单的道理——你怎么这样聪明呢？"非常有趣的是，当听众发出笑声之后，那位情绪激动的辩手才会过意来，明白了“聪明”是句反语，可想而知其尴尬的神态。所以，使用这种方法不是直接对抗，而是迂回反击，可以在一定程度上减少碰撞，避免火拼，从而体现出论辩中优雅、庄重的游戏规划。

（四）防卫技巧

辩论中防卫的含义有两方面：一是指在对方进攻之前做好防卫工作；二是在对方进攻之后做好防御工作。前者是尽量不给对方以可乘之机；后者是赶紧补漏，亡羊补牢，防止一损俱损。常见的防卫技巧主要有：

1. 加固“堡垒”法

最直接的防卫措施就是加强我方观点的坚固性，在获得了初步的胜利时不能满足，而应进一步巩固成功，或不时地重复已被公认的有力的证词进行强调，或补充新的材料，加固观点的支柱，将人们的支持牢牢地吸引在我方这边。总之要使对方在我方固若金汤的“堡垒”面前望而却步，攻而不下。

例如，1988 年亚洲大专辩论初赛复旦大学和马来亚大学就“庞大的人口是不是发展中国家的沉重负担”一题进行了辩论，当正方一辩发言后，马来亚大学一辩为证明本方立场，举了日本的例子，说“日本人口众多，但经济增长速度很快，已跻身于世界最发达国家的行列，因而只要懂得策划，管理有方，庞大的人口就不会成为负担。”此时——

复旦队：请问对方辩友，日本是第三世界国家吗？不是！因此不在今天辩论讨论之内。（掌声）

马来亚队：不错！今天的日本不是第三世界国家，但日本曾经是第三世界国家，而且应该成为第三世界国家的榜样！（热烈鼓掌）

当然这种防卫方法，要有“超爱国者反导弹”的武器，能够在“风口浪尖”上斗智斗勇。即在对方已经以机智有力的进攻而获得场上效果后，仍能冷静地、毫不气馁地坚持从有利于自己的角度出发，发掘出更富感染力和说服力的新材料，堵住本方缺漏，一逞高超辩才的口舌之利。这才是最有效的防卫技巧。

2. 模糊回答法

所谓模糊回答，是一种使用含义不确定的模糊语言，不让对方精确地把握答语秘含意义的方法。常用于外交辞令中。如常有某国领导人“高兴地接受了邀请，在方便的时候”访问某国的说法。这里的方便并无确切的含义，可以灵活解释。又如，在复旦大学队与台湾大学队的辩论赛中，针对“儒家思想能否抵御西方歪风”时，复旦队提出了抵御西方歪风必须是“综合治理”，以此否定对方“儒家思想能抵御西方歪风”的论点，并使对方难以反驳。因为“综合治理”是个概括性词语，没有说明具体而确定的措施和方法，但它的意思又是科学的，合乎情理的。这就避免了在具体问题上的纠缠，带来麻烦，却又立论正确，显得高明。

可见，在特定场合，模糊语言用得合情合理、恰如其分，就能为我所用，牢牢地守住自己的阵地，使对方难以辩驳。

3. 避重就轻法

辩论中不宜在于己不利的问题上过多纠缠，否则会疲于应付，步步后退，而应扬长避短，在自己的强项上与之周旋。另外，面对对方的责难应避重就轻，避开严重的错误、致命的追问，对那些无伤大局的问题给予轻描淡写的回答后，便立刻转换话题，转入于自己有利的方面。

四、辩论中应注意的问题

（一）忌“精于论而疏于听”

“论”与“听”是辩论中很重要的两个环节。不听或听不懂，则对方观点不明，使“论”成为无的之矢。因此，要论在点上，就必须注意倾听对方的观点、论据及二者之间的联系，倾听对方的用词造句有无漏洞，倾听对方是否有诡辩现象。只要“精于听”，驳击才能针锋相对，才能做到克敌制胜。

（二）忌“出口伤人”

在辩论中，最忌讳进行人身攻击。这不仅是没有修养的粗俗之举，而且是没有道德的丑恶行为。这时，即使你非常占理，却也争不到别人哪怕是一点点的心悦诚服，相反，还可能引起在场的每一个人的反感。在辩论中，“理”是争的目的和取胜的保证。然而，人又是感情动物，如果你既能做到以理制理，又能以情明理，辩论就会成为令人愉快的思想交流。

（三）忌无益的争辩

当你意识到自己的想法、意见与人相左之时，当你的言语遭到非议之时，你的本能就是奋起反驳。如果你意识到这场争辩没有意义，那么大可不必动用你的唇舌，一笑置之最妙。同样，你向别人提出挑战的时候，一定要选择有价值的，通过争论使自己和他人能受到启发和教育的问题，不必在那些无关宏旨的细节琐事上做文章。

本章小结

※ 演讲按形式可分为命题演讲、即兴演讲、论辩演讲。

※ 命题演讲是根据既定的题目或限定的主题范围，事先作了充分准备的演讲，大致可分为两大类：全命题演讲、半命题演讲。

※ 即兴演讲就是演讲者在事先无准备的情况下就眼前场面、情境、事物和人物临时起兴，发表的演讲。即兴演讲的特征：情境的现场性、应用的广泛性、形式的多样性和篇幅的短小性。

即兴演讲中快速思维的基本方法：激发思维的兴奋点，扩展语点。

即兴演讲的控场技巧：巧设比喻，耐人寻味；妙语联珠，四座皆惊；情真意切，令人感奋；诙谐幽默，令人愉悦；淡化开头，余音绕梁。

※ 论辩是为了证明自己的正确性，辩驳对方的谬误性。论辩语言特点是：对抗性、严密性、机敏性及临场性。

论辩是人的综合素质的较量，但其一些基本的技巧是可以通过学习而掌握的，如控场技巧的三原则（道德原则、心理原则、审美原则）、证明的技巧、进攻的技巧（先发制人法、窥短击虚法、巧藏问机法、引申归谬法、二难推理法、间接反驳法、戏谑反击法）、防卫技巧（加固“堡垒”法、模糊回答法、避重就轻法）。

论辩中双方都要遵循一定的规则，应注意的问题是：忌“精于论而疏于听”、忌“出口伤人”、忌无益的争辩。这样可以减少失误，提高论辩的质量。

思考与实训

一、填空题

1. 演讲按形式可分为__________、__________、__________。

2. 即兴演讲中快速思维的基本方法：______________，______________。

3. 论辩演讲的控场技巧应遵循______________、________________、____________三原则。

4. 论辩鲜明的语言特点是：__________、__________、__________、__________。

5. 论辩中双方都要遵循一定的规则，应注意的问题是：忌________、忌__________、忌__________的争辩。

二、简答题

1. 命题演讲有什么特点？请谈谈自己的看法。

2. 请概述即兴演讲的快速思维方法。

3. 辩论中应注意哪些问题？

三、实训练习

（一）扩展语点训练

1. 实训目标：培养学生展开丰富想象扩展语点连缀成文的能力

2. 实训内容：用口头语言把下面这些词语连缀成为一篇短文。

（1）闹钟·扑克牌·香烟·一瓶酒；

（2）一封拆开的信·一支钢笔·一瓶安眠药·一本打开的日记；

（3）警察·鲜花·风车；

（4）春节·数学·护照。

3. 成果要求：

（1）同学提交书面材料。

（2）教师评析。

（3）同学修改后在班上交流。

（二）【案例分析】

情景1：一位叫李怀争的高三学生，在学生会干部竞选时发表讲话："……我的名字叫李怀争。我不安心无声无息的生活，不安心死水一潭，'怀'着'争'的热情，想创造一个丰富多彩、无限美好的生活……"

问题：该同学应用什么的控场技巧？

情景2： **当你被误解的时候**

熊焰波

有一句老掉牙的老话，叫做（用四川方言讲）"万事开头难"。演讲如此，即兴演讲更是如此。不过，我总感觉到，万事结束更难。我们在座的很多同志都知道《诗经》上有这样一句话："靡不有初，鲜克有终。"也就是说任何事都有一个开头，但很难得到一个圆满的结尾。但好的开头也是很难的，所以我庆幸我第一个走上了即兴演讲的讲台（热烈鼓掌）。

大家看到，七分钟以前，我们在座的百余双眼睛的监视下抽到这个题。当我们的主持人用他那浑厚的声音宣布这个题的时候。我因紧张而凝固的血液沸腾了。因激动而僵化的思想活跃了。七分钟里，我在思考这样一个问题：人总有被误解的时候，何必为误解发愁！我们的南疆英烈被误解过，张海迪被误解过，我们的曲啸老师被误解过，我们辛勤耕耘的老师们被误解过……但是，怎样从误解中找到理解呢？我可以这样说，理解的大门只向那些心胸开阔、勇于进取的人敞开着，理解的金钥匙只属于那些有头脑的人。我们的战士从他们在前线的英勇奋斗中，从他们血染疆场的行动中找到了理解，曲啸老师以他的演讲和他自身的行为获得了理解……所以说，朋友，要寻求理解，守株待兔行吗？不行！唯有那些心胸开阔、奋发进取的人，才有资格获得真正的理解，在时间与空间、必然与偶然的辩证关系中得到理解。

我们寻求理解，当我们得到理解的时候，我们就会把误解变成一种真正的动力，用它去推动我们更好地理解别人，让别人再来理解自己。我不知道在座的各位有没有被误解过，但我肯定地说，我是被误解过。我在大学读书的时候，干社会工作，曾被误解过，我参加演讲活动，也被人误解过。就是这次到北京来的时候，有人还风言风语，说我参加演讲比赛是想出风头。我何尝不希望得到理解呢？（这时铃声响了）可是，大家都听到了，警告铃响了，它在向我出示黄牌。它对我说："小伙子，你要寻求理解吗？那就少说空话，多干实事。到实践中去，到自己的奋斗中去寻求理解吧！"

在这里，我还要对那些被误解的正在寻求理解的朋友们说上句："敲响警告铃，出示这个黄牌，在奋斗中去寻找理解吧！"（热烈鼓掌）

问题：（1）体会演讲者的临场应变能力和语言表达能力？

（2）即兴演讲的控场技巧有哪些？

（三）【演讲训练】

1. 实训目标：通过演讲训练提升同学们口才表达能力。

2. 实训内容：请从下面题目中任选一个做演讲训练，时间不超过3分钟，主题明确，条理清楚，表达流畅，态势语自然得体。

(1) 朋友多了路好走；
(2) 我的优势；
(3) 一分付出，一分收获；
(4) 永不言弃；
(5) 昨天、今天和明天；
(6) 仁者无忧；
(7) 因为我们年轻；
(8) 我心目中的大学生；
(9) 机遇与挑战；
(10) 送人玫瑰，手留余香；
(11) 假如生活欺骗了你；
(12) 我的未来不是梦；
(13) 生活的真实和网络的虚幻；
(14) 成家与立业；
(15) 生活与生存；
(16) 狠心也是一种爱；
(17) 吃一堑长一智；
(18) 近墨者未必黑；
(19) 我爱我的专业；
(20) 倡导诚信，从我做起。

3. 实训方法：

(1) 选题、搜集材料、演讲稿写作。
(2) 演讲前准备。
(3) 举办班级演讲会，应用各种技巧在全班同学面前演讲。

4. 成果要求：

(1) 自荐5名同学做评委为演讲同学打分。取其平均值。
(2) 提交演讲稿，由老师评分。
(3) 每名同学的实训成绩由演讲稿的得分与演讲分数组成。

5. 成果考核：

演讲训练成果考核表

评估指标	评估标准	同学评分	老师评分	实际得分
演讲稿写作（30分）	主题明确；广泛地收集材料和占有材料；条理清楚（每小点10分，分三个等级，5分以下；6~7分；8~10分）			
演讲准备（30分）	熟记讲稿；充分的心理准备；自信（每小点10分，分三个等级，5分以下；6~7分；8~10分）			

续表

评估指标	评估标准	同学评分	老师评分	实际得分
演讲的表达技巧（40分）	符合口语表达技巧；体态语言表达准确；控场技巧运用自如；仪表风度优美 （每小点10分，分三个等级，5分以下；6~7分；8~10分）			
总成绩 ∑100	（演讲稿评分、现场评委评分各占50%）			
老师评语	签名： 年 月 日			
学生意见	签名： 年 月 日			

（四）【辩论比赛】

1. 人数：10人。

2. 实施方式：每组5人，题目采取两面均可的题目（例：营销是苦还是乐…等）。

甲方：主辩　　1助　　2助　　3助　　结辩

乙方：主辩　　1助　　2助　　3助　　结辩

3. 时间：

主辩5分钟　助辩3分钟　结辩5分钟。

4. 工作人员：1人计时及几位裁判。

5. 评分项目

口才	内容	台风	时间
30%	40%	20%	10%

6. 得奖：除优胜一方之外，还可设置别的奖项，如最佳台风奖、最佳口才奖……等等。

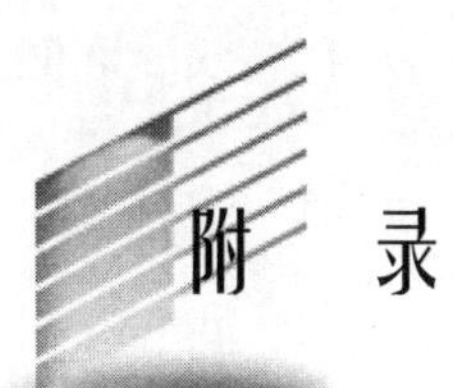

附 录 演 讲 实 例

一、自我介绍

一个“哑剧迷”的自我介绍

王景愚

我就是王景愚，表演《吃鸡》的那个王景愚。人称我是多愁善感的喜剧家，实在是愧不敢当。我只不过是个“走火入魔”的哑剧迷罢了。

看我这40多公斤的瘦小身躯，却经常要负荷许多忧虑与烦恼，而这些忧虑与烦恼，又多半是自找的：我不善于向自己所敬爱的人表达敬与爱，却善于向憎恶的人表达憎与恶，然而胆子并不大；我虽然很执拗，却又常常否定自己，否定自己既痛苦又快乐，我就生活在痛苦与快乐的交织网里，总也冲不出去；在事业上，人家说我是敢于拼搏的强者，而在复杂的人事关系面前，我又是一个心无灵犀、千点不通的弱者。因此，在生活中，我是交替扮演着强者和弱者的角色。

要说起《吃鸡》，那可要追溯到久远的年代了。吃“低标准”时期，我随剧团到南方的一个城市演出。宾馆的饭桌上只见些鸡脖子、鸡爪子，没有点牙口，实在啃不动……新年联欢会上，我把吃鸡的体验编成小品，给大家逗个趣，凑个热闹。没想到，后来，就是这个《吃鸡》竟成了“大气候”。“史无前例”的时候，它成了我“肆意丑化社会主义”的“罪状”与“铁证”。近几年以来，它又成了我的“代表作”。

总之，生活就是悲悲喜喜，我的愿望是给大家带来更多的欢笑。愿我们以后在《吃鸡》中再见！

二、生日贺辞

为庆贺总司令60大寿的祝辞

（1946年11月30日）

周恩来

亲爱的总司令朱德同志：

你的60大寿，是全党的喜事，是中国人民的光荣！

我能回到延安亲自向你祝寿，使我万分高兴。我愿代表那反动统治区千千万万见不到你的同志、朋友和人民向你祝寿，这对我更是无上荣幸。

亲爱的总司令，你几十年的奋斗，已使举世人民公认你是中华民族的救星，劳动群众的先驱，人民军队的创造者和领导者。

亲爱的总司令，你为党为人民真是忠贞不二。你在革命过程中，经历了艰难曲折，千辛万苦，但你永远高举着革命的火炬，照耀着光明的前途，使千千万万的人民，能够跟随着你充满信心向前迈进！

在我们相识的25年当中，你是那样平易近人，但又永远坚定不移，这正是你的伟大！对人民你是那样亲切关怀，对敌人你又是那样憎恶仇恨，这更是你的伟大。

全党中你首先和毛泽东同志合作，创造了中国人民的军队，建立了人民革命的根据地，为中国革命写下了新的记录。在毛泽东同志旗帜之下，你不愧为他的亲密战友，你称得起人民领袖之一！

亲爱的总司令，你的革命历史，已成为20世纪中国革命的里程碑。辛亥革命、云南起义、北伐战争、南昌起义、土地革命、抗日战争、生产运动，一直到现在的自卫战争，你是无役不与。你现在60岁了，仍然这样健壮，相信你会领导中国人民达到民族解放的最后胜利，亲眼看到独裁者的失败，反动力量的灭亡！

你的强健身体，你的快乐精神，象征着中国人民的必然兴旺。

人民祝你长寿！

全党祝你永康！！

三、竞选演讲

别忘了，投我一票

——竞选学生会主席的演讲

戴　佳

同学们：

春天来了，我也来了。我驾着踌躇满志的春风而来，来竞选学生会主席。

这，便是我给您的第一印象：戴眼镜，很健康。我是高一（3）班班长，大家都认为我感召力和工作能力强。简介，您大概看过吧，不知为我喝过彩没有？不过千万别喝彩，因为那只是美好的往事、光辉的历史或说是为了忘却的回忆。我需要的是未来的成绩。

毕竟，工作锻炼了我，生活造就了我，我觉得自己有勇气、信心与能力。戴尔·卡耐基曾说：“不要怕推销自己，只要你认为自己有才华，你就应认为自己有资格担任这个或那个职务。”我认为我准行。以前，有人对我说，你就别当什么干部了，当学生官吃力不讨好，干不好还要招惹风凉话。我承认，这是事实，但我又认为“走自己的路，让别人去说吧。”正因为这样，我才说我有勇气去面对现实，有勇气去改变现实。

我自信，我能胜任学生会主席，我将用旺盛的精力和清晰的头脑，认真、出色地工作。假如我落选了，我将带着微笑走向明年，养精蓄锐以待东山再起！当然。“落选”就像沙漠里下暴雨，其可能性很小。同学们，此时此刻，您是否看到了我的头上正有一股自信之气在升腾？

我想，既然是竞选，就该谈点任职后的工作计划。我打算搞一些活动，如演讲与朗诵比赛、辩论会、联欢会、球赛等等，并重振文学社。以上仅作为我的宏观的工作计划，当然，也少不了有许多微观的实事点缀。在此，我就不细说了。我想，我们总该做一名实干家。所以，我只要求方案精细，符合实际，便于实干，这样，产生了良好的效果，就不需要那美丽或枯燥的词汇来说明了。让时间与事实考验我吧！

诸位，在以后的岁月里，你会了解我的。支持我吧，让我周身工作的细胞兴奋起来吧！别忘了，投我一票。

四、应聘演讲

自我推销

吴焰

下午好！各位：

当我作为一个应聘者站在这里的时候，我的心情是紧张的，因为我第一次面对这样的场面，而这种场面后的结果对我又是多么重要；但同时我又是自信的，因为我相信以我的能力、您们的眼力，我们彼此都不会失望！

我叫吴焰，是重庆商学院现代秘书系95届毕业生。贵公司恰在此时招聘秘书，我三生有幸。久闻贵公司大名，我渴望能成为您们中的一分子，为公司效犬马之劳。

据我所知，在这次应聘面试中，有不少大学本科生，学中文的、学档案鉴定的、学财会的等等，而我却只是一名专科生，似乎在学历上我已注定要名落孙山了。但如果我没记错的话，贵公司要招聘的是秘书。秘书并不纯粹要求知识的深度，更重要的是知识的广度。或许在文字方面，在档案管理方面，在财会方面，我不及她们，但在知识的广度方面，特别是秘书的专业知识方面，我敢说，而且敢大声地说：“她们不如我！”久闻贵公司惟才是举，您们一定不会因为我的学历而将我拒之门外吧！贵公司如果想招聘文字研究员、档案管理员或是会计人员，请从她们中间挑选吧，但秘书，却只有我一个！

大学两年，转眼将逝。在这两年中，学院给了我德智体美劳全面的教育，科学地安排了秘书学、秘书写作、秘书礼仪、公共关系学、口才学、打字、档案管理等专业课程以及国际金融、国际贸易、市场预测、市场营销、企业管理等经济类学科，适应社会、适应贵公司的需求。我的学习成绩优良，这一点，各位尽可参考我的学习成绩表，我想此刻它正躺在您们面前的桌子上，它将给我作无声而有力的证明。

大学两年，为了培养自己的能力，我积极参加各种活动，并取得了良好成绩。我曾获系征文比赛一等奖。不过这些已成为历史，如果您肯给我一个机会，我会报您以辉煌的明天！

至于我个人的性格，4 个词足以概括：活泼、耐心、认真，还有就是——糊涂。如果我有幸被贵公司录用，能够与各位共事的话，您们将会看到，我的活泼藏在为公司尽力中；我的耐心体现在繁杂的工作中；那么认真呢，就不用我多费唇舌，一见自明；剩下的就是糊涂，我想你们一定很需要它，当我在工作中，特别是很杂很重的工作中，我会糊里糊涂地忘了时间，忘了外面天已黑，忘了已下班，忘了吃饭，忘了……，总之，除了手头的工作，我会糊涂得忘了一切！

最后，我想请各位再注意一下我的名字：我叫吴焰。这个“焰”字不是燕子的“燕”，不会因春天来了而来，冬天到了而去；也不是鲜艳的“艳”，不会像花朵一样艳极一时，终将消逝。我这个“焰”是火焰的“焰”，当您听到这个字时，您没有感到它火一样的力量、火一样的热情吗？如果我有幸成为贵公司的秘书，我会像我的名字一样，以火一样的热情对待我的工作，对待我的老板，对待我的同事。

五、就职演讲

在人代会上的就职演说

蒋新旗

各位代表：

在长沙县第十一届人民代表大会第三次会议上，我荣幸地当选为长沙县人民政府县长。在此，我谨对各位代表对我的无比信任和大力支持表示最衷心的感谢。

我是长沙人民的儿子。我为生于斯、长于斯、工作于斯而感到荣幸和自豪。我热爱这 2 100 平方公里美丽富饶的土地，我更热爱这 80 万勤劳勇敢、善良正直的人民。我愿把我的全部身心献给这块哺育了我的土地和教育我成长的人民。

长沙县是一个具有悠久历史和光荣革命传统的文明古县。时至今日，我们长沙县已有 2 212 年的历史。在这 2 200 多年的历史长河中，我们的祖先繁衍、生息、奋斗在这块土地上，他们用自己的聪明才智和勤劳的双手，为中华民族光辉灿烂的历史添绘了极为壮丽的一页。在这里，我无法统计长沙县曾经历了多少任知县、县令和县长，诞生和哺育了多少名人志士；同样，我也无法评价他们每一位的历史功过是非。如果说，落后的社会制度曾经阻碍了长沙县的发展，阻碍了无数仁人志士才智的施展，那么，1949年8月5日长沙县的解放和社会主义制度的建立，则为长沙县的发展展示了无限广阔的前景。

这大概是一种历史的巧合。从1949年7月25日长沙县第一届人民政府建立以来，已经召开了11届人民代表大会，而我又恰巧是第11位县长。我的自知之明使我懂得：与前辈们相比，我无论是在能力、资历、经历等方面都远不如他们。但是，我要衷心感谢前辈们打下的良好基础。尽管我的德、识、才、学低微疏浅，难当此任，但我对长沙县无比深厚的感情将激励我努力工作，不负众望，为长沙县人民奉献自己的一切。长沙县的兴盛就是我的欢乐，长沙县人民的富裕就是我的幸福。我不乞求历史对我的褒扬，也不乞求人们对我的赞誉，我惟一的企望就是：在长沙县迈出更坚定的改革步伐时，当长沙县人民实现小康时，在这个用我们的心血和汗水构筑成的无比幸福和甜美的蜂巢中，有我那微不足道的一滴蜜——这就是我最大的快慰。

谢谢大家。

六、毕业典礼致辞

离别情依依

——在毕业典礼上的致辞

尊敬的老师、亲爱的同学们：

大家好！

“轻轻的我走了，正如我轻轻的来。我挥　挥衣袖，不带走一片云彩。”此时此刻，我不禁想起了徐志摩《再别康桥》里的这几句诗，相信它正是在座各位心情的真实写照。我们轻轻地来，又轻轻地走，留下的是成长的足迹，带走的是对母校美好的回忆。

将要离别了，母校！怎能忘记，您给我们提供宽阔的操场，优美的环境，明亮的教室，齐全的设施。这里，是我们知识的起跑线，是我们心灵的伊甸园，是我们人生的转折点。

这里的操场，永远那么热闹非凡；这里的天空，永远那么明净湛蓝；教室里的书声，永远那么清脆激越。母校啊，您对我们的帮助始终不曾间断，您对我们的关怀从来不知疲倦；母校啊，是您把我们从一个个懵懂无知的孩子，变成了一个个知识丰富的少年。您慷慨地给予我们太多太多，对于这一切，我们除了感激，还能说些什么呢？

将要离别了，老师！怎能忘记，您传授给我们知识，教给我们做人的道理。您那温暖如春的微笑，您那循循善诱的目光，您那刻骨铭心的教导，您那诲人不倦的精神，都如春风化雨，冲洗一座座人生的坐标。

老师啊，是您，把我们带进知识的海洋，让我们在里面心情遨游；是您，把我们领进真理的天空，让我们在其中自由飞翔；是您，告诉我们学无止境，要百尺竿头，更进一步；是您，教导我们要心胸宽广，海纳百川，有容乃大；是您，让我们在跳动的旋律中唱出心声；是您，使我们在舞动的画笔下诉说衷肠；是您，让我们在运动场上激情飞扬……

将要离别了，同学！怎能忘记，大家在一起相处的三年时光。三年中，是你让我们体会到了同窗之间的关爱，朋友之间的真情，同桌之间的默契，手足之间的亲密。

三年中，“同学”一词的含义在大家的相处中有了改变，它不再单单指共同学习的伙伴，而被赋予了新的内涵。同学，是高兴时陪你开心的笑脸；同学，是痛苦时为你送上的冬日暖阳；同学，是泥泞中伸出的一只大手，帮你摆脱困境；同学，是失败时的一个目光，让你知道“失败乃成功之母”；同学，是成功时的一个微笑，让你了解“有付出就会有回报”；同学，是比赛时助威呐喊的声响，让你感受到团结就是力量；同学，是生病时嘘寒问暖的絮语，让你体会到无微不至的关怀。三年的风风雨雨，铸成了我们坚固的友谊。真正的感情不会消逝，真正的朋友不会分离。

同学们，我们今天是潺潺流淌的小溪，明天是波澜壮阔的海洋；我们今天是羽翼未丰的小鸟，明天是翱翔天际的大鹏；我们今天是弱不禁风的树苗，明天是伟岸坚强的白杨！

今天，我们以母校为骄傲；明天，让母校以我们为自豪！

谢谢大家！

七、教师节演讲

在教师节师生联欢会上的即兴演讲

林中伟

各位同行、学员同志们：

你们好！“教师节”是我们在座每一位师生自己的良辰吉日，可喜可贺！现在不正是如此吗？师生汇聚一堂，欢迎她，情意殷切；你我竞相赞美，祝贺她，激情满怀！此时此刻我感触良多。

自古至今，教师是社会文明的传播者，教师以“人梯”的精神培育了数以亿万计的人才，推动着人类的进步、历史的前进，教师的事业是伟大、光荣而高尚的。那么多年来的教书生涯，我们一直情系教坛，真诚执教，无论什么挫折和诱惑，都动摇不了我们“教书育人”的天职，改变不了我们“终生从教”的执著追求。

然而，当今社会的改革开放需要我们教师在思想上不断升华，业务上不断进取。没有改革开放的意识，焉能致力于教育的深入改革？不懂科学教育的人，教育不出科学的人！今天，尽管我们众多的教师，已人到中年，双鬓渐白，承受着事业、家庭的重负，甚至还可能会经历工作、生活中的诸多坎坷或磨难，但我们没有怨天尤人，没有心灰意冷，更没有“改弦易辙”，而是以执著的信念投身于大改革大开放大建设的热潮中，以突出的奉献无愧于这“太阳底下最光荣的职业”。

同学们，趁着你们还年轻，充分发挥你们的青春优势，学习进取，不断地充实自己，用今朝的热血，去写就明朝的成功！

最后，值此隆重庆祝教师节之际，赠送给同学们“十六个字”和“六种心”，以求共勉：

坚定信仰、执著追求、来日方长、好自为之。

忠心献给国家、孝心献给父母、爱心献给社会、痴心献给事业、诚心献给朋友、信心留给自己。

谢谢大家！

您用爱温暖了我们的心空

——教师节献给教师的歌

李 军

敬爱的老师：

你们好！

九月，金色的季节，温馨的季节；九月，硕果累累的季节，天真烂漫的季节。迎着晨曦，披着和风，我们来到大自然，采一束鲜花，织一缕欢笑，送给您——我们的恩师！在第二十个教师节到来之际，请接受我们的感激和祝福！

老师，您辛苦啦！

是您把无知的我们领进宽敞的教室，教给我们丰富的知识；是您把调皮的我们教育成懂得体贴关爱的人；是您的关怀好似和煦的春风温暖了我们的心灵。当我第一次走进课堂，叫您一声“老师”时，便意味着我一生都做您的学生。一支粉笔，点拨知识王国的迷津；一块黑板，记下了老师的无限深情；一方讲台，映着教师的艰辛；三尺教鞭，指点通向理想的道路。您用生命的音符教了我们一首歌，歌词是真实、坚定、谦逊、朴素、执著……

老师，您辛苦啦！

其实，我们知道您真的很平凡。您也得一日三餐，您也会发脾气，您也是有血有肉的活生生的人，您同样也是靠工资养家的上班族，您绝非圣人。

但，您真的就那么平凡吗？不，您不是！您绝不是那样平凡的人！

您是工程师，虽然您不设计钢铁零件，但设计的是整个人类的灵魂；您是园丁，虽然您纤弱的双手无力拿起花锄，但您却种出了整个民族精神的支柱！您是泰山上的挑夫，虽然您从不为来往的旅客挑起任何一件货物，但您挑起的是那一轮红日，是那一缕为世界照明的曙光！

您高擎着人类文明的圣火，以燃烧的姿势，将一颗颗纯真的心灵点燃。您背负着历史的殷切的期望，以纤夫的姿势，将一艘艘远行的航船拉过险滩。

犁铧飞舞，粉尘弥散，您就在那方黑土地上挥洒着您宝贵的血与汗，周而复始地演绎着您洁白的人生。

春去秋去，岁月飘逝，您昔日的青丝变成了银发，平坦的额头爬满皱纹。但是，您无悔。在商品如潮的今天，您依然素面朝天，过着那种平凡的生活。但是，您无憾。您依旧在平淡的生活中体会着富有，在现实的土壤里浇灌着未来，反反复复地演奏着您动人的乐章！

呵，老师，您辛苦啦！

在学子的眼睛里，您永远是极深的海洋，博大宽广；在世人的思想里，您永远是最敬仰的风景，崇高伟大。

忘不了，讲台上您那迷人的风采；忘不了，您那和蔼可亲的笑容；忘不了，您那认真负责的精神……是您用爱温暖了我们的心空，是您把我们引上了人生的正路，是您教我们如何畅游知识的海洋。

我们成功了，您是我们的老师；我们成名了，您还是我们的老师。在不久的将来，无论我们成为挺拔的白杨，还是低矮的灌木，老师，我们都将以生命的翠绿向您致敬。也许我们不是您最出色的学生，而您却是我们最崇敬的老师！

您辛苦啦，我们永远的老师！

八、纪念日演讲

冲刺吧，第一棒选手

孙　路

同学们：

49 年前的今天，在我们脚下的这块土地上，曾诞生了一代英勇的青年。他们用自己的身躯去筑就新的长城，用沸腾的血液去为中国保全 960 万平方公里的版图。他们——手挽手为母亲而战的“一二·九”青年早已被历史庄严地雕塑在中国的纪念碑上，连同那股自强不息的精神都默默地凝固在辽阔的中原沃土上，成为一个悲壮时代的缩影。近半个世纪过去了，同样是在这块土地上，从历史的风尘中走来一代振兴的青年，在我们的时代，960 万平方公里的祖国是醒着的东方雄狮！我们有理由骄傲，以与共和国同样年轻的资格接受上下 5000 年、10 亿中国人给予的责任。我们相信，历史也将会把今天所发生的一切连同它的创造者再一次塑在中国纪念碑上。

青年，是时代的精英，是未来的栋梁，是每一个时代都将以其广阔的历史背景造就的一代新人。今天，一个变革落后的生产方式的时代到来了。它需要勇气，需要胆识，需要实干，更需要有知识的青年一代。如果说“一二·九”是民族存亡的关键时刻，那么今天就可以说是民族兴盛的关键时刻，是一个激动人心的时代。历史，冷静地注视着新崛起的民族精华。时代需要改革，改革也必将推动时代前进。的确该把我们的目光投向人类生存的这颗蓝色星球了。当黄土高原贫瘠的土地上还在按古老的方式耕种时，几百万米以上的天空中，“挑战者”号航天飞机正飞掠而过；当新技术革命的浪潮拍击着太平洋彼岸时，也正拍击着以陈旧的生产方式建设社会主义的此岸。尼克松这样说过：“中国的东北方是日本，它并未对中国构成军事上的威胁，但日本的经济力量可能在将来成为可怕的潜在威胁。”是啊，也许火与剑的悲剧不会重演，可我们要与索尼、丰田较量，却是 80 年代不可否认的现象。请想想吧！如果再错过重工业革命群雄逐鹿的时机，再放弃信息爆炸的挑战，中国人就有可能在未来，在世界经济竞争的入口处，再看到一块“华人与狗不得入内”的牌子啊！该改了，陈规陋习，流传了千百年的旧观点。我们这个 10 亿人的大国，这个有着几千年灿烂文化的古苑，如果几十年后仍在别人的后面慢慢地走，这将是当代大学生的耻辱。到时候，我们和自己的后代说些什么呢？忆苦思甜吧？这轮不到我们！一遍又一遍地讲述古老的四大发明吗？我们有愧于古人。上代人，“担负起天下的兴亡，”在短短的四分之一世纪内改变了几千年的旧中国，工农业发展速度居世界前列。马克思主义创始人早就预言：消灭了剥削的社会主义，一定会创造出比以前时代更高的劳动生产效率。同学们，我们也将大有作为，有脚下坚实的历史基础，有眼前波澜壮阔的时代，有祖国母亲期待的目光，我们还担忧失败吗？第三次技术革命的浪潮已经席卷全球，生产力将为明天开辟道路；而我们，必须成为中国经济起飞的先驱。在这一代人的身后，一定会留下更灿烂的中华历史。

青年，是社会新生的细胞群，是蕴藏着巨大活力的热流。新一代大学生不仅应该汲取最新的科技信息，还应当意识到，自己是这个时代的源泉。“一二·九”的英雄敢以生命换取可爱的中华，难道我们不能以青春换取强盛之中华吗？更何况这是从古老的祁连山上，从黄河滩头父亲脊背上的纤绳中，从陕北窑洞母亲的皱纹里透出的期望呢。我曾听到这样一个故事：有一个清贫的大家庭，养育着一群儿女，为了家庭的幸福和未来，全家决定节衣缩食，把积攒起来的钱交给其中的一个孩子，供他上学。中国就是这样一个清贫的大家庭，这个幸运儿就是我们这些大学生。请问：大学生意味着什么？我只能说意味着神圣的责任，浸透着历史的、展现着时代精神的责任啊！父辈用积攒起来的钱供我们上学，当然不期望只看到一个高谈阔论的检察官，而是希望我们心头铭记着他们的嘱托，用高智力、高技术使家庭繁荣、兴盛，有一个火红的未来！我还听到一位学无线电的同学这样说：“每当我漫步王府井大街，看到那么多的日本电子产品时，我就暗自发誓，一定要学好知识，一定要在我们的手中打败‘松下’、‘三洋’。”这话很质朴，也很有份量。是的，我们的目光不只要看到轰轰烈烈的社会改革，还要盯着星条旗、太阳旗。硅谷也罢，先进的计算机也罢，我就不信，在未来世界强国之林中，不能高高地升起五星红旗。新的知识决定智力结构，新的自信支持精神世界，在向未来的冲刺中，我们这些幸运的第一棒选手将无愧于十万万人民。迸发出我们的热，串联起我们的心，为 21 世纪的中国奏响第一个强劲的音符！同学们，请不要忘记我们是改革时代的开拓者！

九、命题演讲

为了我们的父亲

沈　萍

同学们，你们见过青年画家罗中立的油画《我的父亲》吗？如果见过，还记得这位动人的中国老年农民的形象吗？让我们再看一看这幅油画，再看一看我们的父亲吧！这是一张忠厚善良、朴实慈祥的老年人的脸，在那一道道深深的皱纹中，仿佛隐藏了一生的艰辛，眼睛有些昏花、但却安详，没有悲哀和仇恨，有的却是无限的欣慰和期望。你看，他这双勤劳的大手，青筋罗布，骨节隆起，虽然粗糙得像干枯的树皮，但却很有力量。他把自己一生的精力和满腔心血都交付给了我们祖祖辈辈劳作生息的土地，交付给了正在成长发育的儿女子孙。他已经到了安度余生的晚年，却仍然头顶烈日，在田里耕作，用他仅有的精力，换来背后的满场金谷。他辛苦一生，创造了生活的一切，编织着美好的未来。

面对这样一位父亲，怜悯、同情、崇敬、热爱，万般思绪，一下子在我心头翻滚起来。特别是父亲那双欣慰、期望的眼睛，深深地印在我的心上，他为什么在历尽人间忧患之后，却感到无限的欣慰呢？在为时不多的晚年，他还热烈期待着什么呢？

在去年夏天的一个中午，我去书店，那天天气非常热，我身上穿着轻凉的夏装，走在林荫路上，这时我忽然看见，马路上一位老人推着一车钢筋，正在艰难地行走着。重载使老人不得不把自己的腰深深弯下，太阳烤着老人紫红色的脊背。老人的脸上、背上淌着汗水，在他前面，是上坡路，老人咬紧牙，非常吃力地推着车。我连忙跑过去，帮着老人把车子推上坡，老人抹了把汗水喘息着向我道谢。当他看到我胸前佩戴的校徽时，眼睛一亮，露出了赞许的期望的目光，他满脸笑容，欣慰地说："孩子，好好念书！我也有一个孩子，和你一样上大学。"

看着满车的钢筋，老人弯曲的脊梁，满脸的汗水和欣慰的笑容，听着老人这亲切的嘱咐，我的眼泪一下子涌了出来。

此刻，他的孩子也许正在舒适的宿舍里午休；也许正在清凉的大学教室里读书；也许和我一样，正走在林荫路上。但是，我不知道他是否想到这位在酷日下推车的父亲？年老的父亲顶着烈日推车，却让自己的子女坐在清凉的大学教室里学习，这是为什么？我想答案就在父亲那欣慰的笑容和期待的目光里，他的期望就是让我们接受高等教育，就是让我们用现代科学知识武装起来，走出一条与他们完全不同的崭新的生活道路。这是老一辈的希望，不也是祖国和人民的希望吗？

大家知道，在我们国家里，培养一个大学生需要五个农民一年的劳动。可是，当我们戴上校徽的时候，当我们领取人民助学金的时候，有谁想到了我们的父亲，又有谁想到了工人、农民？想想吧！同学们，是人民用血汗养育了我们，实现四化，振兴中华，这是人民对我们的期望，也是时代赋予我们的光荣使命，更是我们每个大学生的职责。

同学们，我们应该牢记父辈的欣慰笑容和期待的目光。当我们埋怨祖国的贫穷和落后，羡慕舒适安逸的生活时；当我们逃避学习的艰苦，随便浪费大好时光时；当我们为了个人的得失和苦恼迷失前进的方向和道路的时候，父辈期望的目光就像皮鞭一样，狠狠地鞭挞我们的无知和糊涂、懒惰和轻浮、私欲的污染和灵魂的癌变。让我们在鞭挞中清醒，在鞭挞中立志，在鞭挞中不懈地追求和勇敢地登攀吧！父亲欣慰的笑容和期望的目光，应该像光芒四射的明灯，永远照耀在我们的心头。在它的照耀下，我们不仅会看到青春的可贵和美好，更能看到生活的欢乐和幸福；在它的照耀下，我们不仅会看到前进的道路和方向，更能看到自己的使命和责任；在它的照耀下，我们更加清楚地看到自己、认识自己、掌握自己，使自己像父亲那样做事业的战士和开拓者。

革命先烈李大钊说："无限的'过去'都以'现在'为归宿，无限的'未来'都以'现在'为渊源。'过去''未来'的中间全仗有现在，以成其连续，以成其永远，以成其无始无终的大实在。"这话说得多好啊！革命先烈和我们的父辈英勇奋斗，苦而无怨，为的是我们年青一代。实现四化，振兴中华靠的是我们年轻一代，我们是承前启后的一代，我们是继往开来的一代，革命先烈和我们的父辈用筋骨和鲜血凝成的精神财富，要在我们这一代人身上，化作永不枯竭的前进力量。

好好学习吧，同学们!

为了祖国，

为了人民，

为了我们的父亲。

未来属于你，我的祖国

山东 徐子志

各位领导、各位朋友：

大家好!

20 世纪 90 年代初期，世界上最大的社会主义国家苏联解体了；2001 年 9 月，美国纽约世贸大厦在一声巨响中轰然倒塌了；2002 年，中国在成功加入 WTO 之后，又相继获得了申奥、申博和申请 F1 方程式的成功！由此可见，中国，是在世界发生大转变的形势下，开启 21 世纪航程的。在世纪交替、风起云涌的历史进程中，中国人民意气风发，激情豪迈，承先启后，继往开来，唱着春天的故事，走进了新时代。

几千年前，中国的史书上就出现了“小康”一词，它真实地反映了当时劳苦人民希望过上安康生活的美好期盼和强烈渴望。在漫长的封建社会里，无数有识之士所追求的“家道小康、天下大同”的理想社会图景，一直是一个可望而不可及的梦想。广大民众默默承受着层层压迫、频繁战乱、颠沛流离和天灾人祸所带来的痛苦与创伤。新中国的成立，使中国人民期盼了几千年的梦想，有了一个崭新的起点。

1979 年，邓小平在接见日本前首相大平正芳时，首次提出了“小康社会”的概念。20 多年来，在“解放思想，实事求是”的思想路线指引下，中国共产党在“马克思没讲过、前人没干过、其他社会主义国家没做过、中国几千年历史上没有过”的严酷现实面前，领导全国人民“发展经济奔小康”，创造了举世瞩目的经济奇迹，中华民族千百年来丰衣足食的梦想成真，实现了从贫困到温饱、从温饱到总体小康的伟大跨越，成为全球消除贫困国家的一个典范。西方曾经有人对前西德总理施密特说中国经济状况不佳，施密特严肃地说：“你们谁都清楚德意志联邦多少人、日本多少人、欧洲多少人？中国又是多少人？只有中国共产党才能用仅占世界 1% 的耕地，养活占世界 20% 的人口，这是一个了不起的奇迹，换一个党，谁都办不到。”是啊，党的十三届四中全会以来，我国经济总量从世界第 10 位跃升至第 6 位，以年均增长 9.3% 的高速度向前发展，而同期世界年均增长速度只有 3.8% 。这不是所有人都能做到的。

在世界风云变幻动荡，经济全球化进程方兴未艾，科技成果日新月异，高新科技领域的竞争愈演愈烈的严峻形势面前。我国主动迎接挑战，坚定地实施科教兴国战略，在信息技术、生命科学、纳米技术、航空航天技术等领域成就突出，这些成就标志着我国在相关领域跨入了世界先进行列。美国人甚至说：“没有中国教授的大学，就不能称其为一流的学院。”

“忽如一夜春风来，千树万树梨花开。”一片片楼群拔地而起，村镇在扩大，马路在扩展，城市在延伸，城市化进程在加快，人民共享改革成果，财产从无到有，由少到多，逐步向富裕迈进。

江泽民同志在党的十六大报告中提出：“要建设更高水平的小康社会——这是全面的小康，是共同富裕、全面均衡、协调发展、更加开放的小康。”这意味着人们的消费方式将由生存型消费向发展型消费转变，也意味着工农差别、城乡差别和地区差别逐步缩小，越来越多的人将享受更加现代、文明、舒适的生活方式，无论城市还是乡村，人们都将会拥有一个水更清、天更蓝、空气更清新、生活更安宁的美好家园。实现全面小康，正成为一种强大的精神力量，成为所有华夏子孙的共同心声。

眺望苍穹，21 世纪的朝霞如此绚丽；放眼世界，21 世纪的画卷壮美神奇；展望未来，21 世纪的舞台充满挑战也蕴藏机遇。尽管前进的道路上还会有许多坎坎坷坷和意想不到的困难，但我们相信，用“三个代表”重要思想作指导，有党的正确领导和基本经验作保证，有亿万中国人民的共同努力，以我军强大的国防作后盾，全面建设小康社会的奋斗目标一定能够顺利实现。再经过一二十年的努力，一个惠及十几亿人口，“经济更加发展、民主更加健全、科教更加进步、文化更加繁荣、社会更加和谐、人民生活更加殷实”的“全面小康”社会必将展现在我们的面前。

亲爱的朋友们，面对挑战，让我们团结一致地携起手来，伴随着共和国前进的步履，开始一次崭新的崛起。让我们插上高科技的翅膀，向着 21 世纪、向着我们的光荣与梦想展翅翱翔！明天的中国必将更加灿烂辉煌！

谢谢大家！

呼唤希望二期工程

张艳丽

尊敬的各位评委、各位来宾：

您们好！我是山东师范大学的张艳丽，我演讲的题目是：呼唤希望二期工程。

近年来，挽救失学儿童的希望工程已经成为社会关注的焦点，不知有多少素不相识的人伸出了一双双温暖的手，把数以千万计孜孜以求的穷孩子重新送回了课堂。这是心的呼唤，这是爱的奉献，这是中国教育史上的一个壮举，这是我们民族心灵史上的一首凯歌，它使人们在痛心于假冒伪劣流行的时候看到了真情的回归，它使人们在失望于拜金主义猖獗的时候看到了无私的力量。可是不知大家想过没有，希望工程何时才能竣工，失学的孩子们还会不会再度失学，贫困地区的孩子们有了上学的资金保障而没有师资力量的保障怎么办？流失的孩子们回来了？可流失的教师怎么办？我的一位同学听说沂蒙山区缺乏教师，使得原有的教师因为生活工作条件恶劣而离开了那些心爱的孩子们，于是他就利用暑期社会实践活动的机会到那里教了几天书。他刚讲了一堂课，孩子们就围着他急切地问：“老师，您还走么？”这些孩子们是多么需要他啊！他们又是多么离不开教师啊！在大别山区的一个山村里，学校里最后一位老师患了严重的肾炎，有一位十岁的小女孩为了能凑足给老师治病的救命钱，她不止一次地要求她的母亲：“娘，教师治病没有钱啊，您就让俺上山去打柴吧！老师早点好病，俺也好早点上课啊！”当娘的心软了，没拗过孩子苦苦的央求，可是孩子去了整整一天再也没回来。母亲急了，招呼四邻乡亲上山去找孩子。满山的喊声满山火把，山都找遍了，最后在山谷里找到了孩子一堆血迹斑斑的烂衣服。孩子被狼吃了，一个天真活泼的孩子就这样去了，为了求知，为了能让这唯一的教师再给他们上课。

沂蒙山区流传着这样一个故事。这是一位普普通通的山村教师，是他自己宁愿放弃在大城市工作的机会而来到这贫瘠的小山村的，因为他不忍心看着一群朝气蓬勃的学龄儿童整日只在荒野里奔跑，他更不忍心这大山的儿女被愚昧贫穷落后和无知所埋没，因此他毅然决然地做起了这个小小山村的惟一一名教师。他一个人教三个年级，自己买教材购资料。几年来他为了学生放弃了转公办教师的机会；为了学生他甚至穷得不名一文，不得不为一斤盐折腰；为了学生，他只好面对着自己的妻子流下了男儿不轻弹的泪水。全村人永远也忘不了的那一天，风是那样大，雨是那样猛，正在上课的张老师忽然发现教室的墙壁上出现了巨大裂缝，他赶忙疏散学生，当他奋力将最后一名学生推出校舍的时候，只听得轰的一声，小小的校舍顷刻间变成一堆残垣断壁，张老师被埋在了瓦砾堆下，孩子们发疯似的扑向瓦砾堆，拼命地扒着抠着，哭喊着：“张老师，我们不能没有你，您回来，回来啊！”稚嫩的小手扒出了血，抠出了肉，可是他们却浑然不觉。张老师去了，带着他的忧愁，带着他的疲惫，带着他的遗憾，更带着他对山村孩子们那颗爱心，永远地离去了。全村人以最古老而最隆重的丧礼为他送葬，八个人抬着一副棺木，缓缓而又沉重地走在队伍的前面，后面跟的是全村的父老乡亲。在这埋葬着八路军先烈的土地上，也埋葬了这位普通教师的遗骨。这大山记下了他，这大山呼唤着他，这大山在呼唤教师。

贫困地区的教师，就是在这样的生活和工作条件下默默奉献的。他们是不是应该像失学的孩子一样，需要救助呢？我们是不是应该像呼唤希望工程一样，呼唤帮助贫困教师的希望二期工程呢？我们能不能向全社会再高呼一声：帮助一下贫困地区的教师们吧！让他们不再为不良的工作环境而忧愁，让他们不再为艰苦的生活条件而流泪，让他们连人带心都和那些贫困的孩子们在一起。

长路奉献给远方，星光奉献给长夜，我们将青春和智慧奉献给您——希望二期工程。帮助一下贫困地区的教师们吧，只要我们人人都献出一点爱，孩子们的明天会更美好。

谢谢大家。（掌声四起）

带着诚信上路

老师们、同学们：

大家好！

中国是文明古国礼仪之邦，国民历来把诚信作为为人处世的基本准则和操守。在我国传统伦理文化中，“诚”与“信”是相通的。“诚”，即所谓“内诚于心”，表现为真诚、诚实、诚恳等；“信”，即所谓“外信于人”，表现为讲信义、守信用、重承诺，言行一致。“诚”、“信”合起来使用，则有诚实守信、表里如一、行为与品质相统一的丰富内涵。

“人无信而不立。”自古以来，诚信一直是取得他人信任的基础，是做人的根本和道德的要求。商鞅变法造就了强大的秦国，他做的第一件事并不是推出什么法令，而是先取信于民。刘备托孤于孔明不就因为其“忠心耿耿，诚信为重”吗？如果没有了“诚信”，数百年的老店怎能顾客盈门呢，刘邦的约法三章还能传为千古美谈吗？

诚信是处理人与人之间相互关系的基本道德准则。在我们的社会生活中，各种利益关系日趋复杂，每个人每天都要与他人、与集体交往，根据与他人、与集体达成的协议来安排自己的活动。事实证明。一个人在官场上不讲诚信，那他会办不了事；一个商人不讲诚信，他在商界中会立不了足；一个学生不讲诚信，他将会养成不诚实的坏习惯。总之，如果人人都不诚实、不守信，那么，人和人之间的一切交往就无法进行，一切活动就无法开展，整个社会就会陷入无序、混乱之中。

同时我们也注意到，近年来，信用违规的事件不绝于耳，可以说是一波未平，一波又起。市场上假冒伪劣商品充斥，坑蒙拐骗横行，部分政府官员虚报浮夸、徇私舞弊。例如给馒头里放点洗衣粉，给猪喂点瘦肉精或多多注水；再如，北京某大学教授剽窃他人专著，山东某县高考替考成风等等，让人叹为观止。更令人担忧的是，在我们青少年学生当中，说假话、做坏事，抄袭作业、考试作弊，各种歪风邪气盛行，对老师、家长表里不一，对同学、朋友言而无信者大有人在……这不能不让我们感到忧虑和深思！

中国某报曾做过调查，信用危机成为继腐败之后，阻碍中国经济发展的第二大因素，信用危机导致企业生产经营成本增加15%。这不能不让人感到恐惧。试想，生活在一个无信用的社会中，你还可以相信谁呢？衣食住行，你在消费之前必须确认，这些是否有假货？商家是否在“宰”你？

当然，并不是说我国的诚信水平已经不可救药。人们的诚信意识逐渐觉醒！复旦大学MBA的第一课上什么？考问“诚信”！前段时间，温州市政府决定将每年的8月8日定为“诚信日”。哈尔滨的一些大学也打出了“诚信，从不作弊开始”的口号！

同学们，诚实就是真实无欺，既不自欺，也不欺人。对自己，要真心诚意地扬善弃恶，光明磊落；对他人，要开诚布公，不隐瞒，不欺骗。守信就是信守诺言，讲信誉，重信用，忠实履行自己应承担的义务，守信以诚实为基础，离开诚实就无所谓守信。不欺骗，不隐瞒，才是正确的人生态度。让我们远离尔虞我诈，圆滑世故，多一份真诚的感情，多一点信任的目光，脚踏一方诚信的净土，就可浇灌出人生最美丽的花朵，构筑起人生坚不可摧的铜墙铁壁。

拥有诚信，一根小小的火柴，就可以点燃一片星空；拥有诚信，一片小小的绿叶，就可以倾倒一个季节；拥有诚信，一朵小小的浪花，就可以飞溅起整个海洋……

让我们相信诚信的力量，它可以点石成金，触木为玉。我们崇尚这样一种诚信：仰起希冀的脸庞，拍拍娇嫩的手，歪歪头，说：“想念你！”此进此刻，难道你的心底能不涌起一股激动的热潮吗？我们向往这样一种诚信：舒开紧蹙的眉，露出笑脸，快步走到朋友面前，说：“真诚地祝贺你！”此景此情，难道你的头脑没有闪过一片快乐的云彩吗？播种诚信，你收获的就不仅仅是朋友的信任，还有——整个世界！

同学们，让我们手挽起手，让诚信扎根于我们的心灵，遍布学校的每个角落，使我们的明天更加灿烂辉煌！同学们，让我们身披一袭灿烂，心系一份执著，带着诚信上路，踏出一路风光！

李军华．口才学．华中科技大学出版社。
张光亮．语言交际艺术．科学出版社。
王东等．口才艺术．光明日报出版社。
陈爱仪等．朗诵艺术谈．中国青年出版社。
潘家懿．新编普通话训练教程．书海出版社。
雷池．说话的艺术．中国致公出版社。
欧阳友权、朱秀丽．实用口才训练．中南大学出版社。
郑悦素．好口才好人生．哈尔滨出版社。
尹立新．演讲与口才．中国商业出版社。
李玉杰．实用演讲教程．中国经济出版社。
柯南．青年演讲现用现查．中国青年出版社。
赵菊春．演讲艺术全书．中国物价出版社。
周彬琳．实用演讲与口才．东北财经大学出版社。
刘秋玲．演讲与口才．中国财政经济出版社。